Hartwig Hausdorf

Begegnungen mit dem Unfassbaren

Hartwig Hausdorf

Begegnungen mit dem Unfassbaren

Reiseführer zu fantastischen Phänomenen

Mit 47 Farbbildern
und 9 Abbildungen

Herbig

Bildnachweis

Fotos:
Archiv Autor: 1, 2, 5, 6, 7, 8, 9, 10, 11, 12, 13, 14, 15, 16, 17, 18, 19, 20, 21, 22, 23, 24, 25, 26, 27, 28, 29, 30, 31, 32, 33, 34, 35, 36, 37, 38, 39, 40, 41, 42, 43, 44, 45, 47; Erich von Däniken: 4; Alex Knörr: 46; P. Schröter: 3.

Abbildungen im Text:
Archiv Autor: 1, 2, 4, 7; Julie Byron: 3; Erich von Däniken: 8; Jutta Ostermaier: 5, 6, 9.

Besuchen Sie uns im Internet unter:
www.herbig-verlag.de

Vollständig überarbeitete und erweiterte Neuausgabe des erstmals 1998 unter dem Titel »X-Reisen – Loktaltermine an den geheimnisvollsten Stätten unserer Welt« erschienenen Buches

© 2008 by F. A. Herbig
Verlagsbuchhandlung GmbH, München
Alle Rechte vorbehalten
Umschlaggestaltung: Wolfgang Heinzel
Umschlagmotiv: corbis, Düsseldorf
Herstellung und Satz: VerlagsService Dr. Helmut Neuberger
& Karl Schaumann GmbH, Heimstetten
Gesetzt aus der 12/15 Punkt Minion
Druck und Binden: GGP Media GmbH, Pößneck
Printed in Germany
ISBN 978-3-7766-2582-0

Inhalt

Vorwort
Tür zu einer geheimnisvollen Vergangenheit 11

1 Das »Sternenkind« von Waldenburg
Deutschlands unheimlichstes Museumsstück 15

»Monstrum Humanum Rarissimum« 17 – Schwere Geburt 18 – Ungewöhnliches Innenleben 20 – Konserviert für die Ewigkeit 23 – Nachforschungen in Waldenburg 25 – Ein Hybrid aus Mensch und Alien? 26 – »Genetische Sensation« 28

2 Die »Götter« nachgeahmt?
Das Phänomen der deformierten Schädel 32

Keine natürliche Schädelform dieser Art bekannt 33 – Überraschung in Grab 361 35 – Als heidnisch verfolgt 36 – Auf der richtigen Spur 38 – »Ein Indianer kennt keinen Schmerz« 40

Inhalt

3 Bei Nacht und Nebel verlassen
Die namenlose Stadt in den Karpaten 43

Eine Stätte vollständiger Zerstörung 44 – Sie kehrten nicht zurück 46 – »Gegrillte« Felsbrocken 47 – Wo sind die Skelette? 49 – Das Geheimnis der Anasazi 51 – Unerklärlicher Exodus 52

4 »Baut ein Abbild Eures Sonnensystems!« (I)
Steinzeiträtsel im Flusstal der Vilaine 55

Phobos und Deimos 56 – Die 17 Monde des Jupiter 57

5 Ein zweites Stonehenge?
Menorca – Freilichtmuseum
unter spanischer Sonne 59

Türme? Rundpyramiden? Verteidigungsanlagen? 60 – Kultstätte oder astronomische Hilfskonstruktion? 62 – Getreidespeicher, die nie welche waren 64 – Ein steinzeitliches Observatorium? 65

6 Kleine Insel – Große Rätsel
Malta ist immer eine Reise wert 68

Cart Ruts: Viele Theorien und keine Erklärung 69 – Wie ein schlecht entgratetes Gussteil 71 – Zahnradbahn und Panzerketten 73 – Abstieg ins Hypogäum 74 – Licht aus, Spot an! 76

Inhalt

7 Dreimal so viele Pyramiden wie in Ägypten
Auf Forschungsreisen zu Chinas
neuem Weltwunder 79

Der erste Medienrummel 80 – Ein lang gehegter Traum wird wahr 82 – »Nationales Gedenkmonument Han Yangling« 86 – Wo, bitte, geht es hier nach Mao Ling? 88 – Pyramiden, nichts als Pyramiden! 90 – Die metallenen Drachen der »Himmelssöhne« 92 – Auf den Spuren der Urkaiser 94

8 »Wenn es nicht so fantastisch klingen würde ...«
Die Sternenkarte aus dem Mumiengrab 97

Für Scherben und Knochen entschieden 98 – Die »schwebende Mumie« 100 – Komplizierte chirurgische Eingriffe 101 – Wissen über die Sterne – von den Sternen? 103 – Kartographie aus dem Erdorbit 104 – Signale aus dem All 106 – Programmiert vor 12 600 Jahren 108 – Widerleger und Dementierer 110

9 »Terra australis incognita«
Mysteriöse Funde in »Down Under« 113

Die Götter der »Traumzeit« 114 – Wo der »Sonnengott« vom Himmel kam 117 – Die Pyramide von Gympie 119 – Potenziell bleihaltiger Lokaltermin 121 – Noch mehr Pyramiden in »Down Under«? 122 – Was trieben die alten Ägypter in Australien? 124 – Hieroglyphen 126

Inhalt

10 Wenn Steine reden könnten
Die Riesen der Osterinsel hüten ihr Geheimnis 128

Unglaubliche Abgeschiedenheit 129 – »Sie gingen zu Fuß« 131 – Nur ein »Strich« im harten Fels 132 – Nicht vorhandene Holzrollen 134 – »Kohau rongorongo« 136 – Fremde Götter am Nabel der Welt 137

11 Horrornacht im Dreiländereck
Am Originalschauplatz einer UFO-Entführung 140

Um fünf Tage gealtert 141 – Don Pedro erzählt 144 – »… wir kommen wieder!« 145 – Am Schauplatz der Entführung 146 – Abgeschirmt und abgeschoben 148 – Ein Parallelfall aus China 150

12 Einst ein Stützpunkt von Außerirdischen?
Hightech-Ruinen im Hochland der Anden 152

Von den »Göttern« erbaut? 153 – Sonnentor von vorne, Sonnentor von hinten 155 – Gesprengtes Basislager? 157 – Kompassnadeln in Aufruhr 159 – Überraschung auf Millimeterpapier 161 – UFOs über den Ruinen 163

13 Am »Gipfel der grausamen Götter«
Weltwunder im Hochland von Kolumbien 165

Ein vergessenes Weltwunder 166 – Gut gelaunt trotz Regenwetter 168 – Der »Gipfel der grausamen

Götter« 169 – Figuren im Doppelpack 171 –
Ein Netz von Rinnen und Kanälen 173

14 »Baut ein Abbild Eures Sonnensystems!« (II)
Teotihuacan – fantastisches
Planetarium in Stein 175

Keiner weiß, woher sie kamen 176 – Architektonischer Kunstgriff 177 – Der Anlage Kern: Bahndaten der Planeten 179 – Verblüffende Übereinstimmung 182 – Glimmerzauber 184

15 Unheimliche Begegnungen unter
karibischer Sonne
Puerto Rico – die Insel im UFO-Fieber 187

Tropengewitter 188 – In der »Laguna Cartagena« 190 – Unheimliche Besucher 192 – Jähes Ende einer Motorradfahrt 193 – Entsetzliches Spektakel am Himmel 195 – Rätsel um El Yunque 198

16 Die Pyramiden von Güimar
Vermächtnis eines erloschenen Volkes 201

Aus einer anderen Welt? 202 – Die »englische Version« 203 – »Wir kommen aus St. Martins-Land …« 205 – Auf den Spuren eines erloschenen Volkes 206 – Pyramiden im Park 208

Der Reiseführer zu den geheimnisvollsten Plätzen

Insider-Informationen und Geheimtipps 211

Danksagung 246
Quellennachweis 247
Register 251

Vorwort

Tür zu einer geheimnisvollen Vergangenheit

> *»Geheimnisse sind faszinierend. Wenn wir uns damit befassen, könnten wir auf heute noch unwegsame Pfade stoßen, aus denen die Wissenschaft der Zukunft Hauptstraßen pflastern wird.«*
> VINCENT GADDIS,
> AMERIKANISCHER AUTOR

Es gibt Dinge, die das Leben eines Menschen nachhaltig prägen. Man begegnet außergewöhnlichen Menschen, befasst sich mit Ideen, die den eigenen Lebensweg in einer bis dato unvorhergesehenen Weise vorzeichnen. Dass einen diese Begegnungen selbst in ganz besondere Bahnen lenken, das habe ich in den vergangenen Jahren persönlich erfahren dürfen. In der Rückschau jedoch bin ich äußerst dankbar dafür, dass es genauso gekommen ist, wie es kam. Und wohl auch kommen musste.
Wir schrieben das Jahr 1968. Zwölf Jahre alt, besuchte ich damals das Gymnasium im südostbayerischen Städtchen Burghausen. Zusammen mit einem Mitschüler war ich für die Gestaltung eines Schaukastens zuständig, der sich neben der Tür zu unserem Klassenzimmer befand. Wir Schüler durften diesen mit für uns interessanten Themen bestücken. Mein Schulfreund hatte eines Tages die säuberlich herausgetrennte Seite eines Münchner Boulevardblattes mitgebracht, auf der eine neue Serie begann. Deren Inhalt handelte vom gerade erschienenen Erstlingswerk eines jungen Schweizers, der die

Welt mit einer unerhört gewagten These schockierte. Die Allgemeinheit war begeistert, wissenschaftliche Kreise dagegen waren wie gelähmt.

Der erwähnte Schweizer – Sie werden es bestimmt schon erraten haben – war kein Geringerer als Erich von Däniken. Er löste mit seinem Buch einen grundlegenden Erdrutsch im Denken unserer Zeit aus. In den folgenden Monaten, ja bis auf den heutigen Tag diskutiert eine zunehmend offenere und interessiertere Welt über die erregende Frage, ob unser Planet Besuch von fremden Intelligenzen hatte. Und ob das Leben hienieden von diesen irgendwie beeinflusst worden sein könnte.

Es war eine faszinierende Zeit, damals, Ende der Sechzigerjahre. Eine Welt war mitten im Aufbruch: Die Popmusik riss die Menschen mit sich, die Jugend demonstrierte gegen den Krieg in Vietnam (es wäre höchste Zeit, sich heute mal ein Beispiel daran zu nehmen!), gleichzeitig standen die Vereinigten Staaten kurz davor, ihre ersten Astronauten auf den Mond zu schicken. Die bemannte Raumfahrt war dem Dunstkreis nicht realisierbarer Utopien entwachsen. Selbst das wissenschaftliche Establishment begann, aufgerüttelt durch das UFO-Phänomen, zaghaft die Frage nach außerirdischen Lebensformen zu diskutieren.

Kein Zweifel: Unversehens hatte sich damals eine bis dahin verschlossene Tür zu einer anderen, geheimnisvollen Vergangenheit geöffnet, welche sich jenseits unseres »gesicherten Schulwissens« manifestierte.

Ich verschlang das eingangs erwähnte Däniken-Buch, wie auch seine weiteren. Eine Phase der Skepsis folgte, doch dann wuchs in mir der unbändige Wunsch, auch einmal etwas zu jener Thematik beitragen zu dürfen, die wie kaum eine andere die Meinung unserer Zeitgenossen zu polarisieren vermag. Dieser Themenbereich – »außerirdische Intelligenzen«, ebenso andere ungeklärte Phänomene – hat meinen weiteren Lebensweg inzwischen nachhaltig geprägt. Erich von Däniken wie auch eine Reihe weiterer Mitstreiter zählen zu meinen Freunden. Und auch mein Wunsch ist in Erfüllung gegangen: Bis heute habe ich eine Anzahl Bücher zu »unserem« Thema geschrieben, an denen sowohl Leser als auch Verleger in vielen Ländern Freude haben. Zudem hatte ich das Glück, zahllose Ecken dieser Welt auf den Spuren unerklärlicher Relikte und fantastischer Phänomene bereisen zu dürfen. Vor Ort konnte ich mir ein viel genaueres Bild machen, als dies aus der Distanz möglich ist.

Wenn einer eine Reise macht, dann kann er einiges erzählen. Ist man so häufig auf Achse wie ich selbst in den vergangenen Jahren, dann kann man seine Erfahrungen sammeln und aufschreiben. Denn es finden sich genügend Menschen, die sich nicht damit begnügen wollen, von faszinierenden Orten auf unserem Planeten nur zu lesen.

So fällt dieses Buch ein wenig aus dem Rahmen der sonstigen Veröffentlichungen meiner Vorbilder und Mitstreiter, aber auch meiner eigenen Bücher. Zum einen berichte ich von meinen Lokalterminen auf allen Kontinenten, von den Entdeckungen – und auch Widrigkeiten, die erstere begleiteten. Doch genauso findet der interessierte Leser eine Menge Wissenswertes und auch »Geheimtipps«, damit er sich selbst auf den Weg machen kann, um diese Orte zu erreichen. Auf dass er für sich selbst entscheide, was für Schlüsse er aus all den vorliegenden Fakten ziehen sollte. Ich halte mit meiner Interpretation der Dinge nicht hinter dem Berg, doch liegt die Entscheidung letztlich bei meinen Lesern, ob sie mir auf meinen Wegen folgen wollen oder nicht.

»Einmal sehen ist besser, als zehntausendmal hören«, lautet ein altes chinesisches Sprichwort. Ich möchte hinzufügen, dass eine weltoffenere Art, mit Rätseln der Vergangenheit umzugehen, am besten geeignet ist, Engstirnigkeit und Dogmatismus bereits im Keim zu ersticken.

Dies Buch ist kein Reiseführer der bekannten Art – Hinweise auf die Altstadt von Shanghai oder die ehrlichsten Teppichhändler in den Basaren von Kairo werden Sie hier vergebens suchen. Dafür aber alles, worauf Sie achten sollten, um all die faszinierenden Stätten auch wirklich zu finden, die sich nicht selten abseits der ausgetretenen Pfade verstecken. Denn was immer sich dort abgespielt haben mag in grauer Vergangenheit oder in jüngerer Zeit: Es gibt sie wirklich!

Nun lade ich Sie ein, meine verehrten Leserinnen und Leser, mir zu meinen Lokalterminen zu folgen, bei denen ich stets von Neuem dem Unfassbaren begegnet bin. Unsere Welt steckt noch immer voller fantastischer Funde und atemberaubender Begebenheiten.

1 Das »Sternenkind« von Waldenburg

Deutschlands unheimlichstes Museumsstück

»Außer- und Überirdische sind nur ein schwacher, unzureichender Begriff dafür, was jenseits dessen existieren mag, was wir sehen, hören, schmecken und begreifen können. Die Erde und damit die Menschheit, wir alle müssen mit einem ganzen Netz unfassbar verzweigter, unfassbar gewaltiger Intelligenzformen verbunden sein.«

DR. JOHANNES FIEBAG (1956–1999),
FORSCHER UND SCHRIFTSTELLER

Es ist nur ein kleines Museum, das »Heimatmuseum und Naturalienkabinett« im sächsischen Waldenburg, zwischen Glauchau und Chemnitz gelegen. Doch darin befindet sich, in Formaldehyd gelegt, Deutschlands unheimlichstes Rätsel. Hineingequetscht in ein kaum 40 Zentimeter hohes Glas, fristet hier ein mysteriöses Exponat sein Dasein, das weltweit seinesgleichen sucht.

Im Jahr 1840 erwarb Fürst Otto Viktor I. von Schönburg-Waldenburg (1785–1859) das historische Naturalien- und Kunstkabinett der Leipziger Apothekerfamilie Linck. Im darauf folgenden Jahr kam die Sammlung, erweitert um einige naturkundliche Kollektionen jüngeren Datums, nach Waldenburg und wurde dort über der Reitbahn des Marstalls aufgestellt. Noch heute zeugt es in seiner alten Form als Universalmuseum des 17. und 18. Jahrhunderts von der Geisteshaltung der damaligen bürgerlichen Aufklärung und der vorausgehenden Kultur des Barock. Das Miteinander der zahlreichen anatomischen Exponate, Mineralien, kunsthandwerklichen Erzeugnisse, Instrumente sowie Tier- und Pflanzenpräparate sollte die den Menschen umgebende Welt so umfassend wie nur möglich widerspiegeln.

Naturalien- und Kunstkabinette waren seinerzeit eine recht verbreitete Einrichtung. Nicht selten trafen dort auch seltene Preziosen aus fernen, fremden Ländern ein, die dann mit größter Aufmerksamkeit in die Sammlung aufgenommen wurden. Zuweilen gelangten auch absonderliche »Kuriositäten« in diese Kabinette, die den Voyeurismus der Massen bedienten. Eine veritable »Freak Show« für unsere Ur-Ur-Ur-Großväter.

1844 bezog die nunmehr als »Fürstliches Naturalienkabinett« bezeichnete Waldenburger Sammlung das eigens für sie neben dem heute längst nicht mehr existierenden Marstall errichtete Museumsgebäude. In den Jahren 1933/34 wurde eine umfangreiche wissenschaftliche Bearbeitung und Neuordnung jener weit über 8000 Einzelstücke umfassenden Kollektion durchgeführt. Unbeschädigt überstand sie den Zweiten Weltkrieg wie auch die anschließenden Jahre des »real existierenden Sozialismus«. Heute wird sie als »Heimatmuseum und Naturalienkabinett« der Stadt Waldenburg geführt. Ein Exponat hieraus ist es, das in den letzten Jahren viele Gemüter in unserem Land erhitzt hat.

Machen wir eine kleine Zeitreise. Im Jahre 1735 war Johanna Sophia Schmied aus der unweit von Leipzig gelegenen Kleinstadt Taucha zum vierten Male schwanger. Hatte sie zuvor drei gesunden Kindern das Leben geschenkt, so kam sie dieses Mal mit einem entsetzlich gestalteten »Monster« nieder. Die Familie, die – wie damals üblich – bei der Niederkunft zugegen war, war schier sprachlos vor Entsetzen.

»Monstrum Humanum Rarissimum«

Dem Leipziger Wundarzt Dr. Gottlieb Friderici kam die seltsame Geschichte zu Ohren, und er begab sich sofort an Ort und Stelle des Geschehens. Da das Geschöpf kurz nach dessen Geburt gestorben war, nahm er den Leichnam mit, um ihn einer ausführlichen Obduktion zu unterziehen. Danach ließ er das »Ding« in Spiritus konservieren, um zukünftigen Kollegen die Möglichkeit zu geben, die sinistren Rätsel um das geheimnisvolle Wesen zu lösen. Ahnte er, dass mit diesem »Monstrum Humanum Rarissimum« irgendetwas nicht stimmte? Dem späteren Museumsstück gab Friderici auch noch eine 32-seitige Abhandlung in lateinischer Sprache bei, in welcher neben der Krankengeschichte der Mutter die Ergebnisse seiner eigenen Untersuchungen während der Obduktion akribisch aufgezeichnet waren.

Tauchen wir also ein in äußerst seltsame Abgründe, die sich hier auftun. Der Arzt begann seine Aufzeichnungen mit den allgemeinen Lebensumständen der Johanna Sophia Schmied, versäumte aber auch nicht, gleich eine »Erklärung« im Sinne des damaligen Zeitgeistes mitzuliefern:

»Es stammt also die unglückselige Mutter jenes Monsters aus ärmlichen Verhältnissen; sie lebt in Taucha, einer Stadt nahe Leipzig gelegen. Sie ist 28 Jahre alt, von kurzer Statur, grazilem Körper, und wenn man ihr Temperament betrachtet, so ist sie cholerisch-melancholisch. Sie heiratete vor zehn Jahren einen Buckligen, bekam drei Jungen, alle drei frei von jeglichem Makel. Endlich, zum vierten Male schwanger, brachte sie dieses schreckliche Monster, das hier zu beschreiben ich mir daselbst vorgenommen habe, zur Welt.

Da fehlerhafte Erscheinungen solcher Art im Allgemeinen der zu starken Einbildungskraft der Schwangeren zugeschrieben

1 Das »Sternenkind« von Waldenburg

werden, hielt ich es für meine Pflicht, alle Umstände, die sich hierauf beziehen könnten, von der Frau selbst zu erfahren, und sie vor allem zu fragen, ob ihr nach der Empfängnis irgend etwas zugestoßen sei, von dessen Anblick sie sich aufgewühlt und vor Schreck erschüttert fühlte. Sie jedoch verneinte, dass ihr etwas begegnet sei, von dessen Anblick sie sich aufgewühlt und vor Schreck erschüttert fühlte. Sie jedoch verneinte, dass ihr etwas begegnet sei, was in irgendeiner Weise mit jenem von ihr selbst geborenen Monster verglichen werden könnte. Und dennoch musste sie bekennen, dass ihr in der Mitte der Schwangerschaft, als sie gerade aus dem Hause trat, der Anblick eines Marders, der durch irgendeinen Zufall hervorsprang, einen Schrecken einjagte und sie befürchten musste, dass er ihrem Ungeborenen einen Schaden gebracht hätte.«[1]

Schwere Geburt

Hier begegnen wir einem uralten Volksglauben, der sich lange Zeit hartnäckig hielt und besagte, dass Missbildungen bei Neugeborenen auf einen plötzlichen Schock zurückzuführen sind, den die Mutter im Laufe ihrer Schwangerschaft erlitten hat. Im vorliegenden Fall aber bezweifelte Johanna Sophia Schmied ganz entschieden, dass die Ursache der Missbildung vom Anblick des besagten Marders abzuleiten sei.

Folgt man den weiteren Ausführungen Dr. Fridericis, war bereits der Verlauf der vierten Schwangerschaft der Betroffenen ein wenig ungewöhnlicher als bei den drei Malen zuvor.

»Als nun die mittlere Zeit der Schwangerschaft ganz vollendet war, nahm die Schwangere zwar die gewohnte Bewegung ihres Fötus wahr, die aber kaum zu spüren war. Im Gegenteil bemerkte sie selbst, dass ihr Leib sich nicht zur gebührenden,

Schwere Geburt

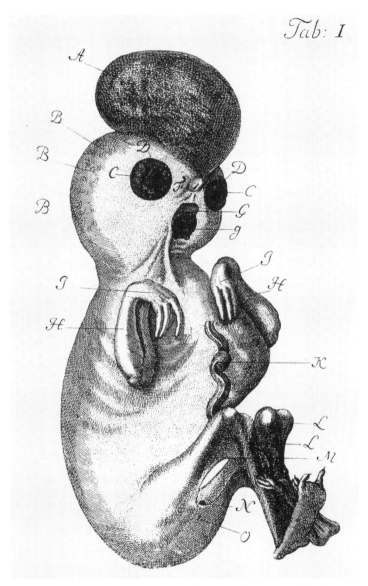

Abb. 1 Bereits im Jahr 1735 wurde das in Taucha bei Leipzig geborene »Monster« von Dr. Gottlieb Friderici obduziert. Das Ergebnis legte er in einem in lateinischer Sprache abgefassten detaillierten Bericht nieder.

und bei anderen üblichen Höhe erhob, und machte ihrem Manne gegenüber, nicht ohne Furcht vor drohendem Übel, öfters Bemerkungen über diese Dinge, die sich sehr unterschieden von den vorangegangenen Schwangerschaften.
Nachdem schließlich die Zeit der Schwangerschaft vollendet war, wie die Schwangere sie berechnet hatte, begann diese sich den gewohnten Anzeichen der Geburt hinzugeben. Und von der elften Stunde des Nachts bis zur sechsten in der Frühe (…) war dies Werk vollbracht und anstatt eines rechtmäßigen Kindes war ein schreckliches, keinesfalls erwartetes Monster ausgeworfen worden.« [1]
Die Kunde von dem »Monster« muss sich in Windeseile verbreitet haben, sonst wäre der Mediziner nicht so rasch zur Stelle gewesen. Der ließ auch noch einen Zeichner kommen, der das Wesen in all seinen Proportionen auf zwei Tafeln für die staunende Nachwelt verewigte. Nach einer kurzen äußerlichen Bestandsaufnahme widmete sich Dr. Friderici nun der Obduktion der Kreatur, »der inneren Anatomie des Monsters, woran Hand anzulegen er weder lange noch viel gezögert« hat.

Ungewöhnliches Innenleben

»Der Kopf ist das erste Opfer für das anatomische Messer gewesen, und obwohl sein Anblick zunächst einen Wasserkopf anzuzeigen schien, lehrte uns der aufgeschnittene Hautsack anderes, nämlich weil in ihm wie in der übrigen Höhlung des Kopfs keine Flüssigkeit gefunden wurde, sondern eine erschreckende Gehirnmasse, die sieben Unzen wog, und von einer geringen Menge Blutes umschwommen wurde, in der man die Gehirnhülle versenkt auffand. (…) Im Übrigen traten bei der Offenlegung des Gehirnes ein paar

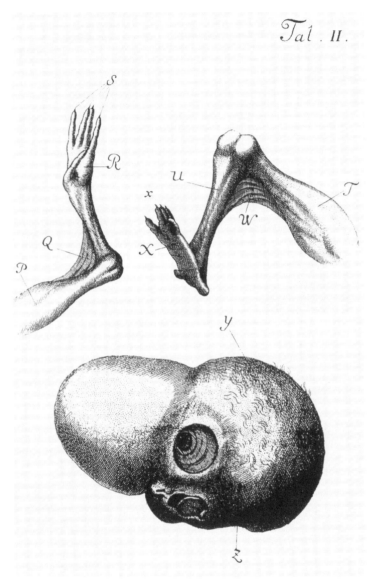

Abb. 2 Auch im Knochenbau unterscheidet sich das mysteriöse Wesen sehr von einem normalen Menschen. So bestehen Schienbein wie Unterarm aus jeweils nur einem Knochen statt aus zweien.

1 Das »Sternenkind« von Waldenburg

Nerven hervor von gebührender Anzahl und herausragender Ordnung.
Nach vollendeter Erforschung des Kopfes wurde die Brust geöffnet, die mit Rippen, welche die notwendige Anzahl, die richtige Größe sowie die naturgemäße Lage hatten, und mit einem dazwischen gesetzten Brustbein ausgestattet war. In der rechten Rippenhöhle fand sich sogar eine Lungenhülse, aus deren linker Höhlung sofort nach dem chirurgischen Einschnitt eine zähe Flüssigkeit floss. Während dies anfänglich die Vermutung einer Wassersucht der Brust nahelegte, kam, nachdem die Brust weiter geöffnet worden war, ein großes Herz zum Vorschein, völlig ohne Pericardium (Herzbeutel), aber in einem eigentümlichen Häutchen liegend, das sich von den größeren Herzgefäßen bis zur gegenüberliegenden Seite zog und am Zwerchfell wie am Rippenfell überall stark angewachsen war, und den Platz des Pericardiums auszufüllen schien. Es beinhaltete eine Flüssigkeit, in welche man das Herz versenkt fand. Als nun endlich unter dem anatomischen Messer das Häutchen entfernt war, verbarg sich an dieser Stelle die andere Lungenhülse.«[1]
Doch nicht allein das Innenleben des monströsen Geschöpfes unterschied sich in einigen auffallenden Details von dem eines normal entwickelten menschlichen Wesens. Wie der eifrige Medicus im Verlauf seiner Obduktion feststellen konnte, betraf das auch den Knochenbau.
»Schließlich muss noch von den Gliedmaßen berichtet werden, weil sowohl der Unterarm als auch das Schienbein entgegen der Natur aus einem einfachen, nicht doppelten Knochen bestanden. Bei der Verbindung des Oberschenkels mit dem Schienbein fehlte an jedem Bein die Kniescheibe, und nur mit großer Mühe konnten die Knochen voneinander getrennt werden. Die übrigen Knochen jedoch, die diese Glieder zusammenfügen (…), waren bezüglich Anzahl und

Aussehen naturgemäß ausgestattet, allerdings nicht mit den notwendigen Muskeln versehen.

Mit Recht meine ich daher, diesem Geschöpf den Namen ›Monster‹ gegeben zu haben, weil weder sein Äußeres noch sein Inneres dem naturgemäßen Aufbau des Menschen entspricht, sondern sich einmal in der Anzahl, einmal in der Größe, einmal im Sitz unterscheidet, ja sogar gewisse Teile völlig fehlen und einige wiederum sehr außergewöhnlich erscheinen.«[1]

Konserviert für die Ewigkeit

Im weiteren Verlauf seines einem befreundeten Medizinalrat gewidmeten Traktates machte sich Dr. Friderici seine Gedanken über die möglichen Ursachen jener schrecklichen Missbildungen. Hierbei lehnte er den damals so verbreiteten Volksglauben ab, die Mutter habe sich während ihrer Schwangerschaft erschreckt und auf diese Weise zum Entstehen des Monsters beigetragen. Er glaubte vielmehr an eine ungenügende Ernährung des Fötus, welche als wirkliche Ursache für die völlige Andersartigkeit verantwortlich zu machen sei.

Vielleicht gibt es noch eine andere – allerdings recht fantastisch klingende – Erklärung für das einzigartige Geschöpf, doch darüber lasse ich mich etwas später genauer aus. An dieser Stelle möchte ich erst noch berichten, wie es mit dem außergewöhnlichen Artefakt weiterging.

Nach Abschluss seiner Untersuchungen konservierte Dr. Gottlieb Friderici das »Ding« in Spiritus, damit künftige Generationen »das Wissen um derlei Dinge vermehren, und zu heilbringendem Nutzen wandeln« mögen. Das Exponat kam in der Folgezeit zusammen mit vielen anderen Präparaten in die erwähnte Kollektion des »Naturalien- und Kunstkabinetts« der Stadt Waldenburg. Dort führte es ein regelrechtes Schattendasein. Zu Zeiten der DDR war es sogar strikt verboten, das mysteriöse Artefakt der Öffentlichkeit zu präsentieren. Was sicherlich mit dem Umstand zu erklären ist, dass damals häufig Schulklassen das Museum im Rahmen ihres Naturkundeunterrichts besuchten.

Doch nach der »Wende« wurden die Rätsel nur noch größer und lassen seither unglaubliche Abgründe erahnen.

Eines Tages, 1990 oder 1991, besuchte Dr. M., Chefarzt der Säuglingsklinik im Chemnitzer Klinikum, das Waldenburger Museum und stieß auf das »Monster«, das dort nach wie vor in einem kaum 40 Zentimeter hohen Glas, sozusagen für die Ewigkeit konserviert, sein einsames Dasein fristete. Sein akademisches Interesse war geweckt, darum regte Dr. M. umfangreiche medizinische Untersuchungen an der Universität von Heidelberg wie auch der Universität in Berlin an.

So wurden zahlreiche Röntgenaufnahmen von dem zwischenzeitlich als »Hühnermensch« in die Fachliteratur eingegangenen Wesen angefertigt, ebenso Computertomographien. Selbst von genetischen Analysen ist die Rede. Fakt ist auch, dass noch immer keine Klärung des ebenso einzigartigen wie mysteriösen Rätsels absehbar ist.

Ende 1996 wurde ich auf dieses geheimnisumwobene Exponat aufmerksam gemacht; gleichzeitig erfuhr ich von den Untersuchungen, die Chefarzt Dr. M. an den genannten Universitäten durchführen ließ. Besagter Kinderarzt hatte damals den Bericht aus dem Jahre 1735 an sich genommen, der bis dahin gleichfalls im Waldenburger Museum aufbewahrt wurde. Ich kann nicht sagen, ob er ihn mittlerweile zurückgegeben hat, aber *warum* er ihn eine so lange Zeit in Beschlag hielt: Angeblich waren es Schwierigkeiten bei der Übersetzung. Dass ich trotzdem Passagen aus dem Bericht zitieren kann, verdanke ich einer Reihe von beherzten Gewährsleuten, die ein zweites Exemplar in der Universitätsbibliothek zu Leipzig aufgetrieben und auf eigene Kosten übersetzt haben.

Nachforschungen in Waldenburg

Es sollte noch Ende Mai 1997 werden, bis ich den Weg in das kleine Städtchen in der sächsischen Provinz antreten konnte. Ohne große Probleme fand ich das Museum, das, von Glauchau aus kommend, von der Hauptstraße her kaum zu verfehlen ist. Zusammen mit einem damaligen Freund und Forscherkollegen betrat ich das Gebäude, und wir entrichteten einen Obolus, der das Filmen und Fotografieren erlaubte.
Die alte Holztreppe knarrte vernehmlich unter unseren Füßen, als wir – schwer bepackt mit Kamera, Stativ und mehreren Fotoapparaten – in das erste Stockwerk des Museums stiegen. In einem in die Wand eingelassenen Schrank auf halber Höhe der Treppe stand eine ganze Batterie mit Spiritus gefüllter Glasgefäße, aus denen uns albtraumhafte Missgeburten anstarrten. »Was mag nur so viele Menschen an diesen bedauernswerten Kreaturen faszinieren, sowohl jene, die sich – wie weiland Dr. Friderici sowie sein heutiger Kollege aus Chemnitz – beruflich damit befassen, als auch diejenigen, die geradezu voyeuristisch jene Ausgeburten des Horrors betrachten?« Fragen wie diese gingen mir durch den Kopf. Monstrositäten aller Art scheinen es dem Menschen von jeher angetan zu haben.
Und da stand es. Inmitten dieser Sammlung stach es aufgrund seiner absoluten Andersartigkeit deutlich heraus, völlig ohne Übereinstimmung mit den Missbildungen der »gewohnten Art« – so man diesen Vergleich überhaupt bemühen darf! Als

»Hühnermensch« eher abfällig tituliert, erinnert das Wesen in einer unheimlichen Weise eher an etwas ganz anderes. Spontan fielen mir die aus den UFO-Entführungsfällen unserer Tage kolportierten »kleinen Grauen« ein – auch als »Little Greys« bekannt –, die das Bild, das wir von außerirdischen Besuchern haben, in den vergangenen Jahren nachhaltig geprägt haben.

Ein Hybrid aus Mensch und Alien?

Und hier kommen »sie« ins Spiel – jene nicht von dieser unserer Welt stammenden Fremden, deren Spuren sich unübersehbar durch unsere Vorgeschichte wie auch historisch näheren Zeiten ziehen. Ist diese Annahme unglaubwürdig, gar an den Haaren herbeigezogen? Skeptiker werden aufschreien! Doch bereits auf den ersten Blick fallen mehrere körperliche Besonderheiten ins Auge des Betrachters, die absolut verblüffende Übereinstimmungen zeigen mit jenen »Little Greys«, die als Protagonisten des UFO-Entführungssyndroms unserer Zeit berüchtigt geworden sind:
– Die Augen sind ungewöhnlich groß. Als ich das Glasgefäß mit dem Wesen darin in meinen Händen hin- und herdrehte, vermochte ich die riesigen schwarzen Augäpfel durch eine dünne, darüberliegende Haut schimmern zu sehen. Sie liegen in recht unnatürlich wirkenden, runden Augenhöhlen.
– Es sind keine äußerlich erkennbaren Ohren vorhanden. Angaben des Museumspersonals zufolge sollen jedoch auf Röntgenbildern, die 1994 in Berlin und Heidelberg gemacht worden waren, Gehörgänge im Schädelinneren erkennbar gewesen sein. Auch die kleinen Grauen werden ohne außen liegende Ohren beschrieben.

Ein Hybrid aus Mensch und Alien?

– Der Auswuchs am Kopf – dies stellte bereits Dr. Friderici im Verlauf seiner Obduktion 1735 fest – ist nicht mit Wasser, sondern vielmehr mit Gehirnmasse gefüllt. Dreht man das Glas, so präsentiert sich der Schädel unnatürlich verlängert und deformiert, was wiederum an den von vielen Völkern in der Vergangenheit praktizierten »Kult« der Schädeldeformation erinnert. Damit wollte man vielleicht den »Göttern« gleich sein – außerirdischen Besuchern, die unseren Planeten wohl seit undenklichen Zeiten aufsuchen.

Liegt hier vielleicht ein historischer Entführungsfall vor, in dessen Verlauf Johanna Sophia Schmied durch einen gezielten Eingriff geschwängert wurde und – als monströse Missgeburt – einen *Hybriden aus Mensch und Alien* gebar? Ein Mischwesen also mit den genetischen Eigenheiten sowohl der menschlichen Rasse als auch denen einer fremden Intelligenz. Solche erschreckende Szenarien werden von vielen vom Entführungssyndrom betroffenen Frauen unserer Tage wiederholt berichtet. Nicht genug, stellten Gynäkologen bei etlichen Betroffenen alle Anzeichen einer vorzeitig beendeten Schwangerschaft fest.[2,3,4]

Abgesehen von dem so fremdartigen Erscheinungsbild des Hühnermenschen finden sich sogar Hinweise auf ein vergleichbares Szenario in dem Bericht Dr. Fridericis aus dem Jahr 1735. Eine Passage erregte meine Aufmerksamkeit: Es war jene, in der der Leipziger Arzt die für die Schwangere so erschreckende Begegnung mit einem Marder beschreibt. Sowohl der deutsche Forscher Dr. Johannes Fiebag (1956 bis 1999) als auch dessen amerikanische Kollegen Dr. John E. Mack (1929–2004) und Whitley Strieber beschreiben Fälle, in deren Verlauf offenbar sogenannte Deckerinnerungen (*Screen Memories*) bei den Betroffenen programmiert wurden.[2,4,5] Diese beinhalten Handlungsabläufe, in denen wilde Tiere häufig eine Rolle spielen. Womöglich werden solche Deckerinnerungen ins Gedächtnis der Entführungsopfer eingepflanzt, um den ungeheuren psychischen Druck zu kompensieren, dem diese Menschen durch oftmals wiederholte Abduktionen ausgesetzt sind. Ich kann mir vorstellen, dass – sollte im Fall der Johanna Sophia Schmied gleichfalls ein Entführungserlebnis vorangegangen sein – auch hier eine gezielt programmierte Deckerinnerung die tatsächlichen Abläufe verdrängt hat.

»Genetische Sensation«

Leider können wir die Frau zu den Vorgängen, die sich einst im sächsischen Taucha ereignet haben, nicht mehr befragen. Darum könnte allein eine genetische Analyse endgültig Aufschluss bringen, ob der Natur bewusst ins Handwerk gepfuscht wurde.
Die Chancen, auf Eingriffe dieser Art zu stoßen, werden von Tag zu Tag besser. Führende Genforscher arbeiten mit Hochdruck daran, die menschliche Erbinformation zu knacken. Dabei stellten sie fest, dass einzelne Gensequenzen gewissermaßen »ruhiggestellt« oder »abgeschaltet« sind. Was wird uns eines sicher nicht mehr allzu fernen Tages deren Entschlüsselung verraten? Tragen wir alle Erbinformationen in uns, die nicht von unserer Welt stammen? Es könnte die moderne Genforschung sein, die den Schlüssel zum Beweis in der Hand hält, dass die Spezies Mensch in Wahrheit durch das Eingreifen außerirdischer Intelligenzen in vorgeschichtlicher Zeit entstanden ist. Dann wäre auch das so verzweifelt gesuchte »Missing Link« in der Entwicklung vom Affen zum Menschen kein Phantom mehr.
Doch kehren wir zurück zum »Hühnermenschen« aus Waldenburg. Möglicherweise ist bereits an ihm eine genetische

Untersuchung durchgeführt worden. Kündigte doch Dr. M., der Kinderarzt aus Chemnitz, an, einen entsprechenden Artikel für die Zeitschrift »American Journal for Medical Genetics« zu verfassen.
Und vielleicht liege ich mit meiner Vermutung, hier könnten irgendwelche fremden Intelligenzen ihre Hände im Spiel gehabt haben, gar nicht so krass daneben. Denn zwei im zeitlichen Abstand von nur vier Monaten abgegebene, sich jedoch absolut widersprechende Statements haben mich hellhörig gemacht. Noch am 7. Februar 1997 hatte der mehrmals erwähnte Chemnitzer Kinderarzt an meine Informantin geschrieben:

»Sehr geehrte Frau B.,
vielen Dank für Ihren Brief vom 14. 1. 1997, in dem Sie mich um weitere Angaben zu dem ›Hühnermenschen‹ baten. Leider kann ich Ihren Theorien, daß der ›Hühnermensch‹ ein Hybridwesen zwischen einer außerirdischen Rasse und der menschlichen Population sei, nicht folgen. Es bleibt Ihnen natürlich überlassen, welche Gedanken Sie sich um die Entstehung menschlicher Fehlbildungen machen (...). Ich hoffe auf Ihr Verständnis und verbleibe mit freundlichen Grüßen.
Dr. M.
Chefarzt der Säuglingsklinik.«[6]

Die große Überraschung folgte dann am 30. Mai 1997, als ich selbst vor Ort in dem kleinen sächsischen Städtchen Waldenburg recherchierte. In einem mit ordnungsgemäß erworbener Foto- und Filmerlaubnis gedrehten Video-Interview mit einer Museumsangestellten brachte ich mit der gebotenen Vorsicht auch die Sprache auf eine Erklärung für die Missbildung, die nicht von dieser Welt stammende Faktoren einbezieht. Die deutlich um Seriosität bemühte Angestellte merkte zunächst

einmal an, dass das Personal »so etwas nicht gerne hört«. Doch im weiteren Verlauf unseres Gespräches wies sie mich explizit darauf hin, dass der Chemnitzer Kinderarzt Dr. M. mittlerweile auch ganz vorsichtig eine außerirdische Möglichkeit in Erwägung ziehe!
Ich glaubte meinen Ohren nicht zu trauen. Doch diese Aussage steht im Raum: Sie lässt anklingen, dass ein durchaus angesehener Vertreter des Ärztestandes derart unkonventionelle Gedanken angedacht hat.
Gleichzeitig erfüllt es mich mit einem gewissen Maß an Beruhigung, dass sich zwischenzeitlich einige große Medien des geheimnisvollen Artefaktes angenommen haben. So brachte Deutschlands größte Tageszeitung zweimal einen Aufmacher darüber,[7,8] und Anfang März 1998 stand ich vor Ort in Waldenburg einen Tag lang für die Privatsender SAT 1 und RTL 2 vor der Kamera. Speziell in den neuen Bundesländern ist das Interesse sehr groß, und das ist auch gut so. Man wird sich also schwer hüten, dies unbequeme Artefakt so einfach »verschwinden« zu lassen, weil – um beim Thema zu bleiben – buchstäblich kein Hahn danach kräht. Manche Artefakte in anderen Museen hatten weniger Glück beziehungsweise Medieninteresse.
Nicht nachvollziehbar jedoch ist das Verhalten des Museumsdirektors. Ihm war die Publicity mehr als unangenehm: Er drohte den Filmteams mit Drehverbot. Obwohl sein Museum seit jenen Tagen im Mittelpunkt überregionalen Interesses steht und geradezu ein »warmer Regen« an Eintrittsgeldern niedergegangen ist. Ebenso mysteriös ist, was der Kinderarzt von sich gegeben hat. Für den Sommer 2000 kündigte er der Redaktion einer großen Zeitung vollmundig die Veröffentlichung seiner Forschungsergebnisse an. Eine »genetische Sensation« sollte es werden, die die Fachwelt aufhorchen lassen würde.[9]

Geschehen ist allerdings bis heute nichts. War die Ankündigung nur eine »Ente«, oder bekam Dr. M. »Druck von oben«, diese tunlichst zu unterlassen? Das Thema rund um Deutschlands mysteriösestes Artefakt bleibt auf jeden Fall spannend. Doch für das Verhalten einiger Beteiligter fällt mir nur die süffisante Sentenz des großen Schweizer »Querdenkers« und Bestsellerautors Erich von Däniken ein:
»Die Welt ist weit, und das Hirn ist eng.«

2 Die »Götter« nachgeahmt?

Das Phänomen der deformierten Schädel

> »Auch eine Theorie, die nicht auf alle bekannten Tatsachen passt, ist wertvoll, solange sie besser passt als irgendeine andere Vorstellung.«
>
> DR. HANS SELYE (1907–1982),
> ARZT UND PSYCHOLOGE

Rund um unseren Globus – und da macht wirklich keine Region dieser Welt eine Ausnahme – übten ungezählte Völker bis in unsere Tage hinein einen bizarren Brauch aus. Der so widernatürlich ist, dass man nicht umhinkommt, tiefer gehende Fragen daran zu knüpfen. Die Rede ist von der allerorten geübten Praxis der Schädeldeformation.

Hierbei wurden den Betroffenen, vom frühesten Säuglingsalter an, kleine Brettchen an den Schädel gelegt, die mit Scharnieren verbunden waren. Durch diese Scharniere wiederum wurden Bänder gezogen, mittels derer man langsam aber stetig den Zwischenraum verkleinern konnte. Das Ergebnis ließ sich erst nach Jahren erkennen: Da wölbten sich die Schädel, an den Schläfen beginnend, turmartig nach hinten. In Extremfällen besaßen die dergestalt verlängerten Hinterköpfe das bis zu dreifache Volumen nicht deformierter Schädel.

Während meiner Reisen stieß ich unter anderem in Mexiko und Peru, in China und in Chile auf Beispiele dieser Kopfverlängerungen. Die Liste der Regionen aber, in denen die grausam erscheinende Praxis Usus war, ist ungleich länger.

So kennen wir das Phänomen der Schädeldeformationen aus folgenden Kulturen:
- aus dem alten Ägypten und aus dem vorderen Orient;
- aus den Tundren Sibiriens wie dem gesamten östlichen Asien;
- aus Nord-, Mittel- und Südamerika, wo diese Eingriffe besonders im Bereich der andinen Hochkulturen, wie etwa unter den Inkas, besonders gepflegt wurden;
- aus dem Orinoco-Gebiet im heutigen Venezuela berichtete der berühmte deutsche Forschungsreisende Alexander von Humboldt (1769–1859) von Indio-Stämmen, an deren Kindern die Eingriffe ins natürliche Schädelwachstum vorgenommen wurden. Selbst heute noch werden diese Manipulationen dort durchgeführt;
- auch in Afrika. Dort waren und sind es vor allem die Mangbetu, ein in Zaire lebender Stamm, die diese Tortur an ihren Nachkommen praktizieren;
- auf der Insel Kreta wie auch in den Weiten Lapplands wurden Schädel deformiert, dasselbe gilt für Holland und die Bretagne in Frankreich – direkt vor unserer Haustür.[10,11,12,13]

So sollte es eigentlich niemanden verwundern, dass es in unserem Land ebenfalls überraschend viele Beispiele dieser fragwürdigen »Verschönerung« gibt, doch dazu später mehr.

Keine natürliche Schädelform dieser Art bekannt

Was brachte unsere Vorfahren bis in jüngste Zeiten nur auf die perfide Idee, die zarten Köpfe ihrer Kinder abartig in die Länge zu quetschen? Einen »vernünftigen« Grund vermag man weit und breit nicht zu entdecken. So vertreten die meisten Archäologen die Meinung, Schädelverlängerungen wären nichts anderes gewesen als ein spleeniger, jedoch weltum-

2 Die »Götter« nachgeahmt?

spannender »Modegag«. Den die Angehörigen adeliger oder »besserer« Kreise präsentierten, um sich vom niederen Volk zu unterscheiden.

Aber sollte eine fixe Idee, ein globaler Modespleen des Rätsels simple Lösung sein? Und das in Zeiten, als internationale Modezeitschriften oder überhaupt weitreichende Kommunikationsmittel Zukunftsmusik waren? Ich ziehe eine andere Erklärungsmöglichkeit vor, die ein wenig spekulativen Mutes bedarf.

Eine natürliche Schädelform in der Art der Turmschädel kam und kommt auf unserem Planeten nicht vor. Doch der Mensch ahmte schon von jeher mit Hingabe alles nach, was er sah – die sogenannten Cargo-Kulte aus den 1940er-Jahren mögen hier als Beispiel dienen,[14] und in der Industriespionage des angehenden 3. Jahrtausends haben sie ihre Fortsetzung gefunden. Kopierte der Mensch also auch das Aussehen seiner »Götter«, suchte er ihnen wenigstens äußerlich gleich zu sein? Auf der ganzen Welt waren die Menschen damals jenen Respekt einflößenden, ihnen in jeder Hinsicht überlegenen Gestalten begegnet. Bald bedienten sich Priester und Herrscher des Tricks, durch jene unnatürlich in die Länge gezogenen Hinterköpfe »göttergleich« zu wirken, um ihre Untertanen zu beeindrucken. Gäbe es Schädeldeformationen nur bei ein paar wenigen Völkern, dann ließen sich wahrscheinlich lokale Ursachen dafür finden. Doch bei der weltweiten Verbreitung des vorgeblichen »Modespleens« mussten die weichen Babyschädel von Anfang an verformt werden, damit sie im erwachsenen Zustand den alten »Göttern« aufs Haar glichen. Erst das gibt der Prozedur einen Sinn.

Ich habe es angedeutet: Obwohl es sich bei den Schädeldeformationen um ein weltweites Phänomen handelt, muss man nicht unbedingt nach Afrika, China oder Südamerika reisen, um auf guterhaltene Exemplare zu stoßen. Mein Wiener

Freund und Autorenkollege Reinhard Habeck machte mich auf einen wunderbar erhaltenen Langschädel aufmerksam, den man in einem Gräberfeld nahe der niederösterreichischen Ortschaft Wolkersdorf fand. Den vor mehr als 1500 Jahren verstorbenen Träger rechnet man dem Stamm der Awaren zu – Nomaden, die im 5. Jahrhundert n. Chr. aus den Steppen Asiens bis nach Mitteleuropa vorgedrungen waren.

Überraschung in Grab 361

Und mitten in der niederbayerischen Stadt Straubing, genauer gesagt im Stadtteil Alburg, wurde im Zuge von Neubaumaßnahmen ein altbajuwarisches Gräberfeld entdeckt, welches auf das 5. Jahrhundert n. Chr. datiert wurde. Bereits während der Ausgrabungen im Reihengräberfeld auf den Stadtäckern zu Ende der 1970er-Jahre erwartete die Archäologen eine große Überraschung: In zweien der Gräber fand man ungewöhnlich gut erhaltene künstlich deformierte Schädel. Das vollkommen schmuck- und beigabenlose »Grab 361« lag inmitten einer Gräbergruppe aus dem späten 5. Jahrhundert, während das »Grab 535« einer anscheinend recht wohlhabenden Frau gehörte, die um 500 n. Chr. verstarb.
Die Bestimmung des Geschlechtes bereitete in beiden Fällen keine Mühe, denn Merkmale am Schädel und Skelett konnten ohne Zweifel dem weiblichen Geschlecht zugeordnet werden. Beide waren zu Lebzeiten knapp über 1,60 Meter groß gewesen, wobei die Frau aus »Grab 361« etwas größer war sowie einen weitaus kräftigeren Knochenbau besaß als die Frau aus »Grab 535«.
Die Schätzung des Sterbealters der zwei Frauen war hingegen etwas problematischer, da bei künstlich deformierten Schädeln zuweilen Verzögerungen im Verschluss der einzelnen

Schädelnähte auftreten können. Die Befunde sprechen aber bei beiden Skeletten für ein reiferes Alter, wobei jedoch die Frau aus »Grab 361« eher jünger war als ihre Geschlechtsgenossin aus Nr. 535. Zur Bestimmung des Alters zogen die Forscher nicht nur den Befund zu Rate, der sich aus dem erwähnten Verschluss der Schädelnähte ergab. Auch der Zustand der Gebisse entsprach eindeutig der Alterseinschätzung »matur«.

Abgesehen von leichten degenerativen Veränderungen an Brust- und Lendenwirbeln der Frau aus »Grab 361« wurden an den Knochen keine krankhaften Veränderungen beobachtet. Da bekannt ist, dass sich die Angehörigen verschiedener sozialer Gruppen innerhalb eines Gräberfeldes auch in deren Belastung durch typische Mangelkrankheiten und degenerative Veränderungen unterscheiden, kann geschlossen werden, dass es sich bei diesen beiden Frauen um besser gestellte Personen gehandelt hat.

Rassentypologisch ließen sich die beiden Schädel noch nicht zweifelsfrei einordnen. Im 5. Jahrhundert n. Chr. herrschte jedoch aufgrund der Einfälle der Hunnen, eines ursprünglich aus den Weiten der Mongolei stammenden Reitervolkes, ein ziemlich buntes Völkergemisch in Mitteleuropa. Und Schädeldeformationen waren bei den Hunnen, wie man heute weiß, sehr verbreitet.[15]

Als heidnisch verfolgt

Mit diesen beiden erwähnten Funden liegen aus Bayern insgesamt zwölf künstlich deformierte Schädel vor, welche aus sechs Fundstellen stammen: Alteglofsheim, Eltheim, Barbing-Irlmauth, Altenerding-Klettham, Straubing-Alburg sowie Straubing-Wittelsbacherhöhe. Abgesehen vom Fundort Altenerding fällt eine große Konzentration der Fundorte im Bereich des »großen Donaubogens« bei Regensburg auf. Alle Schädel wurden von den Archäologen in eine ziemlich begrenzte Zeitspanne datiert, und zwar zwischen 450 und 550 unserer Zeitrechnung. Nach dieser Zeit wurden ganz offensichtlich keine Schädeldeformationen mehr in Bayern vorgenommen – was deutlich mit dem endgültigen Siegeszug des Christentums in unserem Land zusammenfällt.

Denn wenn man tatsächlich versucht hat, irgendwelche »Götter« auf diese Art zu imitieren, wurde dies von dem zunehmend Fuß fassenden Christentum mit Sicherheit als heidnischer Aberglaube unerbittlich verfolgt.

Im Zusammenhang mit der erwähnten Datierung der Funde dürfte auch das Sterbealter der Träger jener zwölf in Bayern gefundenen, deformierten Schädel interessant sein. Ohne Ausnahme erreichten alle das Erwachsenenalter, sechs kamen in gereifteres Alter, einer erreichte sogar das Greisenalter. Wahrscheinlich überstanden auch weit mehr Individuen diese Prozedur, als bisweilen angenommen wurde. Außerdem betraf die Sitte der Kopfdeformationen hierzulande vor allem das »schwache Geschlecht« – denn zehn weiblichen, deformierten Schädeln stehen gerade einmal zwei männliche gegenüber.

Anatomisch gesehen, werden die bayerischen Schädelfunde als »zirkulärer Deformationstypus mit konischer bis zylindrischer Ausprägung« bezeichnet. Hierdurch wurde eine turmartige Verlängerung des Hauptes erreicht, bei der die Stirn besonders hoch erscheint. Als »Schnürfurchen« gedeutete Eindellungen, die vor dem Stirnbeinquerwulst und am Hinterkopf liegen, vermitteln in etwa den Eindruck, auf welche Weise die Verformung vorgenommen worden ist. Nicht selten barg diese Art der Kopfumformung auch Gefahren für den Säugling.[15]

2 Die »Götter« nachgeahmt?

Eine andere Deformationstechnik wird noch heute in Afrika – bei den Mangbetu in Zaire – sowie in der pazifischen Inselwelt Melanesiens angewandt. Hier wie dort kommt zirkuläre Pressbandagierung zur Ausübung, welche von der Unter- und Mittelstirn bis zum unteren Hinterkopf schräg um den Kopf des Säuglings geführt wird. Das dann als erwachsener Schädel vorliegende Ergebnis hängt von zwei Faktoren ab. Zum einen von der nur auf das Kleinstkindalter beschränkten Manipulation selbst, zum anderen von den Wachstumstendenzen des Kopfes, die sich bekanntermaßen bis zum Ende der Pubertät hinziehen.

Ich habe es bereits erwähnt: Die weitaus meisten Träger der in Bayern gefundenen Schädeldeformationen erreichten das reife Erwachsenenalter. Nur in einem Fall blieb das Alter unbestimmbar. Heute setzt sich langsam die Erkenntnis durch, dass diese Deformationen in der Regel nicht zu einer Schädigung des Gehirns führten. Auch fanden sich keine Anzeichen für eine Beeinträchtigung der Intelligenz oder Verkürzung der Lebensdauer.[15]

Auf der richtigen Spur

Solche Schädeldeformationen, die zu sehen man sonst in ferne Regionen wie Afrika, Asien oder Südamerika reisen muss, sozusagen fast vor der eigenen Haustüre zu finden, das hatte etwas ungemein Faszinierendes für mich. Also versuchte ich, mich auf die Spur jener staunenswerten Artefakte zu setzen. Und ich wurde tatsächlich fündig.

Zunächst versuchte ich mein Glück an zwei jener Fundstellen im Gebiet der Stadt Straubing. Da die Funde aber seinerzeit im Zuge der Erschließung von städtischem Bauland getätigt worden waren, ist dort heute nichts mehr zu sehen. Die Stätten wurden schlicht und einfach zubetoniert. Über Umwege geriet ich dann an den für die Stadt zuständigen Archäologen Dr. Prammer, der im Gäubodenmuseum tätig ist. Der erklärte mir, dass alle Funde aus den Stadtäckern von Alburg und Wittelsbacherhöhe nun ihren Platz in der »Anthropologischen Staatssammlung des Freistaates Bayern« in München gefunden hätten.

Anfang März 1998 machte ich mich dann auf die Suche in der Landeshauptstadt, wo ich auch schon beim zweiten Anlauf Erfolg hatte. Besagte »Anthropologische Staatssammlung« befindet sich am Karolinenplatz, nur einen Steinwurf vom Obelisken entfernt. Untergebracht ist sie in einem niedrigen, fast unscheinbaren, gelb getünchten Alt-Münchner Häuschen. Da sie nicht öffentlich zugänglich ist, findet man sie auch nicht im offiziellen städtischen Verzeichnis der Galerien und Museen Münchens. Aber da ich schon mal an Ort und Stelle war, läutete ich an der Türe – und wurde prompt eingelassen.

Einer der dort tätigen Archäologen – im Verlauf unseres Gespräches wurde mir sehr schnell bewusst, dass ich genau an der richtigen Adresse gelandet war – ließ mich ein. Es war Dr. P. Schröter, ein sympathischer und Pfeife rauchender Zeitgenosse, der sich sogar viel Zeit für meine Fragen nahm.

Wie üblich, fiel ich gleich mit der Tür ins Haus. Ich fragte nach dem Verbleib der Funde von Straubing-Alburg und war im ersten Moment sehr enttäuscht, als mir Dr. Schröter eröffnete, dass der größte Teil dieser Funde zu Restaurationszwecken nach Göttingen, an die dortige Universität geschickt worden war. Zu bemerken wäre aber, dass danach alle Artefakte wohl wieder zurück nach München kommen, wo sie in der Prähistorischen Staatssammlung der Öffentlichkeit präsentiert werden.

2 Die »Götter« nachgeahmt?

Dann hatte der freundliche Archäologe doch noch einige Leckerbissen für mich parat. Er führte mich in das im Erdgeschoss gelegene Lager des aus dem Ende des 19. Jahrhunderts stammenden Gebäudes, wo schnell eine angeregte Fachsimpelei entstand. Dr. Schröter wusste sehr genau um die globalen Aspekte des Phänomens der Schädeldeformation. Doch glaubte er nicht unbedingt an Zusammenhänge zwischen den geographisch so weit auseinander liegenden und gleichzeitig so übereinstimmenden Belegen. Aber im weiteren Verlauf unseres Gespräches gab er dann doch zu bedenken, dass auch für ihn die Übereinstimmungen sehr verblüffend seien. Und wohl nicht auf bloßem Zufall beruhen könnten.

»Ein Indianer kennt keinen Schmerz«

Dann erläuterte mir Dr. Schröter, dass es verschiedenartige Techniken zur Einschnürung gegeben habe, was man an den Schädeln noch heute buchstäblich »ablesen« könne. Waren diese auch unterschiedlich in der Art ihrer Ausführung, so gleichen sich Grundidee und Ergebnis weitestgehend. Als ich auf die für die Kleinstkinder sicher sehr schmerzhafte Tortur zu sprechen kam, begegnete mir der Archäologe mit einem plausibel klingenden Argument, das nicht von der Hand zu weisen ist.
Überzeugend legte er dar, dass die besagten Prozeduren mit großer Wahrscheinlichkeit nicht so schmerzhaft waren, wie wir dies gemeinhin annehmen. Denn die Intensität der Schmerzempfindung hängt stark von dem Kulturkreis ab, in den der Betreffende eingebunden ist. Wir sogenannten Zivilisationsmenschen des westlichen Kulturkreises sind ein wahrer Ausbund an Wehleidigkeit. Schon beim geringsten Anlass werfen wir Medikamente ohne Ende ein. Bei damaligen wie

heutigen Naturvölkern ist Schmerz jedoch ein natürlicher Aspekt des täglichen Lebens.[16] Oder etwas profaner: »Ein Indianer kennt keinen Schmerz.«
Wenngleich diese Erkenntnis auch ein wenig das Grausen über die Deformationspraktiken zu mildern vermag – jener vermutlich dahinter stehende Grund, nämlich die Imitation mutmaßlich außerirdischer Besucher, wird davon nicht berührt.
Schließlich nahm Dr. Schröter von den zahllosen, in diesem Lagerraum gestapelten Kartons einen bestimmten heraus, öffnete ihn und präsentierte mir den Inhalt. Es war einer jener deformierten Schädel, die in Altenerding gefunden worden waren. Die Überraschung wurde noch größer, als er den nächsten Pappkarton öffnete und eines der Artefakte aus Straubing-Alburg hervorzog, das nicht mit den übrigen Schädeln nach Göttingen gesandt worden war. Geduldig hielt mir Dr. Schröter das geheimnisumwobene Artefakt vor die Kamera, als ich ihn um die Erlaubnis bat, den turmartigen Schädel fotografieren zu dürfen.
Tatsächlich hatte ich wieder einmal gefunden, wonach zu suchen ich mich aufgemacht hatte. Und der nette Archäologe, vor dessen Tür ich so plötzlich und unangemeldet stand, opferte an jenem Vormittag seine wertvolle Zeit, um mir Frage und Antwort zu stehen. Wären doch alle Vertreter seiner Zunft wie er! Bereits einmal hatte ich Zugang zum »Allerheiligsten« eines Museums bekommen. Es war ziemlich genau zwei Jahre vorher, als ich in dem chilenischen Wüstenort San Pedro de Atacama weilte. Ein unscheinbares Holzfigürchen mit offensichtlich astronautischen Merkmalen, einst als Grabbeigabe verwendet und heute im »Museo Arqueologico R. P. Gustavo Le Paige« ausgestellt, hatte mich in die Einsamkeit der großen Salzwüste Chiles gelockt. In besagtem Museum befindet sich nebenbei auch noch der Welt größte Kollektion

an menschlichen Schädeln – mehr als 5000 Stück –, wobei viele unter ihnen die typischen Verlängerungen aufweisen. In einer Vitrine im Eingangsbereich sind einige besonders gut erhaltene *Dolichocephali*, wie der Fachausdruck für diese Turmschädel lautet, ausgestellt.

Ungleich mehr solcher Relikte finden sich in einem für die Öffentlichkeit nicht zugänglichen Lager im Keller des Museums. Der Hartnäckigkeit einer örtlichen Reiseführerin sowie einigen Dollars »Bakschisch« für das Personal war es zu verdanken, daß sich die Türen des Arsenals öffneten. Auf Regalen, die vom Boden bis zur Decke reichen, konnte ich Tausende Schädel bewundern. Nicht wenige davon waren turmartig deformiert, wie ungezählte andere in allen Teilen der Welt ebenfalls. Die »Götter« lassen grüßen …

Eines scheint mir gewiss: Aus den Tiefen des Weltraumes auf die Erde gekommene Wesen dienten einst als Vorbilder für jenen so global betriebenen »Kult« der Schädeldeformationen. Bei dem auch unser Land keine Ausnahme macht.

3 Bei Nacht und Nebel verlassen

Die namenlose Stadt in den Karpaten

> »Jährlich verschwinden etwa 800 Leute in der Luft, ohne eine Spur zu hinterlassen. Ich weiß nicht, wie viele an Land spurlos verschwinden.«
>
> MEL NOEL,
> EHEMALIGER PILOT DER US-AIR FORCE

Etwa 50 Kilometer im Nordosten der slowakischen Hauptstadt Bratislava liegt Smolenice. Ab und an zieht es Touristen dorthin, die die gleichnamige Burg mit ihrem kühnen, sechseckigen Turm bewundern. Die wahre Attraktion jedoch kennt kaum jemand. Denn hoch über Smolenice, auf einem Berg mit Namen Molpir, erstrecken sich rätselhafte Ruinen aus ferner Vergangenheit.

Immer wieder fanden Bewohner der nahe gelegenen Stadt Trnava auf dem bewaldeten Berg Überreste einer einstigen Siedlung: Scherben von tönernen Gefäßen, hier und da auch schon mal ein Stück Eisen oder Bronze. Doch anders als bei »normalen« Fundorten lockte dieser Ort nie so recht Schatzsucher und Amateur-Archäologen an. Eine Art Tabu schien darüber zu liegen. Darum blieben die Ruinen so lange Zeit unbehelligt.

Erst zu Beginn des 20. Jahrhunderts tauchten die ersten Wissenschaftler dort auf. Und die ersten offiziellen Ausgrabungen nahm der Archäologe A. Loubal Mitte der 1920er-Jahre vor. Was er auf dem Berg Molpir fand, weiß heute niemand mehr, denn der Forscher starb bald darauf. Seine Aufzeichnungen sind verschollen, und einige Exponate, die er dem Stadtmuseum von Trnava gestiftet hat, sind gleichsam spurlos verschwunden. Doch ehe man gleich an Verschwörungen und düstere Machenschaften denkt, sei daran erinnert, dass auch in dieser Ecke Mitteleuropas der Zweite Weltkrieg tobte und für Chaos und Zerstörung sorgte.

Erst nach dem Ende der großen Völkerschlacht wurde dem Berg Molpir mehr Aufmerksamkeit gewidmet. Unter der Leitung von Stefan Jamsak arbeitete hoch über Smolenice in den 1950er- und den 1960er-Jahren ein Forschungsteam. Es vermaß die Fläche der an diesem Ort vermuteten Burgstätte und legte einen größeren Teil davon frei. Das Areal erwies sich mit 14 Hektar Fläche als die größte vorgeschichtliche Siedlung im Karpatenraum.

Weitere Erkenntnisse brachten die Ausgrabungen von Dr. Mikulas Dušek vom Archäologischen Institut der Slowakischen Akademie der Wissenschaften, die von 1963–1971 dauerten. Dieser Dr. Dušek entdeckte Überreste einer Siedlung und versuchte sie zu rekonstruieren. Nach der C-14-Methode zur Altersbestimmung organischer Proben wurden die Funde auf circa 700–600 v. Chr. datiert und der sogenannten Hallstatt-Epoche zugeordnet.

Eine Stätte vollständiger Zerstörung

Es muss eine bedeutende Anlage gewesen sein. Hiervon zeugen nicht nur zahlreiche Fundstücke, sondern auch die strategische Lage und Größe der Siedlung. Sie stand auf künstlich errichteten Terrassen, die teilweise aus dem Fels gehauen und mit Erdreich nivelliert waren. Ein System von drei Mauern verschiedener Größe schützte vor Angriffen. Man vermutet, dass einst bis zu 800 Menschen in der Anlage lebten.

Eine Stätte vollständiger Zerstörung

Die uralte, namenlose Stadt hat für die Archäologen etliche Fragen aufgeworfen. So etwa die nach ihrer kulturellen Einordnung. Höchstwahrscheinlich gehörte sie zur *Kalenderbergischen Kultur,* einer Kultur, die einst in Südösterreich, der südlichen Slowakei und Nordwestungarn vertreten war. Doch das weitaus größere Rätsel stellt der Zustand dar, in dem die geheimnisumwobene Stadt auf dem Molpir gefunden wurde. Sie ist eine Stätte kompletter Zerstörung. Das Hauptgebäude wurde bis zu den Fundamenten zerschmettert, große Steinquader fand man bis zu zehn Meter weit weggeschleudert. Infolge unerklärlicher Hitzeeinwirkung waren die Steinplatten der Inneren Mauern sowie die Felsterrassen miteinander verschmolzen. Überall stießen die Archäologen auf Brandspuren wie auch Anzeichen eines Kampfes. Zudem barg man verstümmelte Skelette, die außer den Spuren von Gewalteinwirkung Zeichen einer plötzlichen und unvorhergesehenen Verbrennung trugen.[17]

Zahllose zurückgelassene Gegenstände von Wert – es standen sogar volle Kochtöpfe auf den Feuerstellen – legen den Schluss nahe, dass der Ort in größter Panik und Eile von seinen Bewohnern verlassen wurde. Keiner von ihnen kehrte je wieder zurück. Was hatte sich einst auf dem Molpir abgespielt? Gegen welchen übermächtigen Feind hatte man hoffnungslos gekämpft?

Die Archäologen spekulieren, dass ein Aufstand oder Bürgerkrieg die Zerstörungen verursacht hat. Demnach hätten sich die armen und ausgebeuteten Angehörigen der »Unterschicht« heldenhaft gegen eine »privilegierte Oberschicht« erhoben. Wie einst beim vielzitierten Aufstand des Spartacus im alten Rom. Dieser Erklärungsversuch spiegelt jedoch ganz genau jenen kommunistischen Zeitgeist wider, wie er damals zur Zeit der Ausgrabungen in der ehemaligen Tschechoslowakei herrschte und sogar zentraler Bestandteil der staatstragenden Ideologie war. Unbeantwortet bleibt auch die Frage, woher die aufständischen Unterdrückten die Kraft und die technischen Möglichkeiten nehmen sollten, um Gebäude wie Dominosteine umherzuschleudern und sogar Steinplatten zum Schmelzen zu bringen.

Unternehmen wir den Versuch, den »ideologisch eingefärbten« Stand der Untersuchungen von unnötigem Ballast zu befreien.

Sie kehrten nicht zurück

Eine derartige Anhäufung mysteriöser Umstände bringt uns zu einem etwas ungewöhnlicheren Erklärungsversuch. Sahen sich die Bewohner gezwungen, sich gegen den Einsatz einer ihnen überlegenen Technologie zu wehren, die buchstäblich »von oben« kam und ihre Stadt in eine Ruine verwandelte? Bei den Außenmauern fanden sich nämlich keine Kampfspuren. Und die in Panik geflohenen Bewohner kehrten nicht wieder, ihre zurückgelassene Habe zu bergen und die Toten zu bestatten.

Selbst die obligatorischen Plünderer und Grabräuber blieben aus. Es gibt zu denken, dass gerade die Spezies, die stets aus tragischen Ereignissen ihre Vorteile zu ziehen weiß, jene Orte meidet, über denen eine Art Fluch liegt. Erst zum Ende des 19. Jahrhunderts wagten sich einige neugierige Bewohner aus dem nahen Trnava auf den unheimlichen Berg Molpir und fanden die eingangs erwähnten Gegenstände.

Soweit also die Fakten, wie sie der aus Bratislava stammende Amateurforscher Martin Jurik akribisch recherchiert und vor einigen Jahren in einem Magazin veröffentlicht hat.[18] Der Beitrag weckte meine Neugier, und so setzte ich mich mit dem Verfasser in Verbindung. Der antwortete mir umgehend, wo-

bei er allerdings die Sache mit den geschmolzenen Steinen etwas relativierte: »Der aus Kalkstein bestehende Boden wurde durch eingestürzte und brennende Palisaden sowie den hölzernen Teil der Häuser erhitzt, wobei infolge der Verbrennung aus Kalziumkarbonat Kalziumoxid entstand – also Kalk. Regenfälle verursachten eine weitere Reaktion, hierdurch entstand Mörtel. Schließlich war es der erhärtete Mörtel, welcher die Mauerplatten miteinander verband …«[19]
Also eine ganz natürliche Erklärung für jene ungewöhnlichen Überreste auf dem Berg Molpir hoch über Smolenice? Nicht unbedingt. Denn der schon im Zusammenhang mit den Ausgrabungen von 1963–1971 erwähnte Dr. Dušek merkte an, »dass die Vernichtung schnell und plötzlich kam« und dass man »in den Fundamenten der Wohnhütten zahlreiche verbrannte Skelette von Menschen fand, die nicht mehr rechtzeitig entkommen konnten.« Dabei betonte er, dass das Rätsel der Vernichtung ungeklärt sei.[17]

»Gegrillte« Felsbrocken

Dann ist wohl nicht alles so simpel, wie es anfangs aussah. Bei so vielen Ungereimtheiten schienen mir genauere Recherchen vor Ort am zielführendsten. Deshalb vereinbarte ich mit Martin Jurik einen Ortstermin und fuhr in die Slowakei.
Von meinem Heimatort im Südosten Bayerns sind es – überwiegend auf österreichischen Autobahnen – gerade mal vier Stunden bis zu der kurz hinter Wien gelegenen slowakischen Hauptstadt Bratislava. Seit Auflösung der Tschechoslowakischen Föderation ist die Slowakei sichtlich bemüht, sich ein eigenes Image aufzubauen; das gilt noch mehr seit dem EU-Beitritt im Jahr 2004. Als ich es im Juni 1995 endlich schaffte, den Ortstermin wahrzunehmen, meinte es der Wettergott

3 Bei Nacht und Nebel verlassen

zum Glück gut mit uns. Für den Weg aus Bratislava heraus bis nach Smolenice brauchten wir nur eine Dreiviertelstunde. Dann konnte ich den Wagen in Sichtweite der malerischen Burg abstellen.

Der steile Aufstieg, der unmittelbar hinter der Dorfkirche begann und sogar mit einem Hinweisschild gekennzeichnet war, zog sich gut zehn Minuten hin. Auf dem Weg nach oben berichtete man mir, dass in den vergangenen Wintern immer wieder Fährten von Wölfen am Fuße des Molpir gefunden wurden, die sich an besonders eisigen Tagen bis an den Rand der umliegenden Dörfer gewagt hatten. Nur selten hingegen verirrten sich Wanderer und Neugierige auf den Berg, um sich die Ruinen anzusehen.

Dann standen wir vor den ersten, willkürlich von den Archäologen rekonstruierten Mauerteilen, hinter denen sich üppiges Grün breitgemacht hatte. Ich konnte mich des dumpfen Gefühles nicht erwehren, als hätte man auf diesem Gipfel der nordwestlichen Karpaten mit Absicht Gras über die Dinge wachsen lassen. Vergebens suchten wir nach den erwähnten, miteinander verbackenen oder gar geschmolzenen Steinen und Felsplatten. Wie wir am folgenden Tag im Stadtmuseum zu Trnava erfahren sollten, waren sie wieder vollkommen überwuchert. Man schien gar nicht einmal so unglücklich darüber zu sein, dass die Natur inzwischen wieder einen »grünen Mantel des Schweigens« über die Geheimnisse auf dem Molpir gebreitet hatte …

Ganz erfolglos war die Suche nach Indizien für die Vernichtung der namenlosen Anlage durch plötzlichen Hitzebrand allerdings nicht. Unweit einer grob »restaurierten« Mauer fand ich einen etwa kinderkopfgroßen Stein, der die Spuren eines heftigen Verbrennungsschocks trug. Er war durch und durch verbrannt und seine Farbe war ein auffälliges Ziegelrot. Für einen aus rohem Ton geformten Ziegel mag ein ganz normaler Brand ausreichen. Doch was für Höllentemperaturen sind notwendig, um einen Felsbrocken derart zu »grillen«? Über welche schrecklichen Geheimnisse deckt der Wald seinen Mantel, warum wurden die seit 35 Jahren eingestellten Grabungen nicht weitergeführt?

Wo sind die Skelette?

Am Folgetag fuhren wir in die nahe gelegene Stadt Trnava, um dem dortigen historischen Museum einem Besuch abzustatten. Das hatte zwar gerade geschlossen, doch Martin Jurik erreichte es trotzdem, uns das gewünschte Entree zu verschaffen. Vielleicht verdankte er dies einem Fernsehauftritt am vorherigen Abend an der Seite Erich von Dänikens im Sender des kleinen Landes. Die Museumsassistentin eröffnete uns, dass nach dem Abschluss der letzten Grabungen die Funde vom Molpir akribisch katalogisiert und im Keller eingelagert wurden. Zwar sind einige der Stücke ausgestellt – gegen jene im Souterrain eingelagerten Artefakte sind es jedoch verschwindend wenige.
Und dann geschah Unglaubliches. Auf unsere vorsichtig angebrachte Frage, ob es wohl möglich wäre, einige jener Stücke in Augenschein zu nehmen, die seit Jahren im dunklen Keller ruhen, schickte man nach dem Direktor. Keine Viertelstunde war vergangen, da schleppte die Assistentin schachtel- und tütenweise Unmengen von Kostbarkeiten herbei. Die mit Ausnahme derjenigen, die seinerzeit mit den Ausgrabungen beschäftigt waren, niemand zu Gesicht bekommen hatte.
Wir hatten das unglaubliche Glück, die Ersten zu sein, welchen die Kellerschätze vorgeführt wurden. Um die spektakulärsten Objekte handelte es sich nicht – doch was wir zu sehen bekamen, war trotzdem beeindruckend. Wie etwa eine große

3 Bei Nacht und Nebel verlassen

Anzahl Speerspitzen, die so exakt gleich waren, als seien sie maschinell hergestellt worden. Oder Sicherheitsnadeln, die teilweise aus einem einzigen Stück gezogen, teils regelrecht zusammengenietet waren. Wie aus Industriefertigung.

Die Überlebenden dieser namenlosen Stadt auf dem Gipfel des Molpir müssen große Mengen an für sie wertvollen Gegenständen zurückgelassen haben. Ihre Flucht war überstürzt, und nie mehr kamen sie an den Ort des Grauens zurück. Auch die Angst, diese sinistre Stätte aufzusuchen, muss über die Jahrtausende hinweg lebendig geblieben sein. Als Tabu wurde sie von Generation zu Generation weitergeraunt. Sonst wären Scharen von Hobby-Archäologen und Schatzjägern über den Molpir hergefallen, wären die meisten der Funde statt im Museumskeller zu Trnava in gut sortierten Privatsammlungen im In- und Ausland versickert.

Was auch wir nicht zu Gesicht bekamen – aber mit Sicherheit das größte Geheimnis der unheimlichen Stätte darstellt –, waren jene Skelette, die so unerklärliche Verbrennungsspuren aufweisen, als seien sie durch eine Explosion verursacht worden. Im Stadtmuseum von Trnava teilte man uns bedauernd mit, dass diese menschlichen Überreste nicht unter den vielen Funden seien, die seit Jahren im Keller verstauben. Man vermutet diese vielmehr in der tschechischen Hauptstadt Prag.

So braucht es noch viel detektivischen Spürsinn, um endlich die Spur jener ominösen Vorgänge wieder aufzunehmen, die sich dort in grauer Vorzeit abgespielt haben. Martin Jurik, der Amateurforscher aus Bratislava, hat sich dieser Aufgabe verschrieben. Vor ein paar Jahren ließ er mich wissen, dass er auch auf die Überreste eines steinzeitlichen Tempels in dem aufstrebenden osteuropäischen Land gestoßen ist. Es bleibt zu wünschen, dass er Licht in das Dunkel bringt, das derzeit noch so viele Rätsel und Geheimnisse unserer Vergangenheit überschattet.

Das Geheimnis der Anasazi

Die Bewohner der namenlosen Stadt auf dem Molpir müssen ihre Heimat in derselben panischen Eile überstürzt verlassen haben, wie ein Indianerstamm in Nordamerika vor über 500 Jahren dessen Metropole. In den Bergen im Osten des US-Bundesstaates Arizona suchen schon Generationen von Archäologen nach schlüssigen Antworten auf eines der unheimlichsten Rätsel der Menschheitsgeschichte. Sie versuchen zu ergründen, wie vermutlich in einer einzigen Nacht 20 000 Menschen für immer zu verschwinden vermochten. So, als hätten sie sich buchstäblich von einem Augenblick zum nächsten in Luft aufgelöst.

Seit mehr als 500 Jahren ist das Geheimnis von Point-of-Pines – wie der Ort heute heißt, der offenbar aus Angst gestorben ist – nicht enträtselt worden. Der Ort liegt zwischen Sanddünen und roten Steinriesen in einer malerischen Landschaft, und obgleich zahllose Experten versucht haben, hinter das Mysterium dieser Stätte zu kommen, scheint bis heute nur eines sicher zu sein: Sie starb eines unheimlichen, unnatürlichen Todes.

An einem bestimmten Abend sind die Bewohner offenbar wie gewöhnlich zu Bett gegangen. Doch beim nächsten Morgengrauen waren alle Männer, Frauen und Kinder geflohen. Sie hatten ihren gesamten Besitz zurückgelassen, wie er gerade dalag – Schmuck, Waffen und selbst das Spielzeug der Kinder. In ihrer Panik haben die Menschen sogar Kochtöpfe auf den noch brennenden Feuerstellen stehengelassen, wie das auch in der Stadt auf dem Molpir geschah. Und wie dort kehrten sie nie zurück.

Was auch immer sie vertrieben haben mag, ihre Stadt war unversehrt, bis der Zahn der Zeit sie in Ruinen verwandelte.

Vom Wind herbeigewehter Sand bedeckte sie mit sanften Hügeln, welche über die Jahrhunderte nicht berührt wurden. Was der ganzen Gegend ein gespenstisches Aussehen verlieh.

Point-of-Pines war die Stadt der Anasazi, sesshafter Indianer aus dem Norden Amerikas. Sie kultivierten das Land und waren für ihre Zeit ungewöhnlich fortschrittlich. Ihre Steinhäuser hatten zwei bis drei Stockwerke. Ausgeklügelt und effektiv waren ihre Bewässerungssysteme und ihre Fertigkeiten auf handwerklichem Gebiet. Reiche Nahrungsquellen und stabile Verhältnisse führten zur Entstehung eines ausgeprägten zeremoniellen und kulturellen Lebens.

Die Stadt stieg zum Handelszentrum für viele Gemeinschaften und Stämme im Umkreis von 500 Meilen auf. Ihre Bewohner hatten Stil und Kultur. Die Frauen benützten bei ihrer Kosmetik Rouge und Puder. Die Tänze, die sich bis heute unter den Pueblo-Indianern Arizonas und New Mexicos erhalten haben, sind nur ein schwacher Abglanz einstigen prunkvollen kulturellen und religiösen Lebens der Anasazi. Alles lief so gut in Point-of-Pines, dass es schlicht unvorstellbar ist, warum diese Menschen ihre Stadt verlassen sollten. Alle sogenannten »normalen Erklärungen« führen ab einem bestimmten Punkt stets in eine Sackgasse.

Unerklärlicher Exodus

Mit großer Sicherheit kann man die Möglichkeit ausschließen, dass die Anasazi plündernden, nomadisierenden Stämmen zum Opfer gefallen sind. Denn überall, wo diese kriegerischen Rotten auf Raubzug gingen, fielen die Reste der verkohlten Dächer auf die Leichen der Opfer. Doch nichts in der Art war hier geschehen. Auch den Tod durch eine Hungersnot kann man abhaken. Fand man doch in den Lagerräumen, die für kalte Winter angelegt waren, reichlich Reste von Bohnen und Getreide. Es gab genügend Lebensmittel in der Stadt. Oder hat eine Seuche die Leute dahingerafft und vertrieben? Wäre dies der Fall gewesen, hätten die Archäologen doch auf zurückgelassene Leichen der an dieser Epidemie Gestorbenen stoßen müssen. Aber auch hier Fehlanzeige auf der ganzen Linie!

Wie kann man dann den urplötzlichen Exodus einer Population geradewegs ins Nichts erklären, die auf 20 000 Seelen geschätzt wird? Eine weitere Hypothese nimmt an, dass es eine zwanzigjährige Dürre gegeben habe, bevor Point-of-Pines verlassen wurde. Im Verlauf von zwei Jahrzehnten hätten die Anasazi die Brunnen immer tiefer gegraben, bis sie schließlich kein Wasser mehr gefunden hätten. Erst dann wären sie weitergezogen.

Tatsächlich ist den Archäologen aufgefallen, dass viele der Brunnen deutlich tiefer als üblich gegraben worden waren. Also ist das des Rätsels Lösung? Haben die Anasazi die einst blühende Stadt auf der Suche nach neuen Quellen verlassen? Warum fand dann die Massenflucht, bei der die Indianer ihre Habe komplett zurückließen, bei Nacht und Nebel statt?

Bei diesem wie allen anderen *konventionellen* Erklärungsversuchen bleibt die wichtigste aller Fragen zur Gänze unbeantwortet: *Wohin* sind all die Menschen gegangen?

Und warum sind sie im Schutze der Nacht geflohen? Könnte es sein, dass die Anasazi von einem unerklärlichen, möglicherweise lebensgefährlichen Phänomen erschreckt wurden? Bedrohte sie etwas, und sie versuchten nurmehr ihr nacktes Leben zu retten? Nach Jahrzehnten intensiver Forschung ist man einer auch halbwegs befriedigenden Lösung dieses Menschheitsrätsels noch keinen Schritt näher gekommen. Womöglich liegt es daran, dass man noch nicht damit begonnen hat, die richtigen Fragen zu stellen, um dann nach den passenden Antworten zu suchen.[20]

In der Zwischenzeit bleibt das undurchdringliche Geheimnis um die alte Indianerstadt bestehen. Die Ruinen im Osten Arizonas sind buchstäblich das Letzte, was uns an die 20 000 Menschen erinnert, die so plötzlich und scheinbar endgültig vom Erdboden verschwunden sind.

So spurlos und unerklärlich, als hätten sie diesen Planeten überhaupt ganz verlassen …

4 »Baut ein Abbild Eures Sonnensystems!« (I)

Steinzeiträtsel im Flusstal der Vilaine

> »Die Welt ist voll von ungelösten Rätseln, und einige davon sind noch fremdartiger, als man es sich vorstellen kann.«
>
> CHARLES FORT (1874–1932),
> AMERIKANISCHER AUTOR

Vorausgeschickt: An anderer Stelle dieses Buches werde ich über eine vergleichbare, aber noch weit sensationellere Stätte berichten, die in der »Neuen Welt« für Aufregung sorgt. Im Augenblick ist es nur wichtig zu wissen, dass derlei Dinge alles andere sind als exotische Einzelfälle, nach deren Kenntnisnahme man schulterzuckend zur Tagesordnung übergeht. Die Bretagne, im Nordwesten unseres Nachbarn Frankreich gelegen, wird gemeinhin als die Heimat ungezählter Menhire, also übermannsgroßer Steinsetzungen, betrachtet. Aus dem Bretonischen stammt auch die Bezeichnung hierfür: Sie bedeutet nichts anderes als »langer Stein«. Die Archäologen datieren die Menhire in die Jungsteinzeit, die gemäß geltender Lehrmeinung zwischen 6000 und 1800 v. Chr. lag.
In der Bretagne, genauer gesagt, im Departement Ille-et-Vilaine, südlich der alten Universitätsstadt Rennes, erstreckt sich im Flusstal der Vilaine ein regelrechtes »Abbild« unseres Sonnensystems. Über eine Distanz von etwa 50 Kilometern reihen sich Menhire – und ein jeder steht für einen Planeten unseres Sonnensystems. Erst im Sommer des Jahres 2000 ergründeten

4 »Baut ein Abbild Eures Sonnensystems!« (I)

Archäologen das Geheimnis hinter den wie auf einer riesigen Perlenschnur aufgereihten Menhiren, deren Existenz allerdings viel länger schon bekannt war.

Ein paar dieser Menhire vermochte ich bereits selbst in Augenschein zu nehmen. Das Verdienst, mich an jene Stätten eines unerklärlichen Steinzeitwissens geführt zu haben, gebührt meinem Freund Rainer Holbe. In den 1990er-Jahren haben wir öfters gemeinsame Seminarwochen angeboten, in deren Verlauf wir unsere Gäste mit Kabinenbooten durch die malerische, zum Teil noch unberührte Flusslandschaft der Vilaine und ihrer Nebengewässer fuhren.

Phobos und Deimos

Unweit des Städtchens Messac, von wo aus wir immer mit unseren Booten ablegten, ragt mitten im dichten Auwald ein über vier Meter hoher Monolith auf. Der Menhir steht, wie man jetzt weiß, stellvertretend für unseren »roten« Nachbarplaneten, den *Mars*. Und gerade mal 150 Meter davon entfernt stehen, offenbar maßstabsgetreu platziert, zwei nur etwas über einen Meter hohe Monolithen, welche die beiden Marsmonde *Phobos* und *Deimos* (aus dem Griechischen: »Angst« und »Schrecken«) symbolisieren.

Doch da wird es jetzt richtig unheimlich! Da die beiden Begleiter unseres Nachbarn sehr klein sind – Phobos wird auf einen Durchmesser von 16, Deimos auf nur acht Kilometer Durchmesser geschätzt –, wurden sie erst 1877 durch den amerikanischen Astronomen Asaph Hall (1829–1907) entdeckt.

Mit den beiden Zwergmonden ist eine ziemlich mysteriöse Geschichte verknüpft. Der berühmte Schriftsteller Jonathan Swift (1667–1745) beschrieb nämlich die beiden Marsmonde bereits in seinem 1727 erschienenen Buch »Reise nach Laputa« (das war eine von Gullivers Reisen).[21] Dies wiederum war volle 150 Jahre vor der offiziellen Entdeckung der Klein-Trabanten durch Asaph Hall. Noch rätselhafter: Swift beschrieb einige charakteristische Eigenschaften dieser Monde, die 150 Jahre vor deren Entdeckung eigentlich niemand gewusst haben konnte. Etwa die Tatsache, dass diese ihren Mutterplaneten auf beinahe kreisrunden Bahnen umlaufen. Ebenso, dass sie den Mars schneller umrunden, als dieser sich um seine eigene Achse dreht.

Ein solches Verhalten ist einmalig in unserem Sonnensystem. Deshalb spekulierten in den 1960er-Jahren sowjetische Astronomen, ob die beiden Marsmonde vielleicht künstliche Himmelskörper seien. In den Umlauf gebracht von einer einst auf dem Mars beheimateten, längst ausgestorbenen Hochzivilisation.[22]

Die 17 Monde des Jupiter

Kehren wir zurück an die Ufer der bretonischen Vilaine, zum Abbild unserer kosmischen Heimat, die unbekannte Erbauer einst in Stein verewigt haben. Jener Menhir, der die Sonne symbolisieren soll, steht heute innerhalb der Grenzen des Städtchens Janze, knapp 25 Kilometer von Messac entfernt.

Ein weiterer Menhir – dieser steht für Jupiter, den größten Planeten unseres Systems – ist von 17 kleineren Monolithen umgeben, die ganz unzweifelhaft die Monde des Jupiter darstellen sollen. Aber halt! Wissen wir nicht, dass Jupiter »nur« von 16 Monden umgeben ist, welche allesamt Namen aus der griechischen Mythologie tragen? Wie Ganymed, Kallisto, Amalthea, Pasiphae, Thebe, Io und Elara, um nur einige zu nennen.

4 »Baut ein Abbild Eures Sonnensystems!« (I)

Als echte Überraschung ging vor ein paar Jahren die Meldung um die Welt, dass amerikanische Astronomen einen neuen Jupitermond entdeckt hätten. Der von Wissenschaftlern der Universität von Tucson/Arizona und dem Smithsonian Astrophysical Observatory in Massachussetts beobachtete Himmelskörper besitzt nur einen Durchmesser von drei Kilometern und trägt auch noch keinen Namen. Aufgespürt hatten die Astronomen den »Winzling« bereits im Oktober 1999. Und weil sie ihn zunächst für einen Planetoiden gehalten hatten, bekam er hilfsweise die Bezeichnung »1999 UX18«. Katalogisiert ist er mittlerweile unter *S/1999 J 1*. Was jedoch das wirklich Spannende an dieser Entdeckung ist, dürfte die Tatsache sein, dass seine Existenz bereits den unbekannten Megalithsetzern aus der Steinzeit bekannt war. Genauso wie die Existenz der Marsmonde Phobos und Deimos.[23]

Ich stelle einmal mehr die unbequeme Frage in den Raum, von wem unsere Vorfahren, denen die klassische Lehrmeinung gerade einmal die primitivsten Hilfsmittel zugesteht, ein derart profundes und detailliertes Wissen über unser Sonnensystem vermittelt bekamen.

5 Ein zweites Stonehenge?

Menorca – Freilichtmuseum unter spanischer Sonne

»*Das Schönste, das wir entdecken können, ist das Geheimnisvolle.*«
ALBERT EINSTEIN (1879–1955),
PHYSIKER UND NOBELPREISTRÄGER

Komasaufen im Ballermann No. 6, Schaum-Parties und Misswahlen, Touristenburgen und Abzocke: Dies sind allesamt Fremdwörter auf einer Insel, die noch immer als Geheimtipp für Entdeckernaturen gilt. Denn die Baleareninsel Menorca ist eine echte Fundgrube für Megalithrätsel aus grauer Vorzeit. Dass sich Menorca schon von jeher – zumindest aus touristischer Sicht – im Schatten ihrer großen Schwesterinsel Mallorca befindet, dürfte allenfalls von den Fans der eingangs genannten, zweifelhaften »Urlaubsaktivitäten« als Manko empfunden werden.
Wiederholte Male schon stattete ich diesem properen kleinen »Freilichtmuseum unter spanischer Sonne« einen Besuch ab. Ähnlich der Mittelmeerinsel Malta (s. folgendes Kapitel) befinden sich so viele prähistorische Stätten über die Insel verstreut, dass man auch nach mehreren Aufenthalten immer wieder Neues zu entdecken vermag. Ungeachtet dessen, dass es ja eigentlich nur zwei Arten von Bauwerken sind, welche dem Besucher immer wieder ins Auge fallen: Talayots und Taulas.

5 Ein zweites Stonehenge?

Fangen wir mit den am meisten verbreiteten Bauten an, jenen Talayots. In alten Zeiten waren dies gewaltige Türme von konischer Form, von denen oftmals nicht viel mehr als ein Trümmerhaufen übriggeblieben ist. Die noch besser erhaltenen ragen in ihrer kegelstumpfförmigen Erscheinung immerhin 10–20 Meter hoch auf, und ihr Durchmesser kann mehr als zehn Meter betragen. Mittlerweile hat man weit mehr als 300 dieser Talayots auf der nur 669 Quadratkilometer messenden Insel gezählt. Oder anders gesagt: Auf nur zwei Quadratkilometer Fläche findet man einen dieser rätselhaften Kegelstümpfe.[24,25]
Einige von ihnen besitzen einen Innenraum, eine geschützte Kammer oder auch nur einen Laufgang.[26] Deshalb sehen viele Archäologen in ihnen Wach- und Verteidigungsanlagen. Doch kommen sie spätestens dann in Erklärungsnotstand, wenn diese Talayots innen nicht hohl, sondern vollkommen ausgefüllt sind.

Türme? Rundpyramiden? Verteidigungsanlagen?

Also innen so massiv, dass man selbst mit viel gutem Willen nur schwer Verteidigungsanlagen darin sehen kann. Massive Bauten dieser Art kennt man jedoch aus vielen Gegenden der Welt – als sogenannte »hermetische Türme«. Eines der spektakulärsten Beispiele hierfür ist der massive, konisch geformte Turm, der in den Ruinen von Simbabwe bereits Generationen von Forschern Rätsel aufgegeben hat.[27]
Was letztendlich der Sinn und Zweck solcher Bauten war, darüber können wir nur spekulieren. Benutzten sie die alten Völker rund um den Globus, um Energien der Erde oder des Weltalls zu gewinnen und für ihre Zwecke zu nutzen? Besit-

Türme? Rundpyramiden? Verteidigungsanlagen?

zen all diese Dinge vielleicht einen konkreten, technischen Hintergrund, den zu erkennen wir im Moment noch zu blind sind?

Aber auch an eine andere Bauform erinnern mich diese menorquinischen Talayots. Gemeinsam mit meinem leider 2005 verstorbenen Wiener Freund und Autorenkollegen Peter Krassa ging ich im Frühjahr 1994 während unserer Expedition in Chinas Sperrgebieten auf die Suche nach sogenannten *Rundpyramiden*, die wir aufgrund verschiedener Hinweise im Gebiet des Dongting-Sees in der südchinesischen Provinz Hunan vermuteten.[28,29] Leider wurden wir damals nicht fündig. Dafür konnte ich im Oktober 2005 in Mexiko eine echte Pyramide mit rundem Grundriss fotografieren. Sie steht mitten in der alten Mayastadt Coba auf der Halbinsel Yucatan. Coba liegt an der Straße, die von Merida aus in östlicher Richtung auf die Karibikküste zuführt, knappe 50 Kilometer vor dem Küstenort Tulum.

Doch kehren wir zurück zu den Talayots auf Menorca, die mit großer Wahrscheinlichkeit *nicht* als Wachttürme benutzt wurden. Sehr häufig findet man dort nämlich mehrere dieser Kegelstümpfe dicht nebeneinander stehen. Dadurch ergibt sich automatisch die logische Frage, welchen Sinn eine solche Häufung von Wachttürmen an einem Ort wohl gemacht haben soll. Litten die frühen Bewohner Menorcas an Verfolgungswahn? Oder dienten die Bauwerke in Wirklichkeit ganz anderen Zwecken?

Die andere, für Menorca typische Bauform findet man dagegen nur einmal pro Stätte: die »Taula«. Deren Name leitet sich von der katalanischen Bezeichnung für »Tisch« ab. Wahrhaft riesige Steintische, bestehen sie aus zwei ausnahmslos sehr exakt bearbeiteten Monolithen, von denen einer senkrecht in die Erde eingelassen und ein weiterer waagerecht in luftiger Höhe auf diesen Stützstein gelegt wurde. Die dadurch ent-

5 Ein zweites Stonehenge?

standene T-förmige Konstruktion erinnert tatsächlich an einen überdimensionierten Steintisch. In den steinzeitlichen Stätten Menorcas wird diese meist von einem hufeisenförmigen Mauerring umgeben.

Bis vor Kurzem hieß es immer, dass Taulas keine Entsprechungen in anderen Teilen der Welt hätten. Dies kann man aber nurmehr mit Einschränkungen gelten lassen. Denn bei Ausgrabungen am Göbekli Tepe im Osten der Türkei tauchten ähnliche Konstruktionen auf, die jedoch bei Weitem nicht die Dimensionen menorquinischer Steintische erreichen.[30]

Kultstätte oder astronomische Hilfskonstruktion?

Was vermuten die Archäologen hinter diesen Bauten? Beinahe unisono haben sie ihnen den Status eines »Kultobjekts« zugewiesen – was eigentlich sonst, denn stets müssen irgendwelche undefinierbaren Kulte herhalten, wenn es um vorgeschichtliche Relikte geht. Kulte sind praktisch, Kulte sind preiswert: Sollte es einen Preis für die nichtssagendste Vokabel geben, ich würde für den Begriff »Kult« votieren.

Dass dringend nach neuen Erklärungsansätzen gesucht werden muss, zeigt sich ja bereits bei der Errichtung steinzeitlicher Monumente. Wir zerbrechen uns die Köpfe, mit welch offensichtlicher Leichtigkeit die Menschen des Neolithikums mit vieltonnenschweren Gewichten »jongliert« haben müssen. Trotzdem billigt ihnen die offizielle Lehrmeinung allenfalls die primitivsten Hilfsmittel technischer Art zu.

Immerhin artikuliert sich bereits eine kleine Minderheit unter den Archäologen, welche die Meinung vertritt, dass es sich bei

Kultstätte oder astronomische Hilfskonstruktion?

den Taulas, deren Entstehung in die Zeit um 1000 v. Chr. datiert wird, durchaus um »astronomische Hilfskonstruktionen« gehandelt haben könnte.[26]
Die beiden bedeutendsten Anlagen Menorcas befinden sich mit Torralba d'en Salord und Torre d'en Gaumes im Süden der Insel. Beide befinden sich unweit der Stadt Alaior. Es sind dies weitläufige Anlagen, für deren Besichtigung man reichlich Zeit einplanen sollte. Das heute zu einem archäologischen Park ausgebaute Torralba d'en Salord wurde auf ein Alter von mindestens 3000 Jahren geschätzt und bietet eine der besterhaltenen Taulas der Insel. In den Jahren von 1973–1981 wurden dort sieben Ausgrabungskampagnen unter der Leitung der Universität von Madrid durchgeführt. In deren Verlauf wurde unter anderem ein bronzener Stier gefunden, der heute im Museum der Inselhauptstadt Mahon ausgestellt wird.[31]
Sogar über ein richtiges Hypogäum verfügt diese weitläufige Anlage, also einen aus dem Felsgestein herausgearbeiteten unterirdischen Raum. Es ist bei Weitem nicht so perfekt gearbeitet wie das weltberühmte Hypogäum auf der Insel Malta, auf das ich im folgenden Kapitel eingehen werde. Viel bescheidener in seinen Ausmaßen, bietet es trotzdem ein bemerkenswertes Phänomen. Als ich mich mit mehreren Personen in dem Raum befand und wir alle kräftig zu summen anhoben, begann der ganze Fels über uns immer heftiger zu schwingen. Zufall? Oder verfügten schon die jungsteinzeitlichen Erbauer von Torralba d'en Salord über fundierte Kenntnisse der angewandten Physik?
Noch weitaus beeindruckender ist die Ruinenstätte von Torre d'en Gaumes, besitzt sie doch die größte Talayot-Anlage der ganzen Insel. Drei mächtige Talayots überragen das hügelige, mit Gestrüpp und niedrigen Bäumen durchsetzte Areal. Wieder einmal erhebt sich die Frage, welchen praktischen

5 Ein zweites Stonehenge?

Sinn eine Anhäufung von drei Wachttürmen hätte – ein einziger, nur etwas höher gebaut, hätte seinen Zweck wesentlich effektiver erfüllt.

Dahinter liegt, scharf abgegrenzt, der Taula-Bezirk mit dem Deckstein der Taula, welche leider Vandalen zum Opfer gefallen ist. Allerdings nicht in unseren Tagen, wie man vermuten könnte, sondern bereits zur Zeit der römischen Besatzer. Die haben den Deckstein einfach heruntergeworfen, ihn ausgehöhlt und als steinernen Sarkophag zweckentfremdet.[25, 26]

Getreidespeicher, die nie welche waren

Bei Ausgrabungsarbeiten machte man einen unerwarteten Fund: Die Archäologen stießen auf eine kleine Statue des ägyptischen Arztes und Architekten Im-Hotep! Der wurde im Ägypten der späteren Dynastien, ab dem 5. vorchristlichen Jahrhundert, sogar als Gott der Heilkunst verehrt. Sein Leben gilt als geheimnisumwittert. Unter anderem wurde ihm der Bau der Stufenpyramide von Sakkara, südlich von Kairo gelegen, zugeschrieben. Und das Grab des genialen Im-Hotep wird von den Forschern bis zum heutigen Tag vergeblich gesucht.[32] Sollte sich die letzte Ruhestätte dieser legendenumwobenen Gestalt am Ende auf der Baleareninsel Menorca befinden?

Im südlichen Teil von Torre d'en Gaumes stößt man auf einen der schönsten unterirdischen Säulengänge der Insel. Die zu dem Zweck verwendeten Säulen bestehen entweder aus vertikal aufgestellten Monolithen oder aus mehreren übereinander gestapelten Steinklötzen. In jedem Fall nimmt der Durchmesser jener Säulen gegen alle Logik *von unten nach oben* zu, also mit der geringeren Auflagefläche nach unten. Trotzdem stimmt die Statik, denn bislang ist nichts eingestürzt. Auf diesen ungewöhnlichen Säulen ruhen flache Steinplatten, die wiederum durch Seitenmauern abgestützt werden.

In dieser Anlage fielen mir immer wieder reihenweise Löcher im harten Felsboden auf, welche kreisrunde Einstiege aufweisen. Nach klassischer Expertenmeinung werden sie meist als Wasserreservoirs oder Getreidespeicher gedeutet. Wie sinnig: In dem porösen Untergrund würde das Wasser in kürzester Zeit versickern, während Getreide in dem feuchten Umfeld ebenso schnell keimen würde. Mich erinnern diese kreisrunden Einstiegslöcher dagegen an kleine Bunker oder Unterstände, wie man sie aus Kriegszeiten kennt. So ist Vietnam noch heute schier übersät von derartigen Löchern, und aus prähistorischen Zeiten kennen wir noch viel mehr Beispiele. Erich von Däniken beschrieb Hunderte von »Einmannlöchern« in Cajamarquilla, einem Vorort der peruanischen Hauptstadt Lima.[33] Diese Übereinstimmungen haben zu der Frage geführt, ob unsere Vorfahren nicht massiven Gefahren aus der Luft ausgesetzt waren. Nicht nur in den Heldenepen des alten Indien wird von schrecklichen Götterkriegen berichtet, die mit auffallend modernen Waffen geführt wurden.[34]

Ein steinzeitliches Observatorium?

Verlässt man Torre d'en Gaumes und bewegt sich in südlicher Richtung auf einem Feldweg talwärts, so erreicht man nach etwa einem Kilometer Fußmarsch eine noch ältere Anlage. Hier und da sollte man einen Blick über die am Wegesrand aufgeschichteten Trockensteinmauern werfen, um nicht daran vorbeizulaufen. Denn Ses Roques Llises, wie die Stätte heißt, befindet sich auf privatem Besitz, und einzig eine tüchtige Portion Unverfrorenheit verschaffte mir Zutritt auf das Gelände. Das Alter dieser prähistorischen Ruinen wird sogar auf mehr als 4000 Jahre datiert, und die dortigen Steinbearbeitungen begeistern durch ihren eigentümlichen Stil.

Das fängt bereits mit dem Boden an. Auf großen Flächen breiten sich plane Strukturen aus, die beinahe den Eindruck vermitteln, als sei hier ein Betonboden über die Jahrtausende hinweg verwittert. Wer kann schon mit Gewissheit sagen, was sich dort vor mehr als vier Jahrtausenden abgespielt hat? Wie man umgekehrt auch nur spekulieren kann, was in 4000 Jahren von unseren Stahlbetonbauten übriggeblieben sein wird. Schon jetzt tun mir die Archäologen des 7. Jahrtausends leid, die ihren Zeitgenossen erklären müssen, was der Mensch des beginnenden 3. Jahrtausends so getrieben hat? Ich bin sicher, da werden Kulte aus dem Hut gezogen, dass es nur so raucht!

In einem Abschnitt der gleichfalls recht weitläufigen Anlage von Ses Roques Llises stehen zum Teil eingefallene Strukturen, die in ihrem Aufbau ein wenig an das englische Stonehenge erinnern. Zwar nicht so majestätisch, erkennt man Zyklopenmauern mit aufrecht stehenden Tragsteinen, die von tonnenschweren Monolithen überdeckt sind. Im Eingangsbereich ist ein mehrere Tonnen schwerer Deckstein herabgebrochen. Ausgrabungen und Forschungen finden derzeit nicht statt – nicht alle an den Rätseln der Vorzeit Interessierten legen so viel Chuzpe an den Tag, kurzerhand ganze Trockensteinmauern abzubauen, welche die Privatgelände fremder menorquinischer Bauern markieren.

Nach eingehender Betrachtung der Ruinen halte ich es jedoch für durchaus möglich, dass ich vor den Resten eines steinzeitlichen Observatoriums stand. Vor einem zweiten

Ein steinzeitliches Observatorium?

Stonehenge, das auch alles andere als eine »Kultstätte« war. Von Anbeginn der Zeiten beobachtet der Mensch den Sternenhimmel über sich. Doch was mag der wahre Grund sein für dieses Interesse, das offenbar sogar in unseren Genen verankert liegt?

6 Kleine Insel – Große Rätsel

Malta ist immer eine Reise wert

»Was vergangen, kehrt nicht wieder.
Aber ging es leuchtend nieder,
leuchtet's lange noch zurück.«
KARL FÖRSTER (1784–1841),
SCHRIFTSTELLER

Ich war bereits elf Mal auf Malta, trotzdem wird mir dieses Fleckchen Erde nicht langweilig. Denn einmal abgesehen von der Osterinsel auf der anderen Seite der Welt kenne ich kein anderes Land, wo man auf derart kleinem Raum so viele rätselhafte Funde aus prähistorischen Zeiten bewundern kann. Im Zeitalter unbegrenzter Mobilität sind es von uns aus gerade einmal zwei Flugstunden, bis man die zwischen Sizilien und der nordafrikanischen Küste gelegene Mittelmeerinsel erreicht. Wer das Glück hat, einen Fensterplatz im Flugzeug zu ergattern, sollte während des Landeanfluges die Augen offen halten. Die malerische Xlendi-Bucht auf der Nachbarinsel Gozo mit ihrem schillernd türkisfarbenen Wasser, die kleinen Eilande Comino und Cominotto und schließlich die kurz vor der Landung auftauchende »kubistische Welt« aus gelben Sandsteingebäuden bieten einen geradezu atemberaubenden Rausch für die Sinne.

Der maltesische Archipel ist ein kleines Universum für sich. Die Hauptinsel Malta misst an ihrer längsten Stelle bescheidene 27 Kilometer, in der Breite nur maximal 15 Kilometer. Gozo, die zweitgrößte Insel, bringt es auf eine Fläche von

67 Quadratkilometer, und wie »Kümmelkörner« – so die wörtliche Übersetzung – liegen die winzigen Inselchen von Comino und Cominotto in der Meerenge zwischen Malta und Gozo.
Ein kleiner Tipp an dieser Stelle für den Gourmet. Auf Malta gedeihen einige hervorragende Weine: »Sauternes« und »Marsovin«, schwer und süß, sowie der Verdala, ein zu allen Anlässen gut passender Tafelwein. Wer der Qual der Wahl zwischen einem Weiß- und Rotwein entgehen will, dem seien die wunderbaren fruchtigen Roséweine maltesischer Produktion empfohlen.
Ich habe es eingangs schon angedeutet: Malta ist eine kleine Insel, aber voller Rätsel und Geheimnisse. Die allesamt darauf hindeuten, dass auch dort die Vorgeschichte einen anderen Verlauf nahm, als uns die Historiker glauben machen wollen.

Cart Ruts: Viele Theorien und keine Erklärung

Über das augenfälligste Mysterium stolpert früher oder später jeder Maltaurlauber. Es sind die meist paarweise verlaufenden, sich kreuzenden und verzweigenden, an manchen Stellen gar ins Meer führenden Bodenrillen. Von den Einheimischen wie auch in den Standard-Reiseführern werden sie abschätzig »Cart Ruts« genannt, also Karrenspuren. Mancher mag bei flüchtiger Betrachtung auch an aufgelassene Gleise stillgelegter Eisenbahnlinien denken. Beides können sie nicht gewesen sein.
Viele dieser ehemals die ganze Insel überziehenden, doppelten Linien verschwanden in den vergangenen Jahren unter Ackerland und Neubauten. Mittlerweile aber scheint ein Umdenken bei Behörden und Bevölkerung eingesetzt zu

haben. So wurde erst im Herbst 2005 in Xemxija eine prächtige Spur freigelegt, die bis dahin unter einem Feld verborgen lag. Und mitten in der Stadt San Gwann bleibt ein fast 10 000 Quadratmeter großes Areal ohne Bebauung, um die sich hierauf befindlichen »Mensija Cart Ruts« für die Nachwelt zu erhalten. Der bekannteste Fundort ist als »Clapham Junctions« ausgeschildert – benannt nach dem Londoner Eisenbahnknoten gleichen Namens. Ein noch weitaus faszinierenderer Fundort liegt keine fünf Kilometer Luftlinie davon, nahe der Südküste. An diese Stelle fand ich erstmals im April 2008 – doch darüber später mehr.

Nach ihrem Aussehen werden die Gleise von Malta vornehmlich als bronzezeitliche Transportwege bezeichnet und in die Periode zwischen 1800 und 1000 v. Chr. datiert. Im ersten Augenblick mag die Erklärung recht plausibel klingen – würde sie nicht in jedem Fall an ihrer Undurchführbarkeit scheitern.[35]

Über die Spuren gibt es eine Fülle von Theorien und Spekulationen, aber keine endgültige Erklärung. Karrenspuren waren es, wie ich bereits erwähnt habe, keinesfalls. Wie unsinnig dieser Gedanke ist, zeigt sich an der Tiefe und Ausformung der Rillen. Da diese bis zu 70 Zentimeter tief und nach unten hin generell schmäler sind, müsste das hypothetische Rad einen Durchmesser von mindestens 1,40 Meter besitzen. Und im Querschnitt konisch ausgeformt sein, also gerade an der Lauffläche am schmalsten. Was sich wiederum als extrem ungünstig beim Transport schwerer Lasten herausgestellt hätte.

Wie dem auch sei: Spätestens in der ersten Kurve würden die Räder sowieso blockieren. Noch komplizierter wird es, wenn die mysteriösen Doppelrillen in ihrem Verlauf die Spurweite ändern. Dann würden nur noch Gummiachsen den sprichwörtlichen »Karren aus dem Dreck ziehen«.

Könnten Lastenschlitten, deren Kufen sich mit der Zeit ins Kalkgestein eingegraben haben, des Rätsels Lösung sein? Sicher nicht, denn für Schlittenkufen gilt in noch verstärkterem Maß, was bereits die Karrentheorie kläglich scheitern ließ. Die Kufen wären noch viel starrer gewesen als die hypothetischen Räder der Karren und erst recht im Gewirr der Kurven und unterschiedlichen Spurbreiten hängen geblieben.

Wie ein schlecht entgratetes Gussteil

Noch eine Theorie: Hängte man Zugtieren Astgabeln um, deren beide Spitzen über den Boden kratzten und auf diese Weise für die Entstehung der Geleise sorgten? Ähnlich jenen romantischen Vorstellungen aus den Büchern Karl Mays, wenn die Indianer ihre Jagdgründe wechselten? Wurden damit am Ende die vieltonnenschweren Monolithen zu den insgesamt 30 Tempeln transportiert? Doch welche Tierart sollte derartige Gewichte tragen? Zwergelefanten etwa, deren Knochen in Ghar Dalam, der »Höhle der Finsternis« ausgegraben wurden? Diese einst in Nordafrika beheimatete Spezies starb bereits vor 300 000 Jahren aus – und das ist gut und gern das Hundertfache des Alters, welches die Archäologen den Cart Ruts zugestehen.
Außerdem hätten sich, zwischen den angenommenen Kratzspuren jener eisenharten Astgabeln, die Trittspuren der Zugtiere tief in das Kalkgestein einkerben müssen. Wieder Fehlanzeige. Zudem führen die Doppelspuren an etlichen Stellen geradewegs und unübersehbar ins Meer. Taucher sind ihnen bis in Tiefen von mehr als 40 Metern gefolgt.
Hier beginnt denn auch der nächste Teufelskreis. Entstanden die mysteriösen Rillen, bevor der Wasserspiegel des Mittel-

meeres anstieg, dann sind sie um vieles älter, als man vermutete. Abgesehen von ein paar unbedeutenden Schwankungen hielt nämlich der mediterrane Wasserstand seit über 10 000 Jahren stetig dieselbe Höhe. Seit dem Ende der letzten Eiszeit, um genau zu sein. Wurden die Rillen aber gezogen, nachdem der Pegel stieg, dann schwebt einem Damoklesschwert gleich die bange Frage über uns: Welche unbekannte Kraft prägte in grauer Vorzeit die Cart Ruts in den felsigen Boden Maltas?

Bei den bereits erwähnten »Mensija Cart Ruts« mitten in der Stadt San Gwann findet sich der unumstößliche Beweis, dass diese Bodenspuren auf keinen Fall mit Rädern oder Schlittenkufen, mit Astgabeln oder auf sonstige mechanische Art und Weise eingeprägt worden sein können. In einer etwa 30 Zentimeter tiefen Rille ist – mittendrin und unübersehbar – ein großes Stück des umliegenden Materials stehen geblieben. Was wiederum deutlich beweist, dass diese Spurrille nie und nimmer durch eine permanente mechanische Auskerbung entstanden sein kann. Andernfalls wäre das Stück an dieser Stelle nicht vorhanden. Vielmehr kann man sich des Eindrucks nicht erwehren, ein schlampig verarbeitetes gegossenes Werkstück vor sich zu haben, das nach der Herausnahme aus der Form noch entgratet werden muss.[25]

Ist ein uralter und verwitterter Betonguss des Rätsels lang gesuchte Lösung? Auch wenn es exotisch klingen mag – eingedenk des Versagens aller anderen sich im Umlauf befindlichen Erklärungsversuche klingt das auch nicht weiter hergeholt. Und das Alter der Gleise? Sie müssen entstanden sein, als der Meeresspiegel noch niedriger lag, Ende der letzten Eiszeit vor 10 000 Jahren. Die ins Meer führenden Spuren sprechen dafür.

Nur der Vollständigkeit halber erwähnen möchte ich noch die Hypothese mit den Kugellagern. So sollen in den Cart Ruts

Lasten mit Hilfe von Steinkugeln, die sich in den Rillen drehten, befördert worden sein. Doch schon ein Gewicht von wenigen Tonnen hätte diese Kugeln platt wie einen Pfannkuchen gequetscht. Außerdem würden Kugeln, gleich welchen Formates, eine gewölbte Kehlung zurücklassen und keine konisch zulaufenden Rillen.[35]

Zahnradbahn und Panzerketten

Vor ein paar Jahren stieß ich auf der Nachbarinsel Gozo auf die wohl ungewöhnlichsten Bodenspuren dieser Region. In Sichtweite der fast 150 Meter tief abfallenden Klippen bei Ta C'enc sind auf den planen Bodenplatten aus Kalkstein unzählige parallel verlaufende Rillen von circa 1,60 Metern Breite eingekerbt. Diese aus dem Rahmen alles Bekannten fallende Struktur, welche den Spuren von Panzerketten in weichem Untergrund ähnlich ist, zieht sich dort an mehreren Stellen über eine Länge von bis zu 50 Metern hin.[36] Mittlerweile fand ich Ähnliches auch an einigen anderen Stellen der Inseln, wie etwa auf dem Tempelgelände von Borg-in-Nadur, am Ortseingang von Birzebugga.
Eine weitere, recht spektakuläre Fundstätte »normaler« Cart Ruts konnte ich Anfang April 2008 erstmals persönlich inspizieren. Hans-Jörg Vogel, der in Berlin ein Magazin zum Thema Kryptozoologie herausgibt, hatte mich schon geraume Zeit zuvor auf die Stelle aufmerksam gemacht, auf die er während einer Wanderung an der Südküste Maltas gestoßen war.[37] Mit seinen schriftlichen Notizen in der Hand, denen auch reichhaltige Skizzen sowie einige Fotos beigefügt waren, machte ich mich mit mehreren Leuten auf die Suche. Die »Götter« hatten uns einen Chauffeur zugedacht, der an der Materie interessiert und sogar auch einigermaßen mit der

Paläo-SETI-Forschung vertraut war. Mit diesen Voraussetzungen machten wir uns auf den Weg nach M'tahleb, nahe der Ortschaft Dingli im Südwesten Maltas.

Nach längerem Irren und mehrmaliger Nachfrage bei Einheimischen – wie zielführend es doch ist, wenn sich Malteser in ihrer Muttersprache Maltesisch austauschen – fanden wir tatsächlich den Ort unserer Begierde. Und wurden reichlich für unsere Suche entschädigt.

Cart Ruts wie jene bei Mtahleb hatte ich noch nie zuvor gesehen. An einer Stelle, direkt am steilen Abhang, läuft eines der Doppelgleise buchstäblich ins Leere. Bevor es mehr als 50 Meter in die Tiefe geht, findet die Doppelspur noch ihre Fortsetzung an einem abgebrochenen Felsen. Andere Spuren mit einem rechteckigen statt konischen Querschnitt verfügen mittig über durchlaufende Vertiefungen, welche an die Führung einer Zahnradbahn erinnern. Jene Vertiefungen zwischen den Linien zeigen rechteckige bis quadratische Form und fügen dem ohnehin schon undurchsichtigen Mysterium einen weiteren Aspekt zu. Als würde diese Insel nicht genug Rätsel bereithalten, an denen wir uns gehörig die Zähne ausbeißen können!

Abstieg ins Hypogäum

Maltas mit Abstand größtes megalithisches Rätsel liegt tief unter der Erde verborgen. In dem Konglomerat zusammengewachsener Orte, das sich im Süden der Hauptstadt Valletta herausbildete, liegt mitten in Paola der kleine Stadtteil Hal Saflieni. Dort machte man 1902 einen epochalen Fund. Bauarbeiter, die den Boden für einen Neubau aushoben, stießen damals urplötzlich auf ein System ungewöhnlich gleichmäßig gestalteter und hervorragend erhaltener Räume. Der

Abstieg ins Hypogäum

Bauherr war allerdings weniger von der Entdeckung begeistert, vermochte er sich doch auszurechnen, dass der zwangsläufig erfolgende Baustopp alle seine Pläne über den Haufen werfen würde. So setzte er seine Arbeiter massiv unter Druck, kein Sterbenswörtchen zu verraten und zügig die Bauarbeiten fortzusetzen.

So wurde das Haus gebaut, und dabei leider die oberste Etage der Fundstätte zerstört. Auf Dauer aber ließ sich die Existenz dieses *Hypogäums* (»unterirdischer Raum«, aus dem Griechischen: *hypo* = unter und *gaia* = die Erde) nicht geheim halten. Bis zur langjährigen Schließung in den 1980er-Jahren, und heute natürlich wieder, galt und gilt das Hypogäum als *die* prähistorische Hauptattraktion der Insel.

Als Grund wurde damals angegeben, dass die schädlichen Ausdünstungen der Besucher die Anlage akut gefährden würden. Doch das war reinster Humbug! Die unbekannten Erbauer dieses unterirdischen Wunderwerkes hatten nämlich von Anfang an eine richtige Air-Condition mit eingebaut. Das bedeutet, es ist eigentlich vollkommen gleichgültig, ob fünf oder 50 Leute dort unten schwitzen. Sowohl die Temperatur als auch die Luftfeuchtigkeit bleiben stets konstant.

Die Wiedereröffnung erfolgte im Sommer des Jahres 2000, und wer wie ich das Hypogäum noch aus der Zeit zuvor kannte, macht sich bestimmt seine eigenen Gedanken. Der Eingang durch das im Jahre 1902 erbaute Haus liegt ebenerdig; mittlerweile wird die früher verwendete Wendeltreppe nach unten nicht mehr benutzt. Der ganze Komplex, der zwölf Meter tief unter die Erde reicht, ist perfekt aus dem gewachsenen Fels herausgearbeitet. Da gibt es Ein- und Durchgänge, Kammern und Nischen in unterschiedlichsten Größen. Dazwischen ragen tadellos bearbeitete Säulen nach oben, welche die Kuppel der Haupthalle stützen. Scharfe Kanten und fugenlose Monolithen ragen aus dem Felsboden. Nichts wirkt improvisiert oder gestückelt, das Ganze ist sprichwörtlich aus dem Vollen geschnitzt. Bei dieser perfekten Bearbeitung jedoch erscheint es alles andere als glaubwürdig, dass hier primitive Vormenschen mit groben Steinwerkzeugen am Werk waren.

Licht aus, Spot an!

Die Archäologen datieren diese faszinierende Anlage auf ein Alter zwischen 5500 und 6500 Jahren und vermuten, dass es eine »Orakelstätte« der jungsteinzeitlichen Bewohner Maltas war. Da unten zeigt sich ein unglaubliches Phänomen: Das Hypogäum verfügt nämlich über eine ausgeklügelte Akustik. Ich habe es während eines Besuches im April 1999, ein Jahr vor der offiziellen Wiedereröffnung, selbst ausprobiert. In einer der Wände befindet sich eine ovale Aushöhlung. Spricht man hinein, so wird die Stimme, um ein Vielfaches verstärkt, im gesamten Hypogäum vernommen. Der Versuch funktioniert umso besser, je tiefer die Tonlage der Stimme liegt.[27]

Bei allem Staunen über das unterirdische Wunderwerk kam mir immer wieder die Frage in den Sinn, wer die Planer und Erbauer der fantastischen Anlage waren. Steinzeitmenschen, so heißt es, müssen alle Arbeiten geplant und ausgeführt haben. Jedoch wird im selben Atemzug eingewandt, dass Steinzeitmenschen unmöglich über das dazu notwendige technische Know-how verfügt haben können. Dies alles auch noch ohne Schrift, die ja bekanntlich als Grundvoraussetzung für jede Planung gilt.

Und wenn es aber ganz andere waren, die das Hypogäum gebaut haben? Spätere, jungsteinzeitliche Bewohner der Insel entdeckten irgendwann diese Anlage und benutzten sie dann für ihre Zwecke, lange nachdem die ursprünglichen Benutzer verschwunden waren. Könnte es so gewesen sein?

Licht aus, Spot an!

Im untersten Teil des Hypogäums machte man schon vor Jahren eine grausige Entdeckung. Unter meterhohem Knochenstaub lagen ungezählte menschliche Skelette. Der »Vater der maltesischen Archäologie«, Dr. Themistocles Zammit, schätzte, dass dort unten zwischen 6000 und 7000 Tote liegen.[38] Was hat sich dort im Verlauf der Vorgeschichte abgespielt? Kein Mensch weiß es.

Was jedoch heutzutage vor sich geht, darüber konnte ich mir während mehrerer Besuche seit 2001 ein genaues Bild machen. Es sollte deutlich erwähnt werden, dass man – unter dem Label der UNESCO – ein wahres Hightech-Spektakel geschaffen hat. Nurmehr 80 Personen am Tag wird der Zutritt erlaubt, jeweils zehn Personen pro Stunde. Man bekommt zuerst einen viertelstündigen Film vorgeführt, dann geht es über einen neu erbauten Zugang hinunter in die mittlere Etage des Hypogäums. Das unterste Stockwerk darf nicht mehr betreten werden. Laufstege aus Edelstahl tragen den Besucher, dank einer ausgeklügelten Statik wird der Felsuntergrund nicht mehr belastet. Dadurch werden aber »Extratouren« unterbunden: Das bereits erwähnte Loch in der Wand mit der unglaublichen Akustik kann man zwar noch sehen, aber nicht mehr ausprobieren. Für eine äußerst raffinierte Beleuchtung – »Licht aus, Spot an« – wurden mehrere Kilometer Stromkabel verlegt. Sie führt den Besucher unaufhörlich weiter, denn folgt er der fortlaufenden Beleuchtung nicht, steht er ohne Vorwarnung im Dunkeln. Eine weitere Neuerung wurde im Frühjahr 2008 eingeführt. Jeder Gast bekommt ein Headset umgehängt, mit dem er in der Sprache seiner Wahl den Erklärungen lauschen kann. Vormals gab es nur englischsprachige Guides, deren Leben nun um vieles einfacher geworden ist. Sie müssen nurmehr darauf achten, dass auch wirklich keiner der Besucher vom rechten Weg abkommt und sich seine eigenen Gedanken macht.

Alles in allem betrachtet ist das natürlich immer noch das geringere Übel. Es wäre wirklich ein immenser Verlust gewesen, hätte man sich zur dauerhaften Schließung für jegliche Art von Besichtigungen entschlossen. Ich will auch niemand den Besuch des Hypogäums verleiden. Nach wie vor ist es eine sehenswerte Anlage, auch wenn moderne Technik ein Hightech-Spektakel unter dem Label »UNESCO-Weltkulturerbe der Menschheit« daraus gemacht hat. Trotzdem bin ich froh, das Glück und die Gelegenheit gehabt zu haben, im noch gesperrten Hypogäum des Jahres 1999 das geheimnisvolle Flair jenes Kraftortes auf mich wirken zu lassen. Dabei gelang es mir auch noch eine Reihe von Fotos zu machen, was heute unmöglich geworden ist, da beim Betreten alles Gepäck in Verwahrung genommen wird.

Tief unten im Schoß der Erde weiß das Hypogäum von Hal Saflieni seine Rätsel und Geheimnisse zu bewahren. Aber nach mehr als 30 Jahren frischem Wind durch Andersdenkende und Maßnahmen wie den hier beschriebenen, die dazu angetan sind, mehr zu verbergen als zu offenbaren, stelle ich hier die bange Frage: Schlägt das Imperium zurück?

7 Dreimal so viele Pyramiden wie in Ägypten

Auf Forschungsreisen zu Chinas neuem Weltwunder

> »Unanfechtbare Wahrheiten gibt es
> überhaupt nicht, und wenn es welche
> gäbe, so wären sie langweilig.«
> THEODOR FONTANE (1819–1898),
> SCHRIFTSTELLER

Ein trüber, frostiger Morgen liegt über China. Es ist Frühjahr 1945. Endlich neigt sich auch im Fernen Osten der Zweite Weltkrieg dem Ende zu. Die Würfel sind gefallen: Zwar kämpfen noch immer versprengte japanische Truppen im »Reich der Mitte«, doch die immer stärker werdende alliierte Übermacht drängt sie Kilometer um Kilometer zurück.

An diesem Morgen besteigt James Gaussman, Pilot der US-Air Force, fröstelnd seine Maschine. Sein Auftrag lautet, das Qin-Ling-Shan-Gebirge im Südwesten der alten Kaiserstadt Xiang zu überfliegen, um Truppenbewegungen zu melden. Zunächst sieht es nach einem ganz alltäglichen Routineflug aus.

Doch für den jungen US-Piloten wird dieser Tag über den Weiten Ostasiens zum aufregendsten seines ganzen Lebens. Denn als er mit seinem Flugzeug über den hochgelegenen Seitentälern des Gebirges kurvt, bemerkt er nichts, was irgendwie nach Truppenbewegungen des Feindes aussehen

7 Dreimal so viele Pyramiden wie in Ägypten

würde. Stattdessen entdeckt er etwas vollkommen Unglaubliches.

Beim tiefen Anflug auf ein Seitental sieht er plötzlich ein fantastisches Bauwerk. In seiner Militärkarte ist es aber nirgends verzeichnet. Mehrere Male umkreist er das Gebilde, macht sogar ein Foto davon, kann aber leider nicht landen. Und traut seinen Augen nicht mehr. Denn was er da sieht, ist eine gigantische Pyramide. Und das mitten in China. Sein Schulwissen und der »gesunde Menschenverstand« sagen ihm, dass es diese Bauten doch nur in Ägypten und Zentralamerika gibt.

Später gibt der Militärflieger einen Bericht mit folgendem Wortlaut zu Protokoll: »Ich flog um einen Berg, und dann kamen wir über ein ebenes Tal. Direkt unter uns lag eine gigantische weiße Pyramide. Es sah aus wie im Märchen. Diese Pyramide war von schimmerndem Weiß umhüllt. Es hätte auch Metall sein können oder irgendeine Art von Stein. Sie war an allen ihren Seiten völlig weiß. Das Bemerkenswerteste daran war ihre Spitze: Ein großes Stück edelsteinähnliches Material. Es war unmöglich für uns zu landen, obwohl wir es gerne getan hätten. Wir waren von der gewaltigen Größe dieses Dings beeindruckt.«[39]

Der erste Medienrummel

Gaussman entschließt sich, vom Flugzeug aus ein Foto aufzunehmen. Nach seiner Rückkehr wird das Bild auf der Stelle entwickelt. Die Auswertung des Fotos und der Angaben des Fliegers zieht einen Schock nach sich – denn dieser mysteriöse Monumentalbau besitzt eine Höhe von etwa 300 Metern, bei einer Basislänge von fast einem halben Kilometer. Kein Wunder, dass dieses Foto erst einmal für die nächsten 45 Jahre in den Archiven des Militär-Geheimdienstes verschwindet. Doch Gerüchte über Pyramiden in China, höher gar als die Cheops-Pyramide in Ägypten, wollen seither nicht mehr verstummen.

Zwei Jahre später. Erneut wird das mächtige Bauwerk gesichtet, und dieses Mal macht es erste Schlagzeilen. Unter dem Titel »US-Pilot berichtet von riesiger chinesischer Pyramide in abgelegenen Bergen südwestlich von Sian« berichten unter anderem die renommierte »New York Times« wie auch der »Los Angeles Herald Express« am 28. März 1947 von dieser alle bekannten Maße sprengenden Pyramide.[40,41]

Maurice Sheahan war der Name dieses Piloten. Und inzwischen konnte ich das Leben jenes Mannes einigermaßen rekonstruieren, dem es als Zweitem vergönnt war, die größte Pyramide der Welt zu Gesicht zu bekommen.

So ergab eine förmliche Anfrage bei der »Californian State Library« in Sacramento, dass Colonel Maurice E. Sheahan in der Ausgabe 1964/65 des Jahrbuchs »World Who's Who in Commerce and Industry« verzeichnet war. Geboren am 14. Mai 1902 in Kewanee, Illinois, war er während der späten 1930er-Jahre als offizieller Berater der Regierung in China tätig. Für die Jahre 1945–1947 ist er als »Assistant General Manager« der Fluggesellschaft Trans World Airlines geführt. In diese Zeit fällt seine von den Medien verbreitete Sichtung.[42]

Colonel Maurice Sheahan verstarb am 27. Februar 1975 in Vacaville/Kalifornien, wo sein Sohn Donald E. Sheahan noch heute lebt. Der erinnert sich übrigens noch recht gut daran, wie der Vater wiederholt davon gesprochen habe, die gewaltige Pyramide bereits während des Krieges und dann erneut im März 1947 gesehen zu haben. Bei dieser Sichtung während eines Fluges der TWA seien – darüber ist sich Sheahan jr. sicher – mehrere Direktoren der Gesellschaft an Bord gewe-

7 Dreimal so viele Pyramiden wie in Ägypten

sen. Er vermutet daher, dass auch in deren Nachlässen Aufzeichnungen, womöglich sogar Fotografien der mysteriösen Pyramide zu finden sein müssten.[43]

In den Zeitungsberichten von 1947 gab Colonel Sheahan, ehemals Angehöriger der »Flying Tigers«, den Standort der Pyramide mit 40 Meilen südwestlich von Xian, am Ende eines langgezogenen Tales im Qin-Ling-Shan-Gebirge an, das äußerst schwierig über Land zu erreichen sei. Am anderen Ende seien auch Hunderte kleinerer »Grabhügel« zu sehen. Über Sheahan selbst wird in den Berichten gesagt, dass er »neun Jahre in weniger bekannten Regionen im Westen Chinas« zugebracht habe.[40] Und er gab stets die Höhe der Pyramide mit 1000 Fuß an, das sind umgerechnet genau 300 Meter. Und die Seitenlänge an der Basis mit 1500 Fuß, was mit umgerechnet 450 Metern noch immer respektabel nahe an den halben Kilometer Basislänge heranreicht.[40,41] Zudem war er Zeit seines Lebens erstaunt über die Tatsache, »dass etwas so Riesiges der Welt nicht bekannt ist«.

Nicht minder erstaunen sollte uns, dass diese Nachricht aus China im März 1947 zwar ein momentanes Interesse hauptsächlich in den USA hervorrief, die Existenz dieser und vieler weiterer Pyramiden aber in der Folge konsequent verleugnet wurde. Sowohl in China als auch im Westen.

Ein lang gehegter Traum wird wahr

Machen wir einen Zeitsprung und landen im Juli des Jahres 1993. Seit Colonel Maurice Sheahan die große Pyramide in China gesichtet hatte, sind 46 Jahre ins Land gezogen. Ich arbeitete gerade an einem Buch über außerirdische Spuren im Fernen Osten, welches im darauffolgenden Jahr unter dem Titel »Die weiße Pyramide« erschien und in der

Giant China pyramid found; dwarfs famed ones in Egypt

SHANGHAI, China, March 27.-(U.P)-The existence of a giant pyramid in the remote mountains of Shensi Province in Western China was reported today by Col. Maurice Sheahan, Far Eastern director for TransWorld Airways.

From the air, Sheahan said, the pyramid seems to dwarf those of Egypt. He estimated its height as seen from the air at about 1000 feet and its width at the base about 1500 feet.

The pyramid, Sheahan said, nestles against the foot of the rugged Tsingling mountains, which tower to 10.000 feet.

He placed it about 40 miles southwest of Sian, capital of the province, and first capital of the Chinese Han dynasty in the third century before Christ.

There is a second pyramid in the area, Sheahan said, but it appears small compared with the main one.

The pyramid, Sheahan said, is at the far end of a long valley, in an inaccessible part. At the near end, he said, are hundreds of small burial mounds of all shapes and sizes. These can be seen, Sheahan said, from the main Chinese east-west Lunghai Railroad in its western section.

Sheahan, from Ontario, Calif., has spent nine years in lesser known areas of western China. First he was a transportation adviser to the Chinese government. During the war, as an American Army colonel, he was forward supply director for the famous Flying Tigers of Gen. Claire Chennault.

Sheahan has seen the pyramid only from the air. He saw it first before the war, but had no time to give it thought during the war.

Chinese sources said that in view of the almost complete absence of communications, even trails, on some parts of the west China mountains it was not impossible that a huge pyramid might have been long forgotten except by natives in the immediate area.

Sheahan said 'his plane flew low over the area to permit taking of photographs, which he has at home.

Abb. 3 Die Sichtung der großen weißen Pyramide Chinas durch Colonel Maurice Sheahan ging im März 1947 in den USA durch die Presse. Aber bald wurde es wieder still um das fantastische Monument. Bis 1994 ...

Folgezeit in einem Dutzend Sprachen um die Welt gehen sollte.[44]

Damals war ich auch noch in leitender Position eines Reisebüros tätig, und in dieser Eigenschaft holte ich den berühmten Schweizer Forscher und Bestsellerautor Erich von Däniken zu einem Diavortrag in das oberbayerische Städtchen Burghausen. Wie üblich, trafen wir uns danach noch zum Nachtessen. An besagtem Abend stieß noch ein junger Chinese zu uns, Herr Chen, der in Deutschland Touristik studiert hatte und nun bei einem Reiseveranstalter für das Gebiet »China und Fernost« verantwortlich war. Auch Herr Chen wurde in die Diskussion um mein geplantes Buch einbezogen. Ich sagte ihm, dass es darin auch ein Kapitel geben werde, das sich mit Pyramiden befasst, die nahe der Provinzhauptstadt Xian vermutet werden.

Spätestens an dieser Stelle unseres Gespräches hätte jedoch der Chinese in ihm laut auflachen müssen, denn gemäß offizieller Lehrmeinung gab es in China keine Pyramiden. Nicht so Herr Chen: Geboren in Xian, erinnerte er sich noch an hinter vorgehaltener Hand geflüsterte Erzählungen, die er in seiner Jugend über genau diese Pyramiden gehört hatte.

Und so machte mir der nette Chinese eine verlockende Offerte. Er würde versuchen, all die guten Verbindungen seiner Familie zu Kadern und Ministerien in der Hauptstadt Beijing in die Waagschale zu werfen, um mir die Einreise in die legendenumwobene Pyramidenzone der Provinz Shaanxi zu ermöglichen. Selbige war damals ja noch militärisches Sperrgebiet. Ehrlich gesagt, glaubte ich damals nicht unbedingt an einen Erfolg der Aktion. Aber ich sagte mir, man könne dabei nichts falsch machen. Wird nichts daraus, ist es »Kismet«, wie der Araber sagt. Und sollte es wider Erwarten doch klappen, dann umso besser. Also nahm ich sein großzügiges Angebot dankend an.

Was soll ich noch weiter drum herumreden: Mitte März 1994 war es soweit. Gemeinsam mit meinem – leider 2005 verstorbenen – Wiener Freund und Autorenkollegen Peter Krassa durfte ich als weltweit erster Nicht-Chinese meinen Fuß in die damals für Einheimische wie auch für Touristen gesperrte Zone setzen. Bereits im Oktober desselben Jahres war ich wieder dort und bis dato auch in den Jahren 2001, 2004 und 2007. Seither hat sich in China eine ganze Menge rund um die Pyramiden verändert, doch darüber mehr an etwas späterer Stelle.

Was bis dahin der erklärte Wunschtraum so manches Journalisten oder Autorenkollegen war sowie der Inhalt zahlloser Spekulationen – endlich wurde es zur Gewissheit. Es gibt in China Pyramiden. Und zwar so zahlreich, dass sie bei Weitem die Zahl der ägyptischen übertreffen. Das »alte Land am Nil« wartet mit ungefähr 35 Pyramiden auf, während ich allein im Laufe von bis heute fünf Reisen zu jenen aus dem Reich der Mitte deren mehr als einhundert zählen konnte. Dies ist das Dreifache und würde eigentlich bedeuten, dass das »Land der Pyramiden« – sehen wir einmal von den zum Teil noch nicht einmal ausgegrabenen Maya-Pyramiden im Regenwald Mittelamerikas ab – viel eher China als Ägypten ist.

Apropos Maya-Pyramiden: Tatsächlich erkennt man eine große Ähnlichkeit der chinesischen Pyramiden mit jenen erstgenannten Bauwerken; beide Arten sind nicht spitz, sondern abgeflacht an der Oberseite. Im Gegensatz zu allen anderen bestehen sie auch nicht aus Stein – bis auf eine Ausnahme –, sondern aus hartgeklopftem Lehm und Löss, der sich über die Jahrtausende hinweg verdichtet hat. Deswegen sind etliche der Pyramiden Chinas von Vegetation bedeckt, und selbst dies haben sie mit ihren mittelamerikanischen Pendants gemeinsam. Als man in den Regenwäldern Mexikos und

Guatemalas die bis heute kaum gezählten Maya-Pyramiden ausgrub, sahen deren Überreste, als man sie von üppigem Pflanzenwuchs befreite, nicht anders aus als die Pyramiden von Shaanxi. Vielleicht sollte man bei so viel Ähnlichkeiten nicht zögern, die Frage nach möglichen Kontakten zwischen den beiden alten Hochkulturen zu stellen.[36]

»Nationales Gedenkmonument Han Yangling«

Wenn ich heute, bald 15 Jahre nach meiner ersten Expedition zu den vergessenen Pyramiden Chinas, so zurückdenke, scheint es mir, als seien dort die Jahre im Zeitraffer vergangen. So viel hat sich mittlerweile verändert. Erst 1991 waren Straßenbauingenieure beim Bau einer neuen Schnellstraße, die den Großflughafen mit der Provinzhauptstadt Xian verbindet, auf drei Pyramiden gestoßen. Peter Krassa und ich mussten uns 1994 noch verbotenerweise durch ein Loch in der Leitplanke an der erwähnten Straße mogeln und über weite Felder marschieren. Sprachen wir mit Wissenschaftlern, so bekamen wir in den meisten Fällen das Statement zu hören, in China gebe es keine Pyramiden. Und nach nicht einmal zehn Jahren war alles anders.

Seit meinen ersten beiden Expeditionen im März und im Oktober 1994 waren sieben Jahre vergangen, bis ich im Herbst 2001 zum ersten Mal wieder diese Region betrat. In jenem Jahr stand ich zudem für eine amerikanische Filmfirma vor der Kamera, welche eine Doku über die letzten großen Rätsel im Reich der Mitte produzierte. Als ich auch die drei erwähnten Pyramiden nahe der Schnellstraße wieder in Augenschein nahm, glaubte ich meinen Augen nicht mehr zu trauen.

Da wurden zwischenzeitlich archäologische Ausgrabungen rund um zwei der drei Pyramiden unternommen, wobei man bis zu zehn Meter tiefe Gräben gezogen hat. In dieser Tiefe fand man zahlreiche Tonfiguren, ähnlich wie bei der berühmten Tonarmee des Kaisers Qin Shi Huangdi (259–210 v. Chr.), die sich östlich von Xian befindet. Allerdings mit dem Unterschied, dass es sich um kleine, geradezu zerbrechlich wirkende Figuren handelt anstatt um jene martialisch dreinblickenden Soldaten mit ihren Waffen, Pferden und Streitwagen.

Diese Stätte heißt heute »Nationales Gedenkmonument von Han Yangling«. Eine Mauer wurde rings herum gezogen und auch zwei Museumsgebäude errichtet. Das neuere hiervon wurde 2007 fertig und vermittelt, da zum Teil unterirdisch gelegen, interessante Einblicke in den Grabungshorizont, der den Archäologen die tönernen Figuren bescherte.

Auch im Außenbereich ist alles anders geworden. Wo im Jahre 1994 nur ein offenes Feld war sowie ein unbefestigter, bei Regen matschiger Feldweg, führt heute ein breiter Autobahnzubringer direkt vor den Eingang der Anlage. Eine der drei Pyramiden liegt leider nicht mehr innerhalb des umzäunten Bereiches. Sie kann aber durch das rückwärtige Tor nach einem kurzen Weg über Feldwege erreicht und auch bestiegen werden.

Doch was mich am allermeisten freut: Hatte ich vormals noch von zahlreichen Archäologen, mit denen wir sprachen, die Auskunft bekommen, dass es in China keine Pyramiden gebe, manifestiert sich inzwischen das genaue Gegenteil. In Form von großen Tafeln vor den Eingängen, auf denen die Pyramiden endlich als das dargestellt sind, was sie denn wirklich sind. Nämlich Pyramiden. Auch in den beiden Museumsgebäuden befinden sich Modelle der Pyramiden, die gleichfalls keinen Spielraum mehr lassen für etwaige anders lautende Erklärungsversuche. Entdeckerherz, was willst du mehr?

Dann kann ich an dieser Stelle ja zugeben, dass ich an der überraschenden Entwicklung nicht ganz unschuldig bin. So wurde mein Longseller »Die weiße Pyramide« auch für die Volksrepublik China lizensiert und erfreut sich dort großer Beliebtheit. Inzwischen haben die Chinesen wohl verstanden, dass es in ihrem Land mehr Attraktionen gibt als die Große Mauer oder Shanghais neue Skyline.

Wo, bitte, geht es hier nach Mao Ling?

Aber gehen wir nochmal zurück in jenes Jahr 1994, als alles begann. Und man in China noch weit davon entfernt war, die Bedeutung des Weltwunders zu erkennen, das da gewissermaßen vor den Toren einer der historisch bedeutsamsten Städte des Landes vor sich hin schlummerte. Erst im Januar 1994, zwei Monate bevor ich dort auf der »Bildfläche« erschien, hatte man nördlich von Xian an den Ufern des Flusses Wei Ho mehrere Pyramiden gefunden. Eines dieser Bauwerke steht, wie zwischenzeitlich angestellte Berechnungen ergaben, nahezu exakt auf dem geometrischen Mittelpunkt des alten China. Man ahnt es bereits: In diesen Pyramiden im Reich der Mitte liegt ein unglaubliches, uraltes technisch-mathematisches Wissen verborgen.

Unweit der stetig wachsenden Stadt Xianyang liegt das Pyramidenfeld von Mao Ling. Von der Peripherie Xians aus sind dies circa 50 Kilometer, für die wir damals fast zwei Stunden benötigten. Dank etwas besserer Verkehrsverbindungen ist die Fahrtzeit zwar mittlerweile auf eine Stunde geschrumpft, was jedoch durch den sich explosionsartig vermehrenden

Autoverkehr unserer Tage bald wieder anders sein wird. Im Gegensatz zu 1994 ist Mao Ling heute auch leichter zu finden. Fahrer und Dolmetscher hatten damals zehn Leute nach dem Weg gefragt, um hierauf mindestens 20 Antworten aus berufenem Munde zu bekommen.

Biegt man aber an der richtigen Stelle ab und überquert die Gleise der dort verlaufenden Lung-Hai-Eisenbahnlinie, zeichnet sich die Silhouette der großen Pyramide von Mao Ling schon von Weitem ab. Kommt man dann näher, so bietet sich inmitten landwirtschaftlich genutzter Flächen ein Anblick, den man dort mit Sicherheit zu allerletzt vermuten würde. Um die 90 Meter hoch erhebt sich ein Bauwerk, dessen Pyramidenform noch immer deutlich zu erkennen ist.

Die riesige Pyramide, die wahrscheinlich das Grabmal Kaiser Wudis (141–87 v. Chr.) aus der Han-Dynastie darstellt und schon 1934 erstmalig von einem deutschen Piloten fotografiert wurde, steht wie ein Fremdkörper in der brettebenen Landschaft herum. Vor ein paar Jahren hat man angefangen, Nadelbäumchen an ihren Seitenflächen zu pflanzen, eine relativ schnell wachsende Zypressenart. Hatte ich ursprünglich den bösen Verdacht, man wolle damit etwas verbergen, weiß ich es heute besser. Diese Maßnahme wurde einzig zum Schutz gegen Erosion durchgeführt, denn diese Pyramiden bestehen ja aus hartgestampftem Lehm und Löss. Trotzdem wird man den Eindruck nicht los, als läge ein geheimnisvolles Tabu über Chinas Pyramiden. Denn auf die Frage, wann denn an eine Öffnung der geheimnisumwobenen Bauwerke herangegangen wird, erhält man die hintergründige Antwort: »Damit sollen sich künftige Generationen beschäftigen.«[29]

Scheut man sich bei den Chinesen, die Ruhe längst gestorbener Herrscher zu stören? Oder befürchtet man Gefahren für

Leib und Leben der Ausgräber? Immerhin berichten die alten Chronisten über die Begräbnispyramide des erwähnten Qin-Regenten Shi Huangdi, welche östlich von Xian gelegen ist, von eingebauten Selbstschussanlagen, die jedem Eindringling mit einem Pfeilhagel den Garaus machen würden. Wie auch von einem »künstlichen Universum« im Innern der Pyramide, mit einem nachgebauten Firmament an der Decke des Saales, in dem der Kaiser ruht. Ebenso einem Reich der Mitte en miniature, mit Flüssen aus Quecksilber, die in ständiger Bewegung gehalten würden.

Lange Zeit wurden derlei Berichte für bloße Legenden gehalten, vor allem was die Schilderung ausgefeilter Technik betraf. Doch seit Ausgrabungen rund um die Begräbnispyramide in neuester Zeit eine enorm hohe Quecksilberkonzentration im Boden erbracht haben, scheint man über den Wahrheitsgehalt alter Chroniken nun ein wenig anders zu denken.[29]

Pyramiden, nichts als Pyramiden!

Die meisten Pyramiden konnte ich im Umkreis der Stadt Xianyang betrachten. Das die Stadt umgebende Gebiet ist noch nahezu menschenleer. Nicht mehr als ein paar Bauern ackern dort im Schatten der Pyramiden, die zu Dutzenden in der Ebene zwischen dem Qin-Ling-Shan im Süden und den Shensi-Bergen im Norden stehen. Ich sah Bauern, die wie zu Olims Zeiten mit Holzpflug und Ochse arbeiteten. In dieser ausgedehnten Ebene von Qin Chuan, einem veritablen »Tal der Pyramiden«, stehen diese Bauwerke da wie Fremdkörper aus einer anderen Welt. Beinahe fühlt man sich auf einen fernen Planeten versetzt.

Respektgebietend erhebt sich eine mehr als 70 Meter hohe

Pyramide, nur etwas mehr als einen Kilometer von der Stadtgrenze von Xianyang – und doch bereits Zeiten und Welten von unserer modernen Zivilisation entfernt. Wie Spielzeug wirken Bäume und Menschen am Fuß des Bauwerkes. Als ich es erklommen hatte, erwartete mich oben eine große Überraschung.

Ich fand einen regelrechten Einsturzkrater. Durch die jahrtausendelange Erosion musste ein sich darin befindlicher Hohlraum eingestürzt sein. Was verbarg sich einst darin? Die sterblichen Überreste alter Herrscher, geheime Kammern mit Schätzen und Kostbarkeiten längst vergangener Epochen?

Lange konnte ich dort oben nicht solchen Überlegungen nachgehen, denn noch atemberaubender war der Blick in die Umgebung. Als ich mich dort oben einmal um die eigene Achse drehte, vermochte ich allein in der unmittelbaren Nähe 17 weitere Pyramiden zu zählen. Sie waren verschieden hoch, standen teils einzeln, aber auch in Gruppen von zwei oder drei Stück. Noch weiter entfernt waren im leichten Dunst, der dort häufig genug zu dichtem Nebel werden kann, die Silhouetten weiterer großer Pyramiden auszumachen. Unter diesem Eindruck von einer Pyramidenstadt zu sprechen, wäre sicher nicht übertrieben.

Als ich 2007 erneut in China war, konnte ich diese hier beschriebenen Pyramiden schon von Weitem sehen. Denn seit kurzer Zeit führt eine neu gebaute Autobahn in kühnem Bogen in südlicher Richtung nach Xian und tangiert dabei die Zone, die noch bis vor wenigen Jahren militärisches Sperrgebiet war. Technischer Fortschritt und die Erschließung der Region haben die Bauten näher in unser Bewusstsein gerückt.

Die metallenen Drachen der »Himmelssöhne«

Werden wir eines Tages alle Rätsel der chinesischen Pyramiden lösen, den Schleier der Geheimnisse zerreißen, der sich um sie gelegt hat? Heute wissen wir, dass viele von ihnen aus der Zeit der Han-Dynastie stammen, einer Zeit, die von 206 vor bis 220 nach der Zeitenwende dauerte. Einige können Kaisern dieser Dynastie zugeordnet werden, wie das Yang-, das Chang-, das An- und das Wei- sowie das Kang-Grab, um stellvertretend nur einige wenige zu nennen.

Aber stellen die noch immer rätselhaften Bauten zudem etwas anderes dar? Sind sie vielleicht Teil des gigantischen Systems heiliger Linien, die in China unter dem Begriff »Drachenwege« bekannt sind? Uralte Traditionen schreiben nämlich bis ins Detail vor, an welcher Stelle ein Bauwerk errichtet werden darf und wo nicht. Zuständig für die korrekte Einhaltung jener Vorschriften war in alten Zeiten das »kaiserliche Ritualamt«, dem auch sämtliche ungewöhnlichen Vorfälle und Sichtungen (!) aus dem Riesenreich gemeldet werden mussten.

Beruhen solche Vorschriften womöglich auf den Beobachtungen fliegender Objekte in alten Zeiten? Es sollte uns nachdenklich machen, dass etwa der Begriff des Drachen im alten China viel mehr auf ein fliegendes Hightech-Gerät deutet als auf irgendein mystisch-religiös verklärtes Fabelwesen. In der alten chinesischen Mythologie[45] kamen die Drachen oft röhrend und Feuer speiend zur Erde herab. Und mit Sicherheit waren sie auch keine Wesen aus Fleisch und Blut, denn häufig wurden sie als metallisch charakterisiert. Nur ein Beispiel: Die »Flugdrachen« des altchinesischen Helden No-Cha waren silberglänzend, und sie starteten von einem »Drachenpalast«,

Die metallenen Drachen der »Himmelssöhne«

der weit draußen im Ostchinesischen Meer lag.[46] Ihr Flugverhalten glich auch dem der modernsten Abfangjäger unserer Zeit.

Der Archäologe Professor Wang Shiping vom Provinzmuseum in Xian – mit ihm führten Peter Krassa und ich lange, interessante Gespräche – vermutet stark, dass die Pyramiden westlich von Xian nach den Gestirnen ausgerichtet seien. Aber auch weitere Hinweise führen uns in kosmische Dimensionen, lassen an mögliche Eingriffe außerirdischer Intelligenzen in der Frühzeit der Menschheitsgeschichte denken.

Anfang des 20. Jahrhunderts kamen die beiden australischen Handelsreisenden Fred Meyer-Schroeder und Oscar Maman in diese Region und erblickten riesige Pyramiden. Sie sprachen hierüber mit einem alten Mönch, der ihnen ohne große Umschweife erklärte, dass die Bauten in den ältesten Aufzeichnungen seines Klosters bereits als »sehr alt« beschrieben sind.

Ihrem Reisetagebuch vertrauten die beiden an, was sie da zu Gesicht bekommen hatten: »Es war noch viel unheimlicher, als wenn wir sie in der Wildnis gefunden hätten. Aber sie lagen ja gewissermaßen unter den Augen der Welt, sind in den westlichen Ländern jedoch völlig unbekannt.«[47]

Ich habe bereits erwähnt, dass einige der Pyramiden aus der Zeit der Han-Dynastie stammen und somit gut 2000 Jahre an Ort und Stelle stehen. Mit hoher Wahrscheinlichkeit aber sind auch einige der Bauwerke älter, reichen zurück in die legendenumwobenen Tage der ersten *Urkaiser*. Die herrschten noch lange vor den ersten geschichtlich verifizierten Dynastien, und sie wurden nicht müde, ihre nichtirdische Herkunft zu betonen. Statt dessen sollen ihre Vorfahren »Söhne des Himmels« gewesen sein, welche auf metallenen und Feuer speienden Drachen aus dem Weltall kamen. Mit ihnen habe ich mich ebenfalls näher befasst.

Auf den Spuren der Urkaiser

Es waren fünf dieser Urkaiser, die vom 5. bis zum 3. Jahrtausend vor unserer Zeitrechnung regierten. Der erste war der sogenannte »Gelbe Kaiser« Huang Di – nicht zu verwechseln mit dem späteren »Einiger des Reichs« aus historisch näherer Zeit, Kaiser Qin Shi Huangdi. Auf jenen Huang Di folgten dessen Sohn, Shao Hao, sowie die weiteren Herrscher Yan Di, Xianong Di und Ciyou Di. Alle diese Herren regierten für »normale« Herrschergeschlechter unnatürlich lang, und zwar mehrere hundert Jahre. Und in den Überlieferungen wird ihnen auch stets die Fähigkeit des Fliegens nachgesagt.
Im Verlauf meiner bislang jüngsten Reisen nach China – 2004 und 2007 – setzte ich mich also auf die Spuren dieser ominösen Urkaiser nebst ihrem »kosmischen Stammbaum«. Und gelangte ganz nebenbei zur einzigen aus Stein erbauten Pyramide, die sich allerdings in einer ganz anderen Region des Landes befindet – in der Provinz Shandong südöstlich von Beijing.
Fährt man von Qu'fu aus – dies ist die Heimatstadt des Philosophen und Lehrers Konfuzius (551–circa 479 v. Chr.) – in südlicher Richtung, so kommt man an eine sehr geschichtsträchtige Stätte. Inmitten einer idyllischen Gartenlandschaft mit einem künstlich angelegten See befindet sich der »Geburtsort des Gelben Kaisers«.
Links und rechts von diesem See steht je eine mächtige, aus Naturstein gefertigte Schildkröte von jeweils gut und gerne 30 Tonnen Gewicht. Darauf ruhen Stelen, die ihrerseits wieder ein Gewicht von mindestens 25–30 Tonnen besitzen. Die steinernen Artefakte sollen mehr als 3000 Jahre alt sein – eine technische Meisterleistung stellen sie in jedem Fall dar. Nun kamen, den Überlieferungen zufolge, der Urkaiser

Huang Di sowie dessen Sohn Shao Hao und die anderen drei »Berufskollegen« nicht durch eine natürliche Geburt zur Welt. Sondern vielmehr schon regierungsfähig auf die Erde hernieder. Ganz Ähnliches gibt es übrigens auch von den alten Babyloniern zu vermelden. Nach deren Königsliste WB 444 regierten zehn Urkönige zusammen insgesamt 456 000 Jahre, bis die Sintflut kam. Und danach? »Da stieg das Königtum abermals vom Himmel hernieder.«[27, 48]

Geht man von dem Geburtsort des Gelben Kaisers noch mehrere hundert Meter weiter, so gelangt man zu der einzigen aus Stein erbauten Pyramide in ganz China. Diese Steinpyramide ist ungefähr zwölf Meter hoch und mit Quadern aus Granit umkleidet. Es ist nicht ganz ungefährlich, sie zu besteigen: Mit den Schuhen muss man sich gut in die nur wenige Millimeter tiefen Schlitze zwischen den Blöcken stemmen. Ansonsten droht ein plötzlicher, ungewollter und zuweilen schmerzhafter Abstieg.

Ich habe es mehrere Male geschafft, diese Pyramide unfallfrei zu erklimmen. Sie wird als die Begräbnispyramide von Shao Hao, dem zweiten Urkaiser, bezeichnet. Er lebte im 4. Jahrtausend vor unserer Zeitrechnung und wurde zunächst in einem aus Erde bestehenden Grabhügel bestattet. Im 11. Jahrhundert unserer Zeit erinnerte man sich wieder an ihn, und der bescheidene Grabhügel wurde zu einer richtigen Pyramide überbaut. Oben auf der gleichfalls abgeflachten Pyramide steht ein kleiner Tempel mit einer Figur darin, die den Urkaiser darstellt. Leider fand ich sie bei meinem Besuch im Herbst 2007 von Vandalen geschändet vor; man hatte ihr den Kopf abgeschlagen.

Wer diese Freveltat begangen hat, lässt sich wohl nicht mehr ermitteln. Doch im Zusammenhang mit den Urkaisern und der von ihnen behaupteten Abkunft tut sich hier eine ungleich spannendere Frage auf: Liegen unter dieser Steinpyramide am

Ende die Gebeine eines direkten Abkömmlings einer nichtirdischen Intelligenz, die auch im alten Reich der Mitte als Lehrmeister und Kulturbringer fungierte?
Nur eine Ausgrabung und eine Gen-Analyse der sterblichen Überreste könnten letztendlich für Klarheit sorgen.

8 »Wenn es nicht so fantastisch klingen würde ...«

Die Sternenkarte aus dem Mumiengrab

> »*Du, Menschenkind, du wohnst in einem Hause des Widerspruchs. Sie haben wohl Augen, dass sie sehen könnten, und wollen nicht sehen, und Ohren, dass sie hören könnten, und wollen nicht hören ...*«
>
> HESEKIEL (AUCH: EZECHIEL), BIBLISCHER PROPHET IM 6. JAHRHUNDERT V. CHR.

Trotz aller staatlicher Bemühungen, das Bevölkerungswachstum in China einzudämmen, nähert sich das zahlenmäßig stärkste Volk der Erde langsam aber stetig der 1,5-Milliarden-Marke. So ist der Ort, um den es hier geht, längst aufgegangen im Gewirr der neu gewachsenen Stadtviertel von Changsha, der Hauptstadt der Provinz Hunan. Die Kommune von Wulipai, einst weit vor den Toren Changshas gelegen, ist somit als eigenständige Gemarkung erloschen. Nach wie vor aber gibt sie den Hintergrund zu einem der unglaublichsten Funde aus dem Reich der Mitte.

Dort steht seit altersher ein kegelförmiger Hügel von ungefähr 500 Metern Umfang. Er trägt den Namen »Ma Wang Dui«, dies bedeutet »Begräbnishügel des Königs Ma Yin«. Der bewusste König war ein Herrscher aus der unruhigen Zeit der »Fünf Dynastien« (907–960 n. Chr.), in der China nach blutigen Kriegen in mehrere Teilstaaten zerfallen war. Doch erst gute 1000 Jahre später rückte der Ort in das Bewusstsein von

Forschern, zuerst im eigenen Land, später in das von Wissenschaftlern und interessierten Laien aus der ganzen Welt. Ein noch heute geheimnisumwobener Fund hatte unser aller Aufmerksamkeit erregt.

Es war Anfang Januar 1972. Die Welt war in zwei Lager unterteilt, deren ideologische Spannungen die Politik und das Tagesgeschehen bestimmten. In ihrem Langzeit-Trauma Vietnam traten die USA auf der Stelle – das militärische Debakel für die »Supermacht« war nicht mehr aufzuhalten. Ein Übergreifen der Kämpfe auf andere Länder der Region schien beinahe unvermeidlich. Wie ein Menetekel hing das Schreckgespenst eines Flächenbrandes über den Staaten Südostasiens. So wurden in der Volksrepublik, die damals nicht nur ideologisch auf der Seite von Nordvietnam stand, hektische Vorbereitungen getroffen, sollte sich dieser Krieg tatsächlich auf China ausweiten.

Für Scherben und Knochen entschieden

Im Osten von Changsha machte sich eine Pionierabteilung der Volksbefreiungsarmee daran, am Fuße des Ma Wang Dui einen tiefen Stollen in den alten Begräbnishügel zu treiben. Man plante an dieser Stelle ein unterirdisches Notlazarett für Verwundete in der Zivilbevölkerung und des Militärs zu errichten.

Nachdem sich die Pioniere etwa zehn Meter in das Innere des Berges vorgearbeitet hatten, kam es plötzlich zu einem gewaltigen Erdrutsch. Nachdem sich der Staub gelegt hatte, fanden die Soldaten eine weißlich schimmernde Substanz, die sich als eine Art Tonerde erweisen sollte, die an diesem Ort normalerweise nicht vorkommt. Unvermutet war man auf eine bislang unentdeckte Grabanlage gestoßen und rief die Archäologen aus dem Hunan-Museum herbei. An einen Weiterbau des unterirdischen Lazaretts war nicht mehr zu denken. Ich frage mich ernsthaft, wie unsere politischen und militärischen Verantwortlichen heute entscheiden würden. Sicher nicht zugunsten von ein paar alten Scherben und Knochen. Man kann also den chinesischen Militärs ihr damaliges Verhalten nicht hoch genug anrechnen.

Wer heute die Stätte besucht, kann den durch eine Eisengittertür gesicherten Stollen am Fuße des Ma Wang Dui zwar sehen, aber nicht betreten. Noch heute legt er Zeugnis über das frühe und unerwartete Ende eines Bauvorhabens ab.

Am 16. Januar 1972, nur wenige Tage nach der zufälligen Entdeckung, waren die Archäologen bis zu einer später als »Grab 1« bezeichneten Begräbnisstätte im östlichen Teil des künstlichen Berges vorgestoßen. Bis zur vollständigen Bergung des gesamten Inhalts sollten jedoch noch drei weitere, arbeitsreiche Monate ins Land gehen.

Alle Ausgrabungsarbeiten wurden offiziell am 28. April 1972 abgeschlossen. Was man aus dem Ma Wang Dui an Preziosen geborgen hatte, wurde zu weiterer Konservierung und Katalogisierung ins Hunan-Museum in Changsha gebracht. Dort wartete erneut jede Menge Arbeit auf die Wissenschaftler, die sie im Grunde bis zum heutigen Tag beschäftigt. Doch kehren wir erst noch einmal zu den Ausgrabungen des Jahres 1972 zurück.

Im westlichen Sektor der Anlage wurde noch ein zweites Grab entdeckt, während ein weiteres, »Grab 3«, zunächst noch unentdeckt geblieben war. Denn es wurde im Verlauf der Ausgrabungen mit dem Schutt aus dem ersten Grab zugeschüttet und erst kurz vor Einstellung der Arbeiten gefunden.

In diesen drei Gräbern machte man reichhaltige Funde, deren sensationeller Charakter sich erst jetzt, Jahrzehnte nach der unter so dramatischen Umständen gemachten Entdeckung, nach und nach offenbart. Einmal mehr wankt unser althergebrachtes Geschichtsbild.

Die »schwebende Mumie«

In der zentralen Kammer des ersten Grabes wie auch der beiden weiteren wurde jeweils eine ausgeklügelte Konstruktion von vier ineinander verschachtelten Sarkophagen gefunden. Offenbar waren sie so komplex ausgeführt, um deren Inhalt vor jeglichen Temperaturschwankungen wie auch vor Feuchtigkeit zu schützen. Das geschah unter anderem durch die Einlage von Holzkohle und den Einsatz von Lacken, welche den inneren Sarkophag luftdicht abschlossen.
Diese viele Tonnen schweren Konstruktionen werden heute wie alle Stücke des spektakulären Fundes in einer erst 2004 fertiggestellten Sonderhalle des Hunan-Museums aufbewahrt und der Öffentlichkeit zugänglich gemacht. Im Innersten eines dieser Särge entdeckte man eine weibliche Mumie, die so außergewöhnlich gut erhalten war, dass die Rätsel um Ma Wang Dui geradezu ins Unermessliche steigen.
Den Altertumsforschern muss sich ein gespenstisches Bild geboten haben. Als man den innersten Sarg öffnete, *schwebte* diese Mumie in etwa 80 Litern einer gelblichen Flüssigkeit. Außer Zweifel dürfte stehen, dass diese Flüssigkeit für die unglaublich gute Konservierung verantwortlich ist. Nachdenklich macht jedoch die Tatsache, dass es bis heute nicht gelungen ist, deren chemische Zusammensetzung zu analysieren.
Die Verstorbene war 1,54 Meter groß und wog – zum Zeitpunkt ihrer Entdeckung – noch exakt 34,3 Kilogramm. Wer immer diesen Leichnam für die Nachwelt erhalten hat, muss-

te sein »Handwerk« aufs Beste verstanden haben. So waren die Zellstruktur und alle inneren Organe, wie eine an der medizinischen Fakultät der Universität von Changsha vorgenommene Obduktion ergab, von ihrem Aufbau her noch immer in einem hervorragenden Zustand. Der gelbliche Teint war nicht verfärbt und die Muskeln noch immer vollkommen elastisch. Auch wenn es respektlos aussieht: Videoaufnahmen, die man während der Obduktion gemacht hat, zeigen, wie die Ärzte alle Glieder der Mumie hin- und herbewegen. Sie bezeichnen es als glattes Wunder, dass die Mumie die Zeiten so tadellos überstanden hat. Es lässt sich nicht abstreiten, dass die hier angewandte Konservierungstechnik beispiellos ist. Dagegen ist so manche ägyptische »Vorzeigemumie« ein nurmehr von Bandagen zusammengehaltenes Wrack.

Wenn auch die Zusammensetzung dieser Wunderflüssigkeit noch ein Rätsel ist, so konnte man wenigstens die Identität der Toten aufklären. Ihr Name war *Xin Zhui*. Zu Lebzeiten war sie die Frau von Premierminister Li Chang, einem hochrangigen Adeligen aus dem Hofstaat des Prinzen von Changsha. Xin Zhui starb im Jahr 168 v. Chr., also vor mehr als 2175 Jahren.[49, 50]

Komplizierte chirurgische Eingriffe

War im alten Reich der Mitte die hehre Kunst der Mumifizierung nicht gerade weit verbreitet, so ist Xin Zhuis ungewöhnlich gut erhaltene Mumie weder die einzige noch die älteste in China gefundene. Erst 1981 wurde in der Autonomen Region Xinjiang eine weitere, tadellos erhaltene Mumie entdeckt. Die Experten schätzen, dass die »Young Lady of Loulan« ein Alter von über 6400 Jahren besitzt und sich des-

8 »Wenn es nicht so fantastisch klingen würde ...«

halb sogar mit den Mumien der ältesten Dynastien Ägyptens messen kann. Forscher in China halten sie für die älteste Mumie der Welt.[51]

Xin Zhui war zu ihrer Zeit eine hochrangige Persönlichkeit, ein VIP, wie man heute sagen würde. Da verwundert es niemand, dass man ihr reiche Grabbeigaben auf ihrem letzten Weg mitgab, als sie im Alter von etwa 50 Jahren verstarb. Was man im Grabe Xin Zhuis an Kostbarkeiten fand, sprengt allerdings den Rahmen unseres bisherigen Geschichtsbildes.

So wurden beispielsweise zehn Bücher über Medizin ausgegraben, die einen unglaublich hohen Stand der Heilkunst im alten China dokumentieren. Noch immer wird bei uns die Meinung vertreten, dass die Chirurgie erst in der neuzeitlichen westlichen Medizin ihren aktuellen Stellenwert erhielt. Dagegen hätte sich die traditionelle chinesische Heilkunde hauptsächlich auf die Herstellung von Medikamenten beschränkt. Die in der Grabanlage von Ma Wang Dui gefundenen Folianten beweisen jedoch ohne den Hauch eines Zweifels, dass schon vor mehr als 2000 Jahren im Reich der Mitte komplizierte chirurgische Eingriffe genauso auf der Tagesordnung standen wie in den Operationssälen unserer Kliniken. In dem Buch »Beschreibungen von 52 Krankheiten« findet man detaillierte Anweisungen für die Durchführung solch schwerwiegender Operationen wie etwa die Entfernung eines Tumors und anderer, nicht ungefährlicher Eingriffe. Und das Buch »Über die elf Arten des Pulses an Armen und Beinen« stellt ein hochmodernes Lehrbuch für angewandte Diagnostik dar. So führt es die typischen Symptome einer häufig tödlich verlaufenden Gefäßkrankheit auf, die der deutsche Pathologe Dr. Ludwig Traube (1818–1876) bei uns im Westen erstmalig im Jahr 1872 beschrieben und kommentiert hatte.[49]

An dieser Stelle unbequeme Fragen zu stellen, ist längstens überfällig. Woher stammte dieses exakte medizinische Fachwissen, auf das die in Ma Wang Dui gefundenen Bücher aufbauen konnten? Das ganze detaillierte Know-how, die medizinischen Kunstgriffe und Fertigkeiten werden 168 v. Chr. ja wohl kaum aus dem Nirwana gekommen sein. Folglich müssen sie aus noch älteren Quellen stammen. Aber woher? Unsere ach so fortschrittliche westliche Medizin stieß auf viele der bereits vor 2200 Jahren beschriebenen Fakten erst um die Wende vom 19. zum 20. Jahrhundert.

Wissen über die Sterne – von den Sternen?

Aber es kommt noch heftiger. Im »Grab Nr. 3« von Ma Wang Dui wurde ein weiteres Buch entdeckt, dessen Inhalt nichts als eine Provokation für unsere etablierten Wissenschaften darstellt. Es ist das Manuskript »Umläufe von fünf Planeten«. Eine exakte Tabellierung der Umlaufzeiten der fünf »inneren« Planeten Merkur, Venus, Mars, Jupiter und Saturn um unsere Sonne.

Diese Aufzeichnungen verraten phänomenale Kenntnisse in Astronomie. So werden zum Beispiel die relativen Positionen der Planeten Venus, Jupiter und Saturn für den Zeitraum zwischen 246 und 177 v. Chr. verzeichnet. Ganz besondere Aufmerksamkeit wurde zudem den Bahndaten unseres Nachbarplaneten Venus gewidmet. Die Dauer eines synodischen Umlaufes – damit kennzeichnet man das Zeitintervall, nach dem der Planet wieder dieselbe relativ zur Sonne gerechnete Position einnimmt – wird hierin mit 584,4 Tagen angegeben. Dieser Wert differiert gerade einmal um 0,48 Tage von dem von heutigen Astronomen errechneten Wert von 583,92 Tagen.

Der Inhalt dieser phänomenalen Aufzeichnungen wird den beiden Astronomen Gan De und Shi Shen zugeschrieben, zwei genialen Wissenschaftlern aus der unruhigen Zeit der »rivalisierenden Staaten« (475–221 v. Chr.). In China werden diese Aufzeichnungen der Planetenbewegungen zu den ältesten Büchern der Himmelskunde gezählt.[49]

Bevor ich es vergesse: Als ich im Oktober 2004 ein weiteres Mal im Hunan-Museum von Changsha war, hatte man dort ein kleines Planetarium aufgestellt. Es basiert auf den Angaben in dem erwähnten, über 2000 Jahre alten Manuskript »Umläufe der fünf Planeten«. Und daran, wie reibungslos es funktioniert, erkennt man, dass die damaligen astronomischen Aufzeichnungen so genau waren, dass sie den Vergleich mit unseren modernen Himmelsbeobachtungen nicht zu scheuen brauchen.

Hat hier irgendjemand Entwicklungshilfe geleistet? Waren es wieder einmal die »Götter« und »Himmelssöhne« des alten China, die auf feurigen und metallenen Drachen aus dem Kosmos zur Erde herniederfuhren?

Kartographie aus dem Erdorbit

Der sensationellste sowie in seinen Konsequenzen ungeheuerlichste Fund wurde gleichfalls im »Grab Nr. 3« von Ma Wang Dui gemacht. Professor Wang Shiping, der Leiter des Provinzmuseums in Xian, hatte Peter Krassa und mich während unseres dortigen Aufenthalts auf diese Entdeckung hingewiesen, die unter chinesischen Archäologen für beträchtlichen Wirbel gesorgt und auch zu kontroversen Diskussionen geführt hatte.

Kartographie aus dem Erdorbit

Es handelt sich um eine topographische Landkarte, 96 mal 96 Zentimeter im Quadrat und auf feiner Seide dargestellt. Darauf sind Regionen der aneinandergrenzenden Provinzen Guangxi, Guangdong und Hunan abgebildet. Genauer gesagt, deckt die Karte ein Gebiet vom Distrikt Daoxian in der Provinz Hunan über das Tal des Xiao-Flusses bis zur Umgebung der Stadt Nanhai, in der Provinz Guangdong gelegen, ab. Das im Maßstab 1 : 180 000 gehaltene Kartenwerk ist zudem unglaublich genau.[49,50]

Ich gebe es offen und ehrlich zu, dass mir Aussagen wie die folgende Balsam für die Seele sind. Denn der bereits zitierte Professor Wang Shiping glaubt hier an eine aus großer Höhe gemachte kartographische Erfassung. Wörtlich sagte er:

»Wenn es nicht so fantastisch klingen würde, müsste man sagen, dass das Vorbild für diese Karte eine Satellitenaufnahme ist, die vor Jahrtausenden von einem fremden Raumfahrzeug aus dem Erdorbit gemacht worden ist.«[29]

Solche Worte muss man natürlich erst einmal »verdauen«, vor allem, wenn sie aus dem Mund eines Wissenschaftlers kommen. Es gehört wohl zu den ausgesprochenen Sternstunden im Leben eines Forschers auf »Götterspuren«, wenn sich akademische Koryphäen so weit »aus dem Fenster lehnen«. Und tatsächlich: Vergleichen wir die uralte Karte mit einer modernen Aufnahme, wie etwa vom »NASA-Landsat«, zeigen sich bemerkenswerte Übereinstimmungen. Gleich ihrem neuzeitlichen Pendant, schlängeln sich auf der in Ma Wang Dui gefundenen Karte Flüsse und zeigen sich vielfältige andere Details. Selbst ausgetrocknete Wasserläufe sind auszumachen. Sie sind in einer blasseren, sich aber trotzdem vom Grundton abhebenden Farbe gehalten. Das erinnert uns frappierend an die Möglichkeiten der modernen Luftbildarchäologie. Der am Boden stehende Betrachter sieht nichts, während sein Kollege hoch über ihm im Flugzeug zahlreiche

Einzelheiten erkennen kann. Die Archäologen haben auf diese Weise Funde gemacht, die Erdboden und Vegetation längst verschlungen hatten. Als blasse Umrisse tauchen sie auf den Bildern wieder auf.

Die Gegenüberstellung einer etwa 2200 Jahre alten Karte aus dem chinesischen Grab mit einer modernen Satellitenkartografie ist in der Tat gewagt und provokant. Aber ist es deswegen auch undenkbar? Natürlich behaupte ich nicht, dass diese Grabbeigabe selbst ein Weltraumfoto darstellt – das dürfte sich eigentlich von selbst verstehen. Aber war das *Vorbild*, immer wieder kopiert, ein Satellitenfoto? Angefertigt vor Tausenden von Jahren von der Besatzung eines außerirdischen Flugobjekts?

Dann aber verbirgt sich hinter den Mauern des Hunan-Museums von Changsha eine veritable Weltsensation.

Signale aus dem All

Gut möglich, dass ich gleich das Vorstellungsvermögen einiger Leser überstrapaziere. Es existieren jedoch Hinweise, dass solche kühnen Gedankengänge einen durchaus realen Hintergrund besitzen. Und es ist auch nicht ausgeschlossen, dass ein Flugkörper einer außerirdischen Intelligenz noch heute seine Kreise in unserem Sonnensystem zieht.

Im Dezember 1927 herrschte unter den Experten für elektromagnetische Wellen helle Aufregung. Die beiden Amerikaner Taylor und Young hatten gerade den norwegischen Professor Carl Stoermer darüber informiert, dass sie bei Versuchen mit Radiowellen seltsam verzögerte Signale aus dem erdnahen Weltraum empfangen hätten. Stoermer wiederum setzte sich mit dem Niederländer Van der Pol in Verbindung, in jenen Tagen Versuchsleiter im Hause Philips in Eindhoven. Am 25.

Signale aus dem All

September 1928 begannen beide ihrerseits mit ausgiebigen Versuchsreihen. In Intervallen von je 30 Sekunden strahlten sie Radiozeichen in den unterschiedlichsten Wellenlängen aus.

Es vergingen drei Wochen, bis dieselben Zeichen am 11. Oktober wieder im Empfänger registriert wurden. Jetzt allerdings mit deutlich messbaren Rücklaufverzögerungen, welche zwischen drei und 15 Sekunden lagen. Am 24. Oktober 1928 wurden, gleichfalls mit den charakteristischen Verzögerungen, weitere 48 zuvor ausgestrahlte Signale empfangen. Ratlos wandten sich Stoermer und Van der Pol an die Fachwelt.

In der Folge wurden zahlreiche Spekulationen geäußert, wie dieser zeitlich versetzte Rücklauf von Kurzwellen-Impulsen erklärt werden könnte. Man dachte an kosmische Strahlungen oder an Anomalien innerhalb der Stratosphäre, ebenso an Reflexionen vom Mond oder von anderen Himmelskörpern. Damit kam man jedoch keinen Schritt weiter, denn die mysteriösen Echos trafen ja in *unterschiedlichen* Intervallen ein.

Im Jahre 1929 wiederholte sich dieses Phänomen am 14., 15., 18., 19. und 28. Februar, ebenso am 4., 9., 11. und 23. April. Diese Echos wurden von verschiedenen Funkspezialisten auf der ganzen Welt aufgezeichnet. So notierte der norwegische Professor Stoermer während einer Zeitspanne von 15 Minuten folgende Empfangsintervalle (in Sekunden): 15 – 9 – 4 – 8 – 13 – 8 – 12 – 10 – 9 – 5 – 8 – 7 – 6 – 12 – 14 – 12 – 8 – 12 – 5 – 8 – 12 – 8 – 14 – 14 – 15 – 12 – 7 – 5 – 5 – 13 – 8 – 8 – 8 – 13 – 9 – 10 – 7 – 14 – 6 – 9 – 5 – 9.

Entsprechende Beobachtungen wiederholen sich in den Jahren 1934, 1947, 1949 und 1970. In den frühen 1970er-Jahren war der schottische Astronom Duncan Lunan auf das rätselhafte Phänomen aufmerksam geworden. Er beschloss, sich

8 »Wenn es nicht so fantastisch klingen würde ...«

eingehend mit den Signalverzögerungen zu befassen. Lunan war nun kein zweifelhafter Zeitgenosse, der versucht hätte, sich mit ebenso schockierenden wie weit hergeholten Behauptungen ins Rampenlicht der Medien zu katapultieren. Als damaliger Präsident der »Scottish Association for Technology and Research« darf er als anerkannte und ernstzunehmende Kapazität auf seinem wissenschaftlichen Fachgebiet betrachtet werden.

Das Ergebnis von Lunans Untersuchungen war so atemberaubend wie unglaublich. In ein Sekundengitter eingetragen, fügten die am 11. Oktober 1928 aufgefangenen Echos sich zu einer Sternenkarte zusammen, die das 103 Lichtjahre entfernte Sonnensystem Epsilon Bootis darstellt (1 Lichtjahr sind 9,461 Billionen Kilometer). Immer wieder überprüfte der Astronom seine Daten, um mögliche Irrtümer weitestgehend auszuschließen. Ebenso wertete er die in der Folge empfangenen Funksignale aus, was die Überraschung perfekt machte. Zum Schluss lagen dem Forscher insgesamt sechs detaillierte Sternenkarten vor. Es waren stets Vergrößerungen der Umgebung des Sonnensystems Epsilon Bootis, und jedes Mal aus einer geringfügig geänderten Perspektive.[52,53]

Programmiert vor 12 600 Jahren

So schockierend die Schlussfolgerungen des schottischen Astronomen auch klingen mögen: Bereits 1960 hatte Professor Bracewell vom radioastronomischen Institut der Stanford-Universität in Kalifornien ein vergleichbares Szenario in Betracht gezogen. Emotionslos stellte er vor fast fünf Jahrzehnten fest: »Wenn eine außerirdische Intelligenz Kontakt mit uns aufnehmen wollte, so könnte dies möglicherweise durch die Verzögerungen von Radiosignalen erfolgen.«

Programmiert vor 12 600 Jahren

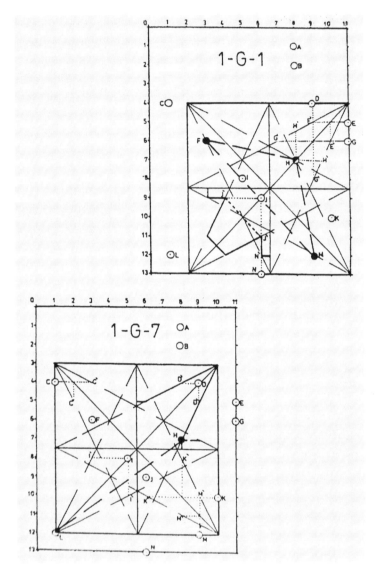

Abb. 4 Zwei der Sternkarten, die das Sternsystem Epsilon Bootis aus verschiedenen Perspektiven zeigen. Der schottische Astronom Duncan Lunan erhielt sie bei der Auswertung mysteriöser Signalverzögerungen bei der Reflexion von Funkwellen im erdnahen Raum.

Anfang der 1970er-Jahre kommentierte derselbe Professor Bracewell die unglaublichen Resultate des schottischen Astronomen mit den folgenden Worten: »Die aufgrund von Lunans Analyse erstellten Karten können als eine Möglichkeit der Verbindung mit fremden Intelligenzen ausgelegt werden. Wenn ich jemandem, dessen Sprache ich nicht spreche, mitteilen will, woher ich komme, benutze ich dazu am besten ein Bild. Die von Lunan beschriebene Sonde könnte von der Erde aus mit den stärksten Teleskopen nicht gesichtet werden. Wir sehen unsere eigenen Weltraumsonden, die den Mond umkreisen, selbst mit unseren stärksten Teleskopen gleichfalls nicht.«[53]

In der Zeitschrift »Spaceflight« veröffentlichte Lunan 1973 unter dem Titel »Space Probe from Epsilon Bootis« die Resultate seiner Berechnungen. Im darauffolgenden Jahr erschienen sie auch in Buchform.[54] Mit diesem Werk provozierte er das wissenschaftliche Establishment auf der ganzen Welt. Der schottische Astronom kam aufgrund der Konstellation des Fixsternes Epsilon Bootis in den Sternkarten zum Schluss, dass bereits seit 12 600 Jahren ein künstlicher Satellit seine Bahn durch unser Sonnensystem zieht. Geschaffen von einer uns überlegenen, außerirdischen Zivilisation. Der Satellit wurde damals so programmiert, dass er auf Radiowellen vom Planeten Erde reagiert, sobald die Position seiner Umlaufbahn für einen Empfang geeignet ist.

Widerleger und Dementierer

Diese vom dritten Planeten unseres Systems kommenden Signale würden registriert und dann mit absichtlichen Verzögerungen auf derselben Wellenlänge zurückgefunkt. Solch eine

Vorgehensweise verrät Weitblick und Strategie. Diese unbekannten Intelligenzen müssen gewusst haben, dass sich die auf der Erde vorherrschende Spezies technisch fortentwickeln würde. Irgendwann müssten die Empfänger dann merken, dass »dort oben« wohl etwas nicht stimmt, und würden der Sache nachgehen.

Von wem auch immer diese Raumsonde stammen mag, sie muss mit voller Absicht im erdnahen Bereich unseres Sonnensystems ausgesetzt worden sein. Und die Intelligenzen, die dies bewerkstelligten, waren zu jener Zeit auf unserem Planeten. Als Lunan in den 1970er-Jahren mit seinen Schlussfolgerungen an die Öffentlichkeit ging, fühlte sich die Fachwelt auf das Äußerste provoziert. Das »Imperium« schlug zurück.

Eiligst trat die allmächtige Phalanx der Widerleger und der Dementierer auf den Plan, die den angeblichen Gegenbeweis anzutreten vorgaben. Bis heute sind sie ihn allerdings schuldig geblieben. Statt dessen stellten sie nur selbstherrlich fest, Lunan müsse sich ganz einfach geirrt haben. Die mysteriösen Signalverzögerungen seien auf »natürliche Ursachen« in der Stratosphäre zurückzuführen. Und die Sternkarten? »Nur Zufall«, setzten die Vertreter der modernen Inquisition eilig hinzu.

So wurde es bald darauf und viel zu schnell wieder still um die sensationelle Entdeckung des mutigen Astronomen. Das »wissenschaftliche Establishment« hatte einmal mehr unbequeme Tatsachen unter den Teppich gekehrt und vertuscht. Selbst bei uns Insidern wäre die Angelegenheit in Vergessenheit geraten, gäbe es nicht jene alte chinesische Landkarte, die den Eindruck einer Satellitenaufnahme aus großer Höhe vermittelt. Es war gut, dass diese Einschätzung aus berufenem Wissenschaftlermund kam. Laien wie mich hätte man dafür in der Luft zerrissen.

8 »Wenn es nicht so fantastisch klingen würde ...«

Als ich im Herbst 2007 erneut im Hunan-Museum war, hing die Karte nicht mehr an der Wand. Angeblich war sie auf einer Wanderausstellung durch China unterwegs. Dort steht man übrigens der Idee, Außerirdische könnten einst unseren Planeten besucht haben, neuerdings sehr aufgeschlossen gegenüber ...

9 »Terra australis incognita«

Mysteriöse Funde in »Down Under«

> *»Die Wissenschaft fängt eigentlich erst da an, interessant zu werden, wo sie aufhört.«*
> JUSTUS VON LIEBIG (1803–1873),
> CHEMIKER UND NATURFORSCHER

Mit etwa 7,7 Millionen Quadratkilometern Fläche ist Australien der kleinste Kontinent auf unserem Planeten. Nur ungefähr 18 Millionen Einwohner sind es, die sich die bewohnbaren Peripherien von »Down Under« teilen. Der größte Anteil ist Wüste, und eine Anzahl von Urwaldgebieten vor allem im Norden ist bis heute noch von keines Forschers Fuß betreten worden.
In geologischen Abläufen gemessen, trennte sich der »Fünfte Kontinent« an der Grenze der Kreidezeit zum Tertiär, vor annähernd 60 Millionen Jahren, von der asiatischen Festlandmasse. Dieser Umstand ist dafür verantwortlich, dass wir in Australien – und nur dort – auf eine ungewöhnliche, altertümliche Fauna stoßen, die andernorts auf der Erde lange ausgestorben ist. Die Vertreter dieser einmaligen Tierwelt, wie etwa Schnabeltiere, Lungenfische und allen voran die bekanntesten Repräsentanten der Beuteltiere, Kängurus und Wallabys, konnten in diesem isolierten Ökosystem überleben, ohne dass sie sich grundlegend weiter entwickelt haben.
Die ersten europäischen Seefahrer, die es zur »Terra australis incognita« verschlug, waren im Jahr 1601 der Portugiese de

9 »Terra australis incognita«

Eredia und fünf Jahre später der Spanier Luis Vaez de Torres. Der befuhr als erster die Meerenge zwischen Nordaustralien und Neuguinea, die heute nach ihm Torres Strait genannt wird. Aber erst 1770 landete der berühmte englische Weltumsegler und Entdecker James Cook (1728–1779) an der Ostküste, und ab dem Jahr 1818 fanden erste Expeditionen ins Landesinnere statt.
Von den Briten wurde Australien von 1788–1854 als Strafkolonie für abgeurteilte Gesetzesbrecher benutzt. Zudem wurden etliche Iren zwangsweise in die neue Besitzung am anderen Ende der Welt umgesiedelt, besonders wenn sie ihren britischen Herren zu aufmüpfig wurden. Später erhielten die Kolonien Queensland, New South Wales, Viktoria, Süd- und Westaustralien sowie die Insel Tasmanien ihr eingeschränktes Selbstverwaltungsrecht. Seit 1901 bilden diese zusammen mit den »Northern Territories« den »Commonwealth of Australia«. Heute, zu Beginn des 21. Jahrhunderts, überlegt sich der Australische Bund die Ablösung vom einstigen Mutterland Großbritannien und die Umwandlung in eine Republik. Eine Trennung von der ungeliebten Krone wäre eigentlich nur konsequent, denn die wenig ruhmreiche Geschichte als Sträflingskolonie ließ eine deutliche Abneigung gegen Großbritannien entstehen, die mehr oder weniger offen zutage tritt.

Die Götter der »Traumzeit«

Lange Zeit hindurch hat man Australien als »geschichtslosen Kontinent« bezeichnet. Zu Unrecht, denn auf diesem Erdteil unter sengender Sonne wurden viele mysteriöse Funde gemacht, die weit in eine unbekannte Vergangenheit reichen.

Die Götter der »Traumzeit«

Die ursprüngliche Bevölkerung, die »Aborigines«, lebte noch bis vor wenigen Jahren wie in der Steinzeit. Von den Behörden wurde ihnen übel mitgespielt. In ausgedörrte Reservationen gesteckt, zur Zwangsadoption freigegeben und sogar sterilisiert: Australien streifte um ein Haar am Völkermord vorbei. Aber nun fordern sie mit wachsendem Selbstbewusstsein die ihnen auch zustehenden Rechte ein, und die Politik beeilt sich, die heutige Minderheit für das an ihnen begangene Verbrechen um Verzeihung zu bitten. Worte von Politikern, also wertlos.

Viel ihrer ursprünglichen Kultur ist verloren gegangen. Als der weiße Mann noch nicht die zweifelhaften »Segnungen« seiner Zivilisation gebracht hatte, lebten sie in nomadisierenden Gemeinschaften von 25–200 Personen. Höhlen, einfachste Laubhütten oder auch nur Windschirme dienten ihnen als Unterkunft. Und mit Speeren, Keulen sowie der einzigartigsten aller Waffen, dem Bumerang, gingen sie zur Jagd. Zahlreiche mythologisch begründete Rituale, Schamanismus und Zauberglauben beherrschten ihren täglichen Kampf ums nackte Überleben.

Immer wieder ist in ihren überlieferten, monotonen Gesängen die Rede von der sogenannten »Traumzeit«. Dies war die sagenhafte Ära, als noch die »Götter« auf dem Fünften Kontinent zugange waren. In dieser »Zeit ohne Anfang und Ende«, unendlich weit zurückliegend und lange vor unserer Geschichtsschreibung, stiegen Wesen in großen leuchtenden »Vögeln« vom Himmel herab und lebten eine Zeit lang unter den Eingeborenen. Danach kehrten sie wieder in den Himmel zurück. Der Höchste dieser Kulturbringer war *Birramee, der Vogelmensch.* Auf zahlreichen Felsmalereien ist er als humanoides Geschöpf abgebildet, das in sonderbare Gewänder gekleidet Erinnerungen an die Astronauten unserer Tage wachruft.[55]

Ebenso regelmäßig wie Birramee taucht auf den künstlerischen Hinterlassenschaften der Ureinwohner die Göttin des Himmels, *Wondijna*, in ihrem hell leuchtenden Strahlengewand auf. Viele Abbildungen dieser Gottheit, die gleichsam an die Weltraumfahrer unserer Zeit erinnert, fand man in den unwirtlichen Kimberley Mountains im äußersten Norden von West-Australien.

Wondijna ist aber nicht die einzige Gestalt dieser Art und das kosmonautenartige Outfit beinahe Standard bei den Felsbildern auf dem Fünften Kontinent:

– In Arnhem-Land, östlich der Stadt Darwin in den Northern Territories, wurde ein Monolith gefunden, auf dem eine Gestalt zu erkennen ist, die einen plumpen Anzug und einen Helm trägt.

– Bei Laura im Norden von Queensland ist auf einer Petroglyphe ein wie schwerelos fliegender Mensch abgebildet.

– Auf den Klippen der Ndahla-Schlucht, zehn Kilometer östlich der Stadt Alice Springs im trockenheißen Zentrum, fanden sich Zeichnungen von Göttergestalten mit antennenähnlichen Gebilden auf den Köpfen. Am gleichen Ort blicken in die Felsen geritzte Göttergesichter den Betrachter an; ganz unverkennbar haben sie Schutzbrillen auf.

– In den Blue Mountains von New South Wales, nicht allzu weit westlich von Sydney, fand der australische Archäologe Rex Gilroy eine Anzahl von Felszeichnungen. Diese geben unter anderem fremdartige Figuren und ungewöhnliche Objekte wieder, die laut Gilroy »nur als Raumschiffe beschrieben werden können, die offenbar von den australischen Ureinwohnern gesehen wurden.«[53]

Nach wie vor stößt man in abgelegeneren Regionen des Kontinents auf Darstellungen dieser Art. Den genauen Ort von seiner spektakulären Entdeckung wollte mir Hubschrauberpilot Tony Carmody nicht preisgeben, als ich vor einigen

Jahren in Noosa mit ihm sprach. Der aus dem Ferienort an der Sunshine Coast kommende Pilot zeigte mir einige Fotografien, die er auf seinen Flügen durch den »Gregory National Park« in den Northern Territories gemacht hat. Darunter waren auch Aufnahmen von Felszeichnungen der Aborigines, auf denen genau jene unheimlichen Wesen zu sehen sind, die heute als Protagonisten albtraumhafter Entführungsszenarien auftreten.[3,5] Gut möglich, dass sie bereits in der »Traumzeit« für unheimliche Begegnungen der dritten und vierten Art sorgten …

Wo der »Sonnengott« vom Himmel kam

Zahlreiche Göttergestalten aus dieser legendären Ära tragen regelrechte Schutzbrillen. Dem deutschen Flugpionier Hans Bertram rettete dies vor vielen Jahren das Leben. Als er in einer Eingeborenen-Reservation mit seiner Maschine notlanden musste, war er schnell von grimmig dreinschauenden Aborigines umringt. Zum Glück griffen sie nicht an. Und zwar aus dem Grunde, da er und sein Begleiter dicke Fliegerbrillen trugen. »Einmal im Leben durfte ich mir wie ein Gott vorkommen, und das rettete mir das Leben«, resümierte Bertram.[56]
Trotz dieser riesigen Weiten sind Australiens größte Städte hauptsächlich an der Ostküste, im Südosten und im Südwesten zu finden. Die Aborigines dagegen hat man in die Wüsten und Steppen abgeschoben, in meist trostlose Reservate in den Northern Territories, in Zentral- und Westaustralien. Die Kulturzentren wollte der weiße Mann für sich allein haben.
Im nördlichsten Zipfel der Northern Territories streckt die Halbinsel Arnhem-Land ihre Finger in die Arafura-See, dem Nachbarn Indonesien entgegen. Nördlich des Roper River

9 »Terra australis incognita«

liegt »Moon City«, die geheime Stadt der Ureinwohner. Auf den ersten Blick sieht dort alles nur nach einer bizarren Laune der Natur aus. Und doch kann man sich des Eindrucks nicht erwehren, dass dort einmal eine höllische Hitze geherrscht haben muss. Alles sieht so aus, als sei es vor unbekannten Zeiten durch apokalyptische Gewalten zerstört worden. Was aber wissen die Überlieferungen der Aborigines über den sinistren Ort zu berichten?

An dieser Stelle sei der »Sonnengott« mit seinem Schiff vom Himmel herabgekommen. Der Erdengott hätte sich in einem erbitterten Kampf gegen ihn zur Wehr gesetzt, sei aber letztendlich durch die immense Hitze besiegt worden. Kamen vor unbekannten Zeiten hier nukleare Waffen zum Einsatz, was über die Jahrtausende als »Krieg zwischen den Göttern« in den Mythenschatz der Aborigines einging? Ich habe es an anderer Stelle bereits angedeutet (siehe Kapitel 5): Die Heldenepen des alten Indien hielt man auch nur für Ausgeburten einer überschäumenden Fantasie – bis nachgewiesen werden konnte, dass die so unglaublich präzisen Beschreibungen von grauenhaften »Götterwaffen« und Fluggeräten einst erlebte Realität waren.[34]

In den 1940er-Jahren wurde eine Ordensschwester von den sieben Ältesten der Stadt eingeladen. Später berichtete sie, man habe sie in eine Höhle geführt, deren Wände über und über mit Felszeichnungen bedeckt gewesen seien. In den 1960er-Jahren gelangte der australische Journalist Colin McCarthy nach Moon City. Er fand auch die von der Schwester beschriebene Höhle und konnte auch noch die Reste von Zeichnungen erkennen. Der ganze Komplex wirkte jedoch wie von Sprengstoff zerstört. Was war in der Zwischenzeit geschehen?

Die Aborigines beriefen sich auf einen Befehl ihrer Götter: Alle Schriften und Zeichnungen seien nach einer bestimmten

Zeit zu zerstören. So pfropften sie die Höhle mit dem in der Gegend reichlich vorhandenen spröden und paraffinhaltigen Gras voll und zündeten es an. Als sie Luft in die Glut pumpten, fing der ganze Fels zu glühen an. Zum Schluss »schreckten« sie ihn mit kaltem Wasser ab. Moderner Sprengstoff vermag kaum zerstörerischer zu wirken.[53]

Die Pyramide von Gympie

Wie überall auf unserer Welt kamen auch bei den Mythen der Aborigines in grauer Vorzeit »Kulturbringer in großen Vögeln« vom Himmel herab. Diese hätten zahlreiche megalithische Steinmonumente errichtet.
Von welchen Monumenten ist hier die Rede? Nach und nach lüften sich auch um diese Bauwerke aus der »Traumzeit« die Schleier des Vergessens. Langsam setzt sich die Erkenntnis durch, dass auch in Australien einige zum Teil recht ansehnliche Pyramiden existieren. Bereits 1890 fand ein Farmer im nördlichsten Teil von Queensland, nahe Atherton westlich der Stadt Cairns, eine aus Stein gebaute Pyramide. Aus Angst vor Spott, und auch aus Rücksicht auf die Aborigines, die den Standort aus religiösen Gründen geheim hielten, wurde damals über den Fund nicht weiter berichtet.[57]
Schon etwas bekannter, zumindest in einigen »Insiderkreisen« Australiens, ist die Existenz einer Pyramide bei Gympie, einer kleinen Gemeinde nördlich von Brisbane. Die wurde 1975 von dem bereits erwähnten Archäologen Rex Gilroy gewissermaßen wiederentdeckt, nachdem Farmern in der Region immer wieder uralte Gegenstände in die Hände gefallen waren. Gilroy beschrieb seinen Fund, der in der Folge zahlreiche Neugierige – und leider auch üblere Subjekte – in diese Gegend lockte:

9 »Terra australis incognita«

»Als wir uns die bergige Gegend näher ansahen, fiel mir eines Tages im Jahr 1975 ein felsiger ›Hügel‹ auf, der dicht bewaldet war. Meine Frau Heather begleitete mich, als wir zusammen durch den Laubwald nach oben stiegen.

Mit einem Mal merkte ich, dass ich über eine Mauer aus groben Steinbrocken stolperte, nach ein paar Fuß über eine andere und so weiter, bis wir den Gipfel des Hügels erreichten. Jede dieser Mauern war etwa vier Fuß (1,20 Meter) hoch und bildete Terrassen, die bis zu sechs Fuß (1,80 Meter) breit waren. Nachdem wir uns einen Weg durch das dichte Unterholz freigekämpft hatten, fanden wir heraus, dass die unteren Stufen aus kleineren Brocken Sandstein bestanden, während die obersten vier Terrassen aus viel größeren Felsbrocken zusammengesetzt schienen, die zwischen einer und vier Tonnen Gewicht haben mussten. Die Spitze wurde von einer gewaltigen Sandsteinplatte gekrönt, deren Gewicht wohl um die acht Tonnen betrug.

Bald wurde mir auch klar, dass diese geheimnisvolle Struktur vierseitig ausgeführt war. Sie erhob sich auf ungefähr 60 Meter, während ihr Umfang an der Basis an die 500 Meter ausmachen dürfte. Bis zu 600 Jahre alte Bäume wuchsen in dieser zerfallenen Formation und bewiesen, dass die Anlage sicher nicht aus jüngerer Zeit stammen konnte. Ich hatte keinen Zweifel daran, dass es sich hier um eine grob gebaute Stufenpyramide von der Art handelte, wie sie im alten Ägypten vor über 3000 Jahren gebaut wurden.«[55]

Leider machte Rex Gilroy seinerzeit den unverzeihlichen Fehler, einem Journalisten zu vertrauen, der ihn auf einer seiner weiteren Exkursionen zur Gympie-Pyramide begleiten durfte. Jener brach seine Zusage, den Standort geheim zu halten. Sofort nach seiner Rückkehr publizierte er die Entdeckung, und selbst die örtlichen Tourismus-Agenturen witterten ein Geschäft.

Potenziell bleihaltiger Lokaltermin

Riesige Horden von Neugierigen, darunter ganze Familien mit Kindern, strömten nach Gympie. Möchtegern-Schatzsucher, leider aber auch asoziale Vandalen, hinterließen eine Spur der Verwüstung. Sie alle glaubten, dass das Bauwerk eine geheime Kammer mit verborgenen Schätzen enthalte, und begannen, den Hügel mit den Pyramidenresten abzutragen. Den Vogel schoss ein Kandidat für die geschlossene Anstalt ab, der sogar mit einem Bulldozer anrückte und die östliche Seite der Pyramide völlig dem Erdboden gleichmachte. Überflüssig zu erwähnen, dass keiner der verhinderten Schatzsucher etwas fand.

Im Juni 1996 war ich, auf Einladung von David Summers, seinerzeit Herausgeber des australischen »Exposure Magazine«, auf einer Vortragstour an der Ostküste. Neben einigen Fernseh- und Radioterminen erlaubte es meine Zeit auch noch, der Frage nach zugehen, ob man den Gerüchten um die Pyramiden auf dem Fünften Kontinent glauben darf. Über staubige Straßen rumpelten wir in den Outback bei Gympie, bis David an einem kleinen Haus hielt, vor dem ein paar Autowracks vor sich hinrosteten. Von dort aus gingen wir zu Fuß weiter.

In einem kleinen Tal lag, inmitten der für Australien typischen Schafweiden, eine kleine Farm. »Hartwig, be careful, for that crazy guy is sometimes shooting at uninvited visitors«, raunte David mir zu. Und unser Begleiter Mark, seines Zeichens Leiter einer örtlichen UFO-Forschungsgruppe, nickte nur stumm. Offenbar hatte der Besitzer der Farm, auf dessen Grund und Boden die Gympie-Pyramide zum Teil steht, des öfteren mit seiner Schrotflinte auf ungebetene Besucher geschossen.

Nach den gerade beschriebenen Exzessen, welche die Wiederentdeckung der Pyramide 1975 nach sich gezogen hatte, kann ich nur eines dazu sagen: Der Mann hat recht! Auch wenn ich selbst in der latenten Gefahr schwebte, dass mein Lokaltermin ein wenig bleihaltig geendet hätte.

Zur allgemeinen Entschärfung der Lage entschlossen wir uns, die heute leider nurmehr sehr schwer erkennbaren Pyramidenreste von der Seite aus anzugehen, die nicht im Sichtbereich des Farmers mit dem nervösen Abzugsfinger liegt. Bereits beim Aufstieg durch den dichten Bewuchs war ich entsetzt, welch klägliche Überreste von dem Bauwerk geblieben waren, das gerade einmal 20 Jahre zuvor scharf abgegrenzte Stufen und Terrassen erkennen ließ. Was nicht gerade ein schmeichelhaftes Licht wirft auf unsere ach so glorreiche Zivilisation.

Noch mehr Pyramiden in »Down Under«?

Noch relativ gut erhalten sind auf der obersten Terrasse – um das bei einer Stufenpyramide etwas abwegige Wort »Spitze« zu vermeiden – zwei Peilsteine, welche so positioniert sind, dass unser Zentralgestirn genau zu den Zeitpunkten der Sonnenwenden seine Strahlen hindurchschickt.

Als wir nach eingehender Besichtigung – und ohne dem Farmer Gelegenheit gegeben zu haben, uns eine Ladung Schrot hinterherzujagen – in den mehrere Kilometer entfernten Ort Gympie fuhren, wartete der nächste Schock. Mit ungläubigen Blicken mussten wir sehen, wie unsere Neuzeit mit geheimnisvollen Relikten längst vergangener Epochen umgeht. In der Umfassungsmauer der methodistischen Kirche fanden wir die meisten der verschwundenen Steinblöcke der Pyramide wie-

Noch mehr Pyramiden in »Down Under«?

der. Warum dieses? In den Jahren 1936 und 1937 wurden zahllose Lastwagenladungen mit diesen Sandsteinblöcken fortgekarrt und für den Bau der erwähnten Umfassung zweckentfremdet. Und was die frommen Beter übriggelassen haben, fiel in den 1970er-Jahren endgültig den beschriebenen Vandalen zum Opfer.

Es steht zu hoffen, dass es anderen Bauwerken in Australien nicht so übel ergangen ist. An die 500 Kilometer nördlich von Gympie steht, in der Umgebung der Stadt Rockhampton, eine aus Doloritgestein erbaute Pyramide, die gleichfalls beinahe vollständig von der Vegetation verschlungen wurde. Einzig an ihrer westlichen Seite ragen noch ein paar sechseckige Basalt-Säulen heraus. Vor der gesamten Westfront war früher eine 35 Meter im Durchmesser große Terrasse angelegt worden. Von dieser Terrasse aus zieht sich eine exakt von Osten nach Westen verlaufende Kette von 54 steinernen Hügeln in einer Länge von mehr als einem Kilometer hin. Der schon erwähnte Archäologe aus New South Wales, Rex Gilroy, vermutet in dieser Anlage eine vorgeschichtliche Sternwarte.[58]

Wer waren die unbekannten Schöpfer der Monumente aus längst vergangenen Zeiten? Die Aborigines verneinen vehement die Möglichkeit, dass ihre Urahnen die Bauherren der Pyramiden waren. Statt dessen verweisen sie einmal mehr auf eine Rasse »von anderswoher gekommener, hellhäutiger Kulturbringer«. Die Europäer waren es nicht, soviel steht gleichfalls fest. Aber als die ersten von ihnen in diese Region kamen, stießen sie auf Ureinwohner, die sich recht deutlich von den übrigen Aborigines unterschieden. Sie hatten eine auffallend helle Haut, rote Haare und blaue Augen und ähnelten auch in der Gesichtsform keinesfalls den »normalen« Eingeborenen mit ihren breiten Nasen und der wulstigen Stirn. Ganz zu schweigen von der fast schwärzlichen Hautfarbe der Aborigines.[55]

Im südlichen Teil des Bundesstaates Queensland wurden einige aus Erde aufgeschüttete Pyramiden gefunden. Drei von ihnen stehen in der Nähe der Stadt Toowoomba (circa 135 Kilometer westlich von Brisbane) und sollen beinahe 300 Meter hoch sein. Das wären ja schon wieder Dimensionen, wie sie von der etwa gleich hohen Pyramide aus den Qin-Ling-Shan-Bergen in der chinesischen Provinz Shaanxi berichtet wurden (siehe Kapitel 7). Und auch im Süden von New South Wales und im angrenzenden Norden Victorias sollen ähnliche Bauten existieren.
Auch in West-Australien, so sagte man mir, sollen sich drei sehr hohe Pyramiden befinden. Allerdings stünden sie auf militärischem Sperrgebiet. Doch zum jetzigen Zeitpunkt lassen sich diese Informationen weder bestätigen noch dementieren.

Was trieben die alten Ägypter in Australien?

Wie weit zurück die ersten Besuche dieser Kulturbringer aus der »Traumzeit« datiert werden müssen, die womöglich nicht von diesem Planeten stammten, darüber lässt sich derzeit im besten Fall spekulieren. Aber ganz andere Funde, die man immer weniger ignorieren kann, weisen darauf hin, dass der Kontinent auf der Südhalbkugel vor Tausenden Jahren auch Besuch aus irdischen Gefilden bekommen hat. Und zwar aus Ägypten, dem alten Land der Pharaonen am Nil.
Seit den Fünfzigerjahren des 19. Jahrhunderts gruben Farmer und Siedler rund um Gympie immer wieder Artefakte aus, die unbestreitbar aus dem Nahen Osten stammen müssen. Nämlich aus Palästina, Phönizien und vor allem aus Ägypten. Beim Pflügen seiner Felder stieß der Farmer Dal Berry 1966 auf eine

recht grob behauene Statue, die offenbar so etwas wie ein Idol darstellte. Nachdem das Artefakt gereinigt war, sah Berry, dass es sich um die Darstellung eines Affen handelte.[55]

Ich habe mir das Objekt im Heimatmuseum der Stadt Gympie angesehen und stimme mit Rex Gilroy überein, der darin deutlich das Antlitz des altägyptischen Gottes Thot sieht. Der wurde in den älteren Dynastien meist als Affe dargestellt und galt als Gott der Gelehrsamkeit und Schreiber der Götter.

In der Region um Cairns, im Norden von Queensland, gedeihen wilde Lotos- und Papyruspflanzen, die erst im 19. Jahrhundert von weißen Siedlern entdeckt wurden. Lotos und Papyrus gehören aber – und jeder Botaniker kann dies bestätigen – nicht gerade zur natürlichen Flora Australiens. Umgekehrt fand man in alten ägyptischen Mumien Harze und Öle des Eukalyptusbaumes, der damals in Ägypten unbekannt war.[59]

Die stärksten Hinweise auf die einstige Präsenz der Ägypter in Australien finden wir jedoch bei den Aborigines. Noch heute bedienen sie sich sonderbarer Mumifizierungsriten, wie sie zur Zeit der 21. Dynastie, circa um 900 v. Chr., in Ägypten gebräuchlich waren. Auf Darnley Island, in der Meerenge zwischen Australien und Neuguinea gelegen, mumifizieren die dortigen Eingeborenen ihre Toten durch Entnahme der Organe. Dann wird das Gehirn durch die Nase herausgezogen. Nachdem der Körper mit »magischen Augen« versehen wurde, balsamieren sie ihn ein und bemalen ihn mit rotem Ocker. Hierauf rudern sie den Verstorbenen mit einem Boot, welches der Barke des Sonnengottes Ra nachempfunden ist – nicht mal das »Auge des Ra« auf dem Bug fehlt –, über das Meer zu ihrer Toteninsel und beerdigen ihn in einer Gruft, die aus dem Felsen gehauen ist.

Auch auf seltsame sprachliche Besonderheiten stoßen wir bei den Aborigines. Nördlich von Sydney mündet der Hawkesbury River in die Broken Bay. In der Sprache der dortigen Ureinwohner lautet sein Name »Be-row-ra« – was übersetzt soviel wie »Fluss der Sonne« bedeutet. Ein altägyptischer Name, welcher wörtlich »Fluss des Sonnengottes« heißt. Der Name bezog sich ursprünglich auf den Lebensspender Ägyptens, den Nil.[59]

Hieroglyphen

Bereits während einer früheren Reise durch Australien hörte ich von einem weiteren Fund, der – ausgenommen ein paar Insidern auf dem Kontinent – weitestgehend unbekannt geblieben ist. Erst Mitte der 90er-Jahre war der Forscher, Schriftsteller und Filmemacher Paul White in einer Felsenschlucht mitten im Outback des nordöstlichen New South Wales auf Hunderte von – wie es den Anschein hat – altägyptischen Hieroglyphen gestoßen.[60]

Schon damals war mir klar, dass ich wieder nach Australien musste, und fortan stand die Stätte ganz oben auf meiner Liste der noch anzusteuernden Gegenden.

Ende August 2007 war es dann endlich soweit, und nach einer ausgiebigen Suche in der Region der Stadt Gosford fand ich den Ort meiner Begierde (die genaue Wegbeschreibung findet sich im Anhang zu diesem Buch). Von diesem und mehr interessanten Funden habe ich detailliert in meinem Buch »Nicht von dieser Welt« berichtet.[14] Ich muss mich hier nicht wiederholen.

Ich war direkt vor Ort, was ich mit zahlreichen Fotos dokumentiert habe. Und was ist geschehen? Ein paar begnadete Klugscheißer, die sich ein Stündchen vor ihren Computer hocken und dann glauben, die Wahrheit mit Löffeln gefressen zu haben, holten zum finalen Verriss meines Buches aus.

Ich sei einem »Hoax«, einer plumpen Fälschung, auf den Leim gegangen, hieß es in diesen Rezensionen auf der Website eines großen Internetbuchhändlers. Einer dieser geistigen Brandstifter, die wohl am allerliebsten die Zeit der Bücherverbrennungen zurückhaben möchten, riet mir gar dazu – die CO_2-Lüge lässt grüßen! –, künftig auf meine ausgedehnten Forschungsreisen zu verzichten. Schließlich wäre das besser fürs Klima. Mein Aha-Erlebnis folgte rasch und war tiefgründig: Internet tut Weisheit kund – warum also überhaupt noch die Füße vor die Tür setzen?

Dabei hatte ich explizit festgestellt, und jeder des Lesens kundige Zeitgenosse kann es unschwer überprüfen: »Wären es nur die Hieroglyphen auf den Felswänden im Buschland des Brisbane Water National Park, die auf eine vorgeschichtliche Verbindung mit dem Land am Nil hindeuten, ich hätte mit großer Sicherheit Gefallen an der Argumentation der Skeptiker gefunden. Doch wir kennen inzwischen derart zahlreiche Funde in Australien (…), die sogar regelmäßige Kontakte der alten Ägypter mit dem Fünften Kontinent sehr realistisch erscheinen lassen.«[14]

»Immer lächeln«, lautet folglich die Devise. Und eine ungemein passende Replik fand ich bei dem polnischen Kult-Schriftsteller Stanislaw Lem (1921–2006), der da sagte: »Es finden sich immer wieder Eskimos, die den Bewohnern des Kongo sagen, was diese zu tun haben.«

10 Wenn Steine reden könnten

Die Riesen der Osterinsel hüten ihr Geheimnis

»Wer für die Zukunft sorgen will, muss die Vergangenheit mit Ehrfurcht und die Gegenwart mit Misstrauen aufnehmen.«

JOSEPH JOUBERT (1754–1824),
FRANZÖSISCHER DICHTER UND MORALIST

Seit bald 300 Jahren beschäftigt eine kleine, in den endlosen Weiten des Pazifischen Ozeans verlorene Vulkaninsel, nicht einmal so groß wie Malta, die Fantasie von Archäologen und interessierten Laien gleichermaßen. Die Rede ist von der Osterinsel. Sie erhielt deswegen ihren Namen, weil der holländische Admiral Jacob Roggeveen, der im vorangegangenen Sommer im Auftrag der Holländisch-Ostindischen Handelsgesellschaft mit drei Schiffen in See gestochen war, sie am Ostersonntag, dem 5. April 1722, entdeckt hat.
Als Nächster erreichte erst wieder 1770 der Spanier Don Felipe Gonzales y Haedo die kleine Insel, die in der Sprache ihrer Ureinwohner *Rapanui* genannt wird. Zuvor vermochte sie der französische Weltumsegler Louis-Antoine de Bougainville trotz genauer Angaben Roggeveens nicht zu finden. Im Jahre 1774 verschlug es dann den Briten James Cook (1728 bis 1779) auf die Insel. Er beschrieb sie weit weniger paradiesisch als Mijnheer Roggeveen. Letztendlich sollte man auch den Franzosen Jean-François de la Pérouse nicht unerwähnt lassen, der auf seiner Weltreise im Auftrag Ludwig XVI. 1785

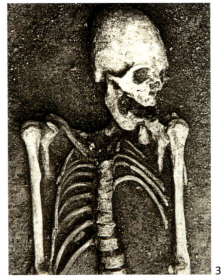

1 Der mysteriöse »Hühnermensch« von Waldenburg: Nur eine bizarre Missbildung – oder ein Hybridwesen zwischen Mensch und einer fremden Intelligenz?

2 Der Autor bei Dreharbeiten im Heimatmuseum von Waldenburg/Sachsen.

3 Weibliches Skelett mit eindeutig verlängertem Schädel aus dem 5. Jahrhundert n. Chr. Gefunden in einem altbajuwarischen Gräberfeld mitten in der niederbayerischen Stadt Straubing.

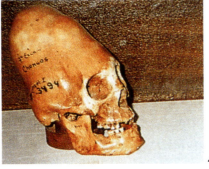

4 Ein weiterer deformierter Schädel, und zwar aus Ica/Peru. Wer waren die Vorbilder für diese Monstrositäten?

5, 6 Erstaunliche Funde aus der namenlosen Stadt am Molpir (Slowakei): Sicherheitsnadeln, teilweise zusammengenietet, und Speerspitzen wie aus industrieller Fabrikation.

7 Die Natur hat sich das Ausgrabungsgebiet am Molpir schnell wieder zurückerobert und legt einen Mantel des Vergessens über die namenlosen Ruinen aus einer geheimnisvollen Vergangenheit.

8, 9 Im Tal des bretonischen Flusses Vilaine befindet sich ein Stein gewordenes Abbild unseres Sonnensystems. Auf einer Distanz von über 50 Kilometern steht für jeden Planeten ein mächtiger Monolith, wie etwa der »Marsstein« bei Messac (links). Und nur 150 Meter entfernt stehen zwei viel kleinere Steine für die beiden Marsmonde Phobos und Deimos (oben). Woher hatten die damaligen Menschen ein so detailliertes Wissen über unser Sonnensystem? In unserer Zeit wurden die Marsmonde erst 1877 entdeckt!

10 Die Talayots auf Menorca waren gewaltige Türme von konischer Form. Es fanden sich weit über 300 davon auf der kleinen Insel. Dass es sich dabei nur um Wachttürme gehandelt hat, klingt wenig plausibel.

11 Die Taula von Torralba d'en Salord ist die am prächtigsten erhaltene auf ganz Menorca. Dienten die T-förmigen Konstruktionen astronomischen Zwecken?

12 Spuren antiken Vandalismus: In Torre d'en Gaumes stürzten die Römer den Deckstein der Taula herab und missbrauchten ihn als Sarkophag.

13 Ebenfalls in Torre d'en Gaumes gefunden: Eine kleine Bronzestatue des legendenumwobenen ägyptischen Architekten und Gottes der Heilkunst, Im-Hotep.

14 Nur einen halben Kilometer von Torre d'en Gaumes befindet sich die noch viel ältere Anlage Ses Roques Llises. War diese zyklopische Anlage ein steinzeitliches Observatorium, ein zweites Stonehenge?

15 Rätselhafte »Cart Ruts« auf der Insel Malta: Diese hier mit Vertiefungen in der Mitte fand ich bei M'tahleb an der Südküste ...

16 ... während bei Birzebugga eine Doppelspur direkt ins Meer führt.

17 Bei der perfekten Bearbeitung des Hypogäums von Hal Saflieni (auch Malta) fällt es schwer, an steinzeitliche Erbauer mit primitiven Werkzeugen und ohne technisches Know-how zu glauben.

18

18 Ich bin froh, dass ich im noch gesperrten Hypogäum des Jahres 1999 das geheimnisvolle Flair dieses uralten Kraftortes auf mich wirken lassen konnte.

19 Ein echter Geheimtipp sind die Misqa Tanks oberhalb des Tempels von Mnaidra (Malta). Wer baute dieses ausgeklügelte Wasserabscheide- und Filtersystem in grauer Vorzeit?

19

20

21

20, 22 In China gibt es über dreimal so viele Pyramiden wie in Ägypten. Sie stehen in der Ebene westlich der alten Kaiserstadt Xian.

21 Eine Pyramidenstätte wurde zum »Nationalen Gedenkmonument Han Yangling« ausgebaut. Auf großen Tafeln im Eingangsbereich werden die Bauwerke endlich als das präsentiert, was sie auch wirklich sind: nämlich Pyramiden.

22

23 Die einzige Steinpyramide Chinas liegt bei Qu' fu in der Provinz Shandong.

24 Gleich daneben liegt der »Geburtsort des Gelben Kaisers« mit zwei steinernen Schildkröten, die ihrerseits riesige Stelen tragen.

25 Die hervorragend erhaltene Mumie der Adeligen Xin Zhui, gestorben 168 v. Chr.

26 Man fand zahlreiche Beigaben in ihrem Grab, wie diese Landkarte, deren Vorlage nach Ansicht eines chinesischen Archäologen eine uralte Satellitenaufnahme sein soll!

24

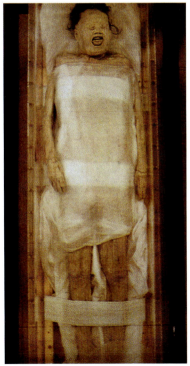

25

27 Ein Affront für unser traditionelles Weltbild: ägyptische Hieroglyphen auf Felswänden mitten im australischen Outback.

28 Aus den Steinen einer uralten Pyramide errichtet: die Mauer um die Methodisten-Kirche in Gympie im australischen Queensland.

29 Petroglyphen auf den Felsen bei Orongo auf der Osterinsel. Einige zeigen vogelähnliche Wesen, andere wiederum seltsame Mischkreaturen.

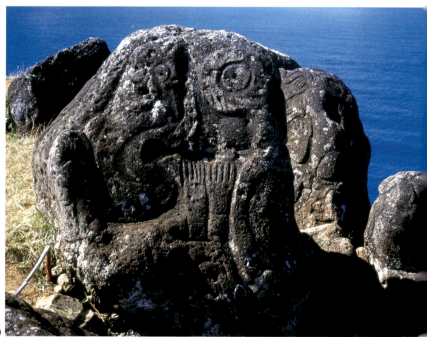

30 Eine weitere Felszeichnung bei Orongo wirkt roboterhaft und scheint eine Art Gesichtsmaske zu tragen.

31 Der Autor vor einem Moai, einer jener typischen Riesenstatuen der Osterinsel, am Hang des Kraters Rano Raraku.

32 Don Pedro de Araneda berichtet von der Entführung des Soldaten Armando Valdes am frühen Morgen des 25. April 1977. Dem Lehrer aus Putre (Chile) verdankt die Welt das Wissen um diesen außergewöhnlichen UFO-Entführungsfall.

33 Der Originalschauplatz der Valdes-Entführung bei Putre im Norden von Chile liegt auf militärischem Areal.

34 Das berühmte »Sonnentor« von Tiahuanaco im Hochland von Bolivien mit seinem Figurenfries wurde aus einem einzigen Andesitblock herausgearbeitet.

35 Die majestätische Anlage wirft mehr Fragen auf, als wir je beantworten können.

36 An diesem Block aus härtestem Tiefengestein lässt sich ein fantastisches Phänomen experimentell nachweisen. Was befand sich einst in den fünf Vertiefungen?

37 Seltsame Statuen in San Agustin im Hochland Kolumbiens. Hier der sogenannte »Bischof«: Genüsslich führt er ein kleines Kind zum Mund. Trieben hier einst Kannibalen ihr Unwesen?

38 »El doble Yo« – »Das doppelte Ich«. Auch über diese Figur gibt es viele Spekulationen und nur ganz wenig gesichertes Wissen. Was geschah in grauer Vorzeit am »Gipfel der grausamen Götter«?

39 Noch einmal San Agustin: Dieser Raubvogel hat eine Schlange gepackt und hält sie im Schnabel fest.

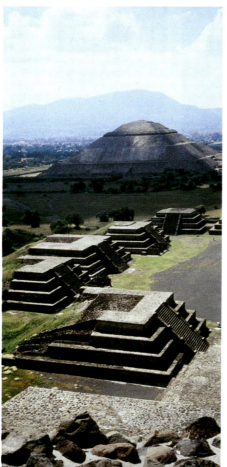

40 Blick über die Anlage von Teotihuacan. Im Hintergrund die Sonnenpyramide, deren Grundfläche weit größer ist als die der Cheops-Pyramide in Ägypten.

41 Der Autor ganz oben auf der Sonnenpyramide. Teotihuacan ist ein imposantes Abbild unseres Sonnensystems. Für jeden Planeten steht – im korrekten Abstand – ein markantes Bauwerk entlang der Prunkstraße »Camino de los Muertos«.

42 Die mysteriösen Glimmerkammern in Teotihuacan. Wer zog diese Schichten eines Materials ein, das auch in unserer heutigen Hochtechnologie eminent wichtig ist?

43 Tula, die alte Hauptstadt der Tolteken. Im Bild die Riesenstatuen, »Atlanter« genannt, mit ihren technischen Accessoires.

44 Arecibo auf Puerto Rico mit seinem berühmten Radioteleskop, wo bereits mehrere SETI-Projekte zum Aufspüren außerirdischer Zivilisationen durchgeführt wurden.

45 Die puertoricanische UFO-Forscherin Lucy Guzman de Plá half mir bei meinen Recherchen auf der Karibikinsel. Ohne sie hätte sich so manche Tür nicht für mich geöffnet ...

46, 47 Die geheimnisumwobenen Stufenpyramiden der Guanchen bei der Stadt Güimar auf Teneriffa. Diese wurden 1998 in den »Parque Etnografico Piramides de Güimar« eingegliedert, der sich der Erhaltung dieser vergessenen Monumente eines untergegangenen Volkes verschrieben hat.

auf Rapanui gelandet ist. Er hätte besser auf der Osterinsel bleiben sollen, begegnete er doch im weiteren Verlauf der Seereise seinem bis auf den heutigen Tag ungeklärten Schicksal.

Der 1788 verschollene la Pérouse hinterließ seiner Nachwelt die wohl genaueste zeitgenössische Beschreibung von dem Eiland und seinen Bewohnern, deren Anzahl er auf 2000 Seelen schätzte. Er beschrieb die »Hütten« der Insulaner als umgedrehten Booten ähnlich, die an die 200 Personen aufnehmen können. Fundamente hiervon sind noch heute an verschiedenen Stellen auf der Insel zu finden. Sie ähneln ein wenig den »Navetas« auf den Balearen vor der Küste Spaniens, besonders auf Menorca, sind allerdings um ein Vielfaches geräumiger als diese.

Unglaubliche Abgeschiedenheit

Lange schon stand die Osterinsel ganz oben auf meiner Liste der noch zu besuchenden Rätselorte dieser Welt. Und obwohl die Zeiten längst vorbei sind, dass die politisch zu Chile gehörende Insel ganze zwei Mal im Jahr von einem Kriegsschiff angelaufen wurde, ist der Weg dorthin noch immer sehr weit. Mehrere Male in der Woche wird »Isla de Pascua« von einer Boeing 767 der Nationalen Fluggesellschaft LAN Chile angeflogen. Nach einem kurzen Zwischenstopp nimmt die Maschine dann Kurs auf Papeete auf der Südsee-Trauminsel Tahiti. Den Landeanflug auf die Osterinsel sollte man vom Fensterplatz aus genießen. Denn um die nahe dem Krater Rano Kao im äußersten Westen gelegene Landebahn anzusteuern, dreht die Maschine erst eine atemberaubende Runde, um dann mit Südkurs auf der Runway aufzusetzen.

Was allen Reisenden, die zum ersten Mal die Osterinsel aufsuchen, am ehesten ins Auge fällt, sind nicht die Blumenkränze, die von hübschen Mädchen am Flugplatz in bestem Südsee-Feeling verteilt werden. Es ist vielmehr die unglaubliche Abgeschiedenheit des Eilandes. Ein paar hundert Kilometer östlich ragt die Felseninsel Sala y Gomez aus dem Meer. Und zum seit den Atombombenversuchen der Franzosen berüchtigten Mururoa-Atoll sind es 3600 Kilometer, gerade 200 weniger als zur Küste von Chile. Ansonsten existiert nur noch das blaue Wasser des Südpazifiks sowie der schier endlose Horizont.
Meist wird die Osterinsel als winzig bezeichnet, was jedoch relativ zu verstehen ist. Sie misst 22 Kilometer in der Länge, gemessen als Grundlinie des annähernd rechtwinkligen Dreiecks, dessen Form sie in etwa besitzt. Die größte Breite, die »Dreieckshöhe«, um bei dem Vergleich zu bleiben, beträgt an die elf Kilometer. An den beiden Endpunkten der Grundlinie finden sich abgerundete Halbinseln: Im Südwesten das Massiv des gewaltigen Kraters Rano Kao, im Nordosten Poike. Das Hauptmassiv der Insel steigt nach Norden mit dem Berg Terevaka 507,64 Meter über den Meeresspiegel an. Und die Gesamtfläche beträgt in etwa 160 Quadratkilometer – das entspricht ziemlich genau dem Staatsgebiet des Fürstentums Liechtenstein.
Es fehlt der Osterinsel einiges, was das Flair einer echten Südsee-Trauminsel ausmachen würde, wie ausgedehnte Sandstrände oder ein schützendes Ringriff aus Korallen und Lagunen. Gerade an einer einzigen Stelle, in der im Nordosten gelegenen Bucht von Anakena, gibt es einen flachen Sandstrand, an den ein Palmenhain grenzt, aber keine Lagune.
Dafür kann die Insel mit Funden aufwarten, die auf der ganzen Welt ihresgleichen suchen. Über das gesamte Areal verteilt stehen und liegen Hunderte von gewaltigen Statuen. Sie wurden einst aus dem vulkanischen Gestein herausgearbeitet,

sind zwischen zehn und 20 Meter hoch und bis zu 100 Tonnen schwer. Sie erinnern irgendwie an Roboter, die scheinbar nur darauf warten, wieder in Betrieb gesetzt zu werden.

»Sie gingen zu Fuß«

Die ungelösten Rätsel, die sich um die als »Moais« bezeichneten Kolosse ranken, sind Legion. Bereits die Frage, wie und womit sie bewegt und transportiert wurden, lässt sich aus Mangel an geeignetem Holz für Rollen nicht beantworten. Einheimische, die man darauf anspricht, antworten zuweilen kryptisch: »Sie gingen zu Fuß.«

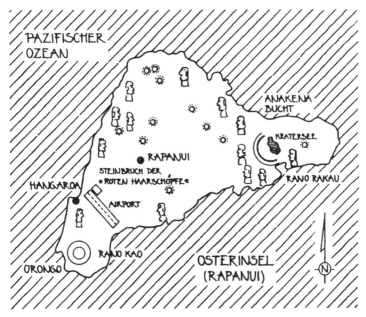

Abb. 5 Ein abgeschiedener Flecken in den Weiten des Pazifischen Ozeans. Noch immer geben die Riesenstatuen der Osterinsel Anlass zu kühnen Spekulationen.

Die Einsamkeit der Insel verleiht den Statuen ein unwirkliches und gleichzeitig grandioses Aussehen. So ist Rapanui heute ein einziges, aus grauer Vorzeit stammendes Freilichtmuseum mit unzähligen Überresten einer Kultur, von der wir so gut wie überhaupt nichts wissen. Aber selbst für die heutigen Bewohner, als Erben der untergegangenen Kultur, ist es ein Buch mit sieben Siegeln.

Als die ersten Europäer die Osterinsel betraten, da befand sich kein einziger Moai mehr aufrechtstehend auf den Ahus, den eigens für sie aufgeschichteten Plattformen. Was wir heutzutage wieder eindrucksvoll an Ort und Stelle finden, verdankt man dem Einsatz eines eigens vom Festland herbeigeschafften Autokrans. Der hatte bisher Lasten von bis zu 80 Tonnen Gewicht zu bewältigen. Außerdem restaurieren ein paar Archäologen Moai um Moai und Ahu um Ahu. Antrieb für diese Wiederaufbauaktionen an den rätselhaften Relikten sind (wie sollte es anders sein) die devisenbringenden Touristen. Die kommen aber nur in kleineren Stückzahlen, denn auch die Anzahl adäquater Hotels auf der Insel ist sehr beschränkt. Trotz allem gilt die Devise: Hauptsache, es wird überhaupt etwas zum Erhalt der Statuen getan!

Nur ein »Strich« im harten Fels

All diese Moai-Statuen stammen ausnahmslos aus einem einzigen Steinbruch, dem Vulkankrater Rano Raraku. Schon von Weitem bietet er das Bild einer gigantischen Steinmetz-Werkstätte, in welcher die Arbeit nur für ganz kurze Zeit unterbrochen wurde. Horizontal und vertikal, kreuz und quer liegen fertige, halbfertige sowie eben erst begonnene Statuen herum. Größtenteils stecken sie in den Hängen des Kraters, die aus den von der Bearbeitung abgefallenen Gesteinssplittern bestehen. Kein Mensch weiß jedoch, was in den vulkanischen Schuttkegeln am Fuße des Rano Raraku noch alles verborgen liegt. Bis heute wurde nicht einmal ein Suchschnitt durchgeführt, und von einer eigentlichen, das heißt grabenden archäologischen Forschung kann gleichfalls keine Rede sein. Weiter oben, in den Felsen, erkennt man noch etliche weitere Statuen. Einige sind fast vollendet, aber andere gerade noch sichtbar in das Vulkangestein skizziert. So auch die mit 23 Metern längste Statue, die im Kopfbereich zwar ganz deutlich herausgearbeitet ist, deren Rest vom Körper sich jedoch im Fels verliert.[61]

Nur ein paar Meter von dieser größten, unvollendeten Statue stößt man auf die Spuren eines gleichermaßen spektakulären wie misslungenen Versuches. Bei näherer Betrachtung vermag man auf einer Länge von etwa sechs Metern einen schwachen Umriss im Gestein zu erkennen. Der »Strich« im harten Fels ist wenige Zentimeter breit und nur ein paar Millimeter tief. Hier ließ der norwegische Forscher Thor Heyerdahl (1914–2001) während seiner Expedition von 1955/56 einige Dutzend Osterinsulaner mit Faustkeilen auf den Felsen einhämmern.

Die Männer arbeiteten eine Woche lang wie die Besessenen – dann warfen sie die Faustkeile weg und gingen wieder angenehmeren Tätigkeiten nach. Selbst aus der Nähe sieht der Fels gerade einmal etwas angekratzt aus. Trotzdem glaubte Heyerdahl, aus dem mageren Ergebnis ausrechnen zu können, dass die Fabrikation einer mittelgroßen Statue ungefähr ein Jahr in Anspruch genommen haben dürfte.[62]

Für mich ist dieses Experiment eher ein Hinweis darauf, wie es damals *nicht* gemacht wurde. Nichts gegen experimentelle Archäologie, aber man sollte nicht unbedingt die falschen Schlüsse daraus ziehen.

Ist es überhaupt denkbar, dass die Statuen nur mit schlichten Faustkeilen aus dem harten Vulkangestein gehämmert wurden? Steht man nach einem steilen, etwa zwanzigminütigen Aufstieg am Rano Raraku vor den halb herausgearbeiteten, zur Hälfte mit dem Fels verwachsenen Statuen, erscheint diese Annahme eher unwahrscheinlich. Die Oberflächen der Figuren beeindrucken durch ihren makellosen, beinahe perfekten Zustand. Nie schien einer der Arbeiter daneben geschlagen zu haben – wo wären dann übrigens die »Übungs-Moais« abgeblieben? Der Zwischenraum zum Fels beträgt im Durchschnitt 1,50–1,80 Meter. Das Gestein wurde dabei ausgehöhlt wie Butter.

Womit wurden dann die Statuen aus dem Gestein herausgelöst? Und von wem? Die karge Insel beherbergt heute nur 1500 Einwohner, die überdies auch noch auf die Versorgung vom Mutterland Chile angewiesen sind. Der Franzose de la Pérouse schätzte 1785 die Bevölkerung auf 2000 Seelen, aber recht viel mehr Bewohner können es eigentlich nie gewesen sein. Ein beträchtlicher Teil der Bevölkerung musste Nahrungsmittel für die »Arbeiterklasse« produzieren. Die zudem, selbst wenn Tag und Nacht und ohne jeden Feiertag geschuftet worden wäre, kaum genügt hätte, um die Kolossalstatuen aus den Hängen des Rano Raraku zu klopfen. Und eine zahlreichere Bevölkerung wäre auf der Osterinsel schlicht undenkbar, weil sie nämlich jämmerlich verhungert wäre.

Nicht vorhandene Holzrollen

Das Heyerdahl'sche Experiment mit den Faustkeilen erbrachte kein Resultat, das die Herstellung der Riesenstatuen zu erklären vermocht hätte. Und auch ein weiterer Versuch des

Nicht vorhandene Holzrollen

norwegischen Forschers warf mehr Fragen auf, als er Antworten auf die einfachsten Fragen hätte geben können.

Ein weiteres Mal trommelte Heyerdahl Insulaner zusammen, um eine mittelgroße Statue aus dem Steinbruch fortzuschaffen und auf einer dafür vorbereiteten Plattform aufzurichten. Tatsächlich gelang es ihm dieses Mal, in 18-tägiger Schwerstarbeit und mit einer Menge Holzrollen, sein gestecktes Ziel zu erreichen. Doch bei näherer Betrachtung offenbart sich hier ein weiteres, fast noch schwerwiegenderes Problem.

Die Holzrollen hatte Heyerdahl selbst vom Festland mit auf die Insel gebracht. Und bislang lieferten keine Funde irgendwelche Nachweise, dass man auf Rapanui jemals über ausreichende Holzreserven verfügt hätte. Die wenigen Bäume, die man heute zu Gesicht bekommt, wurden in den 1970er-Jahren auf die Insel gebracht. Es sind Eukalyptusbäume, die dort ganz prächtig gedeihen – doch stammen diese aus dem über 9000 Kilometer entfernten Australien!

Steigt man an den Hängen des Kraters Rano Raraku, der Bildhauerwerkstatt mit ihren zahllosen im Geröll des Abhangs feststeckenden Statuen, herum, fragt man sich, wie tief jene steinernen Riesen wohl im Boden stecken mögen. Einen Hinweis dürfte die Freilegung dreier Moais durch Thor Heyerdahl im Verlauf seiner 1955/56er-Expedition geben. Bei besagten drei Statuen, von denen wie bei vielen anderen nur die Köpfe zu sehen waren, steckten zehn bis zwölf Meter ihrer bis zu 20 Meter messenden Gesamtlänge im Erdreich – in jedem Falle also etwa die Hälfte. Bei einer dieser drei Figuren fielen deren sorgsam herausgearbeitete langfingrige und daumenlose Hände auf.[63] Noch immer ist ja ungelöst, *wen* die ungefähr 1000 auf Rapanui gefundenen Statuen eigentlich darstellen sollen.

»Kohau rongo-rongo«

Und so hüten die steinernen Riesen, deren ungewöhnliche Physiognomie so gar nicht ins Bild der den Polynesiern zugeordneten Inselbevölkerung passen will, hartnäckig ihre Geheimnisse.

Zu diesen zählen auch die mit eigenartigen Hieroglyphen versehenen Holztäfelchen, die man bei mehreren Statuen fand. »Kohau rongo-rongo« lautet ihr Name in der Sprache der Eingesessenen, was soviel bedeutet wie »sprechendes Holz«. Noch im Jahre 1864 bekam der französische Geistliche Eyraud Hunderte jener Täfelchen zu Gesicht. Doch heute lassen sich in den Museen der Welt keine zehn Originale mehr auftreiben. Eifrige Missionare haben auch hier ganze Vernichtungsarbeit geleistet. Deshalb sind die wenigen, im einzigen Museum der Insel ausgestellten Rongo-Rongo-Tafeln auch nur Duplikate, die vor wenigen Jahren eigens angefertigt wurden. Und der letzte schriftkundige Insulaner, der die Zeichen entziffern konnte, nahm sein Geheimnis 1914 mit in sein Grab, ohne das Wissen um die Zeichen einem Nachfolger anvertraut zu haben.

So bleiben uns im Moment viel zu viele Spekulationen und zu wenig gesicherte Erkenntnisse, die uns über die geheimnisumwobenen Tafeln zur Verfügung stehen. Wie die Behauptung, auf den *rongo-rongos* sei die Rede vom Himmel, von den Sternen und der Milchstraße. Oder auch von einem Archipel, der im weiten Ozean versank, als vor vielen tausend Jahren ein riesiger Feuerball auf die Erde fiel. Steckt darin eine Anspielung auf den mythischen Kontinent Lemuria, der von den Esoterikern auf dem Boden des Pazifischen Ozeans vermutet wird – sozusagen als »Gegenpol« zum nicht minder mythischen Atlantis?[64]

Einige Forscher sprechen auch von auffallenden Übereinstimmungen der osterinsulanischen Schriftzeichen mit jenen, welche unter den Überresten einer untergegangenen Hochkultur gefunden wurden, die ihre Blütezeit vor 5000 Jahren im Tal des Indus erlebte. Die Rede ist von der Kultur von Mohenjo-Daro und Harappa, beide auf dem Gebiet des heutigen Staates Pakistan gelegen. Tatsächlich sehen von 270 Schriftzeichen, die dort aufgefunden wurden, an die 130 den Zeichen auf den Täfelchen der Osterinsel zum Verwechseln ähnlich.
Nur ein Zufall? Man wäre versucht, eine solche Übereinstimmung ein weiteres Mal dem ohnehin viel zu häufig strapazierten »Zufall« in die Schuhe zu schieben, wenn es sich nur um sogenannte »elementare Zeichen« handeln würde. Also beispielsweise um Kreise, Dreiecke oder Quadrate. Aber hier sehen wir uns, in beiden Fällen, mit hoch spezialisierten Idiomen konfrontiert, die auf komplizierte Art und Weise ausgeführt sind und häufig wiederkehren. Auf den *kohau rongo-rongos* sieht man zum Beispiel menschliche Gestalten, die U-förmige Röhren in den verschiedensten Positionen in Händen halten. Mehrere dieser Geschöpfe haben eine Röhre, in deren Innerem etwas zu erkennen ist, das einem Taucher ähnlich zu sehen scheint. Auch in Mohenjo-Daro hat man identische Gestalten mit jenen U-förmigen Röhren gefunden. Und auf einer der Darstellungen ist ebenfalls eine Gestalt zu erkennen, die eine dieser ominösen Röhren mit einem »Taucher« darin schwingt.[64]

Fremde Götter am Nabel der Welt

Die Bewohner von Mohenjo-Daro sollen Götter angebetet haben, die auf weit entfernten Sternen im Weltall wohnten. Trifft das auch auf die Bewohner der Osterinsel zu?

10 Wenn Steine reden könnten

Es gibt eine uralte Rapanui-Überlieferung, nach der sieben Fremde, auch als Götter bezeichnet, von einem achten angeführt, auf die Insel gekommen seien. Von ihnen sei schließlich einer, der für die Insel zuständig gewesen sei, dort geblieben. Einer etwas abweichenden Version zufolge hätten besagte Sieben sogar die ganze Erde vom »Nabel der Welt« aus regiert. In der alten Rapanui-Sprache heißt die Insel »te pito o te henua«, was auf Deutsch eben *Nabel der Welt* bedeutet.[65] Andere Überlieferungen besagen, dass diese Götter aus einem Ei auf die Insel gekommen wären.[33] So befinden sie sich in bester Gesellschaft mit vielen gleichlautenden Mythen auf der ganzen Welt.

Ein weiterer, jedoch weniger geläufiger Name der Osterinsel ist »Insel der Vogelmenschen«. Im Süden liegt der längst erloschene Vulkankrater Rano Kao. Zwischen ihm und dem Ozean führt ein schmaler Weg zu einer Ansammlung etwas anderer Relikte aus der Vorzeit. *Orongo* heißt der einsame Ort, an dem viele Felsen mit Steinzeichnungen übersät sind. Einige zeigen vogelähnliche Wesen, andere wiederum seltsame Mischkreaturen.[14] Wieder andere wirken ähnlich roboterhaft wie die Riesenstatuen oder tragen seltsame Gesichtsmasken, die an Beatmungsgeräte erinnern. Stumm blicken sie uns an, als wollten sie uns bitten, endlich Licht ins Dunkel ihrer Vergangenheit zu bringen.

In der alten Sprache der Osterinsel existieren einige Wortschöpfungen, die auf außerirdische Einflüsse schließen lassen. Wohlgemerkt: Dies sind keine neuzeitlichen Lehnwörter, wie sie etwa aus dem Spanischen oder Englischen stammen könnten. Vielmehr sind es uralte Begriffe, wie sie von den Bewohnern von Rapanui seit alters her benutzt werden.

So ist den Insulanern der Begriff »atuahiva« sehr vertraut. Wörtlich übersetzt bedeutet er »Gott, der von woanders gekommen ist«. Derselbe Ausdruck wird sinnigerweise auch für unbekannte fliegende Objekte am Himmel benutzt. Die Gesänge der Insel, seit jeher Träger uralter Überlieferungen, stecken voller Schilderungen über die »papa ahiro«, »fremde Wesen vom Himmel«. Beobachtet von den aufmerksamen »papahirangi« unter den Inselbewohnern – heute würde man vielleicht »UFO-Zeugen« oder »Entführte« dazu sagen. Überhaupt sind den Osterinsulanern schon immer Mond und Sterne weitaus vertrauter als jedes andere, in weiter Ferne liegende Land.

Die Sichtung unbekannter Flugobjekte scheint bei den Bewohnern der Insel beinahe Tradition zu haben. Selbst Objekte, die an die heute nicht selten beobachteten »Unterwasser-UFOs« erinnern, werden seit jeher von den Fischern gesichtet. Diese auch unter der Bezeichnung »USOs« geläufigen Ziele stellen eine besondere Beobachtungskategorie dar und zeichnen sich durch eine Geschwindigkeit aus, wie sie von keinem konventionellen U-Boot oder Schiff erreicht werden kann. Für diese Erscheinungen wurde in alter Zeit der Begriff »ura-titia-moana« geprägt. In der Übersetzung bedeutet das »schnelle glühende Bewegung im Meer«. Bei den Rapanui-Leuten sind diese Bezeichnungen indes nicht in Vergessenheit geraten, denn die dazugehörigen Phänomene werden bis in unsere Tage gesichtet. So ärgerte ich mich gleich nach meiner Ankunft auf der Osterinsel über eine verpasste Gelegenheit, als mir berichtet wurde, dass gerade mal zwei Tage zuvor eine spektakuläre UFO-Sichtung die Bewohner in helle Aufregung versetzt hatte.[61]

Was könnten uns die steinernen Kolosse dieses Fleckens Erde in den Weiten des Pazifik alles erzählen, wenn sie nur sprechen könnten. Es wären die Antworten auf so viele brennende Fragen. Statt dessen blicken sie uns nur stumm an. Beinahe wirken sie ein wenig überheblich ...

11 Horrornacht im Dreiländereck

Am Originalschauplatz einer UFO-Entführung

> »Wenn es so etwas wie außerirdische Intelligenz da draußen gäbe, dann hätten die doch längst diplomatische Beziehungen mit uns aufgenommen.«
>
> CARL SAGAN (1934–1996), ASTROPHYSIKER

> »Wir nehmen doch auch keine diplomatischen Beziehungen mit Hühnern auf!«
>
> J. ALLEN HYNEK (1910–1986), ASTRONOM UND UFO-FORSCHER

Putre, ein eigentlich unbedeutender Ort im Norden Chiles am 27. Februar 1996. Zusammen mit Dr. Johannes Fiebag (1956–1999), dem damals prominentesten deutschen Erforscher des UFO-Entführungssyndroms, war ich am Originalschauplatz eines der spektakulärsten Vorfälle des ausgehenden 20. Jahrhunderts angekommen.

Die Rede ist von der Entführung Armando Valdes', Unteroffizier in der chilenischen Armee. Dieser wurde in den frühen Morgenstunden des 25. April 1977, vor den Augen seiner vor Entsetzen gelähmten Kameraden, in ein unidentifiziertes Flugobjekt (UFO) entführt. Der Fall wirbelte damals so viel Staub auf, dass die Medien in aller Welt darüber berichteten. Auch hierzulande erregte der Fall Valdes die Gemüter.

Was war damals geschehen? Gegen 4.15 Uhr an jenem schicksalhaften Aprilmorgen saßen sechs Soldaten der chilenischen Armee um ein Lagerfeuer vor ihrer Militärbaracke in den Anden außerhalb von Putre. Nur einen Steinwurf entfernt schoben zwei weitere Kameraden Wache. Auf einmal tauchten zwei gleißend helle Flugkörper am Himmel auf, die sich langsam auf das von Bergketten umgebene Gelände heruntersenkten und umhermanövrierten. Wie die Soldaten übereinstimmend aussagten, ging eines der beiden UFOs offensichtlich hinter den nahen Bergen nieder. Es befand sich zwar nun außerhalb des Sichtbereiches, doch war der helle Schein weithin über der mutmaßlichen Landestelle zu sehen. Das andere Objekt schwebte hingegen nur ein paar hundert Meter von den Soldaten entfernt dicht über dem Boden und kam bedrohlich nahe an die kleine Truppe heran. Es besaß eine violett leuchtende Färbung, und im Inneren des Objektes schienen sich zwei intensiv rote Punkte zu befinden.

Um fünf Tage gealtert

Angesichts dieser gefährlich wirkenden Situation befahl der Patrouillenführer, der damals 22 Jahre alte Unteroffizier Armando Valdes, die Männer augenblicklich in Gefechtsbereitschaft. Er dachte in dieser Situation an einen militärischen Überfall, zumal im Nachbarland Peru immer Guerillas ihr Unwesen trieben. Im nächsten Augenblick kam das unbekannte Objekt noch näher an die Gruppe heran, und so machte sich Valdes selbst auf, um die rätselhafte Erscheinung zu untersuchen. Was daraufhin geschah, ließ seinen Kameraden das Blut in den Adern gefrieren.
Aus dem wenige Meter über dem Boden schwebenden Objekt, unter dem Valdes nun stand, schoss urplötzlich ein blendend

heller Lichtstrahl. Im nächsten Augenblick war der Soldat einfach verschwunden, wie vom Erdboden verschluckt. Nur ein paar Meter entfernt standen immer noch seine Kameraden, die das unglaubliche Schauspiel mit ansehen mussten. Nun flog auch das Objekt davon und verschwand hinter den nahen Bergen.

Als sich der erste Schock gelegt hatte, begannen die Soldaten fieberhaft nach ihrem Vorgesetzten zu suchen. Aber es fand sich keine Spur von dem so unvermittelt Verschwundenen. Ratlosigkeit mischte sich in das Entsetzen der Männer.

Eine gute Viertelstunde später war Valdes jedoch wieder da. Als hätte er sich rematerialisiert, tauchte er genauso plötzlich wieder vor seinen Leuten auf. Er versuchte noch, etwas zu sagen, doch aus seinem Mund drangen nur wirre, unverständliche Laute. Dann fiel er in Ohnmacht.

Ungefähr zwei Stunden später an diesem Morgen, es war gegen 7 Uhr, erlangte der Unteroffizier sein Bewusstsein wieder. Nun verriet ein Blick auf seine Armbanduhr Erstaunliches. Die Uhr zeigte nämlich, wie alle Zeugen berichteten, nach wie vor 4.30 Uhr an. Der Datumsanzeiger war jedoch um volle fünf Tage vorgerückt. Und was noch unheimlicher war: Dem Soldaten war während seiner gerade viertelstündigen Abwesenheit ein Bart gewachsen, als hätte er sich fünf Tage lang nicht rasiert. Oder mit anderen Worten: Armando Valdes war im Laufe dieser 15–20 Minuten um fünf ganze Tage älter geworden![66]

Nur wenig später an diesem ereignisreichen Morgen – das ungewöhnliche Erlebnis des Offiziers ging in der 2000-Seelen-Gemeinde Putre wie ein Lauffeuer um – kam die Geschichte dem damaligen Schullehrer zu Ohren. Der fackelte nicht lange und begab sich mit einem kleinen Kassettenrekorder an den Schauplatz des albtraumhaften Vorfalls. Bevor die

Um fünf Tage gealtert

Abb. 6 Unheimliche Begegnung im Morgengrauen des 25. April 1977. Vor den Augen seiner zu Tode erschrockenen Kameraden wurde der chilenische Unteroffizier Armando Valdes in ein über ihm schwebendes Flugobjekt entführt.

11 Horrornacht im Dreiländereck

Zensur der Militärbehörden griff, gelang es ihm, ein Interview mit dem Entführungsopfer und den Augenzeugen zu führen und auf Band mitzuschneiden.

Don Pedro erzählt

Don Pedro de Araneda ist der Name jenes beherzten Dorfschullehrers, dem die UFO-Forschung einen detaillierten Bericht zum Fall der Valdes-Entführung verdankt. Ihn trafen wir am 26. Februar 1996 in Arica. Das ist die nördlichste, im Dreiländereck zu Bolivien und Peru gelegene Stadt Chiles, die wir tags zuvor per Flugzeug aus La Paz kommend erreicht hatten. Und nun saßen wir dem Manne gegenüber, dessen Neugier und mutige Entschlossenheit dafür gesorgt hatten, dass die Welt von einem der spektakulärsten Entführungsfälle erfuhr. Don Pedro unterlief damit die militärische Zensur, die am liebsten sämtliche Informationen unterdrückt hätte.

Es wurde ein langer und aufwühlender Abend, an dem ich weit mehr Einzelheiten erfuhr, als seinerzeit in den Medien berichtet worden war. Damals trat, kurz nachdem über die Entführung berichtet wurde, plötzlich eine Funkstille ein, welche bis zum heutigen Tag andauert.

Zu diesem Treffen brachte Don Pedro, dem man wirklich seine damals 60 Jahre nicht ansah, sogar die Original-Tonbandaufnahmen jenes unvergessenen 25. April 1977 mit. Eine Dolmetscherin übersetzte simultan, sodass wir uns ein lebhaftes Bild der damaligen Ereignisse machen konnten. An den aufgeregten und sich zeitweise sogar vor Panik überschlagenden Stimmen Armando Valdes' und seiner Kameraden konnten wir hautnah miterleben, wie traumatisierend das Geschehen auf alle wirkte. Wieder und wieder murmelten die Männer

Gebete. Sie flehten darum, dass alles doch nur ein böser Traum sein möge. Die panische Angst, welche sie in diesen Stunden erlebten, werden sie wohl bis an das Ende ihrer Tage nicht mehr vergessen können. Sie wollten das Erlebte nicht glauben, wünschten einfach nur, endlich aus diesem Albtraum zu erwachen.
Aber es war kein Traum. Es war die harte Realität, was dort geschah, im chilenischen Hochland am Ende der Welt.
Für mich bot sich in diesen Tagen im Norden Chiles, beinahe 19 Jahre nach den dramatischen Vorfällen, die gute Gelegenheit, neue, bislang nicht bekannte Details der Geschichte zu finden.

»... wir kommen wieder!«

So war es mir bei dem Lokaltermin möglich, eine der Angaben zu korrigieren, die seinerzeit in den Medien falsch verbreitet worden war. Bei diesen Soldaten handelte es sich nicht um eine »Patrouille auf Ausritt«, sondern um die Mannschaft des Außenpostens der Militärgarnison von Putre. Derselbe liegt ungefähr drei bis vier Kilometer vom Ort entfernt und existiert noch immer. In der Hauptsache sind dort die Pferde und Maultiere des Bataillons untergebracht. Das Areal gilt als militärischer Sicherheitsbereich, und der staubige Weg zum Camp ist nur zu Fuß, zu Pferd oder mit Geländefahrzeugen zu bewältigen.
Kehren wir an dieser Stelle noch einmal zu den dramatischen Vorgängen in den frühen Morgenstunden jenes 25. April 1977 zurück, wie sie sich unter Berücksichtigung meiner in Chile neu recherchierten Einzelheiten darstellen. Kurz vor der Beobachtung der beiden UFOs waren die im genannten Außenposten untergebrachten Tiere außergewöhnlich

ruhig – doch eher im Sinn einer ängstlichen Gespanntheit. Ein Hund duckte sich leise winselnd und mit gespitzten Ohren zu Boden.

Dann erschienen die beiden Objekte, von denen eines hinter der Bergkette niederging, die sich in Hauptrichtung der Andenkordillere hinter dem Lager erstreckt. Das zweite UFO schwebte in der Nähe und flog dann direkt auf die Soldaten zu. Offizier Armando Valdes ging auf das Objekt zu und schien wie angezogen von einem solide wirkenden Lichtstrahl, der von dem Flugkörper ausging. Als er sich unmittelbar unter dem Objekt befand, verschwand Valdes von einem Augenblick zum anderen.

Die Aufregung seiner Kameraden war noch etwas größer geworden, als Valdes nach 15–20 Minuten ebenso unvermittelt wieder auftauchte. Aber erst, nachdem er sich einigermaßen von seinen wiederholten Ohnmachtsanfällen erholt hatte, kam seine Erinnerung an Einzelheiten während dieser Zeit zurück. Offenbar war er an Bord des UFOs gewesen, konnte aber nichts über jene Fremden sagen, die ihn »gekidnappt« hatten. Dieser Teil seiner Erinnerungen schien wie ausgelöscht, dafür aber konnte er sich eine Mitteilung merken. Die fremden Entitäten hatten ihm nämlich gesagt, dass es nicht das erste Mal im Leben von Valdes sei, dass er sie sehe. Und sie fügten das beinahe wie eine Drohung klingende Versprechen hinzu: »... wir kommen wieder!«[67]

Am Schauplatz der Entführung

Am Tag nach dem Interview mit Don Pedro de Araneda, dem beherzten Schullehrer, fuhren wir an den Schauplatz der Vorfälle von 1977. Von Arica aus windet sich die einzige Überlandstraße über teilweise schwindelerregende Serpentinen

Am Schauplatz der Entführung

durch die Andenkordillere, in Richtung auf das Dreiländereck Chile-Peru-Bolivien. Unterwegs passiert man den *Quebrada Cardones* – einen jener seltsamen Plätze dieser Welt, wo offenbar die Schwerkraft kopfsteht. Runde Dinge, Fahrzeuge und auch Flüssigkeiten bewegen sich hier völlig atypisch. Nämlich bergauf.[68]

Nach ungefähr 150 Kilometern Fahrt erreichten wir das Städtchen Putre, ein verschlafenes Andenkaff ohne besondere Sehenswürdigkeiten. Nach dem Ortsende – linkerhand stehen die Gebäude der dort stationierten Militärgarnison, in deren Vorposten sich der Entführungsfall abgespielt hatte – führt ein staubiger Weg zunächst in einen Cañon. Unser Bus musste dort bereits anhalten, und wir fragten uns, wie es dem Fahrer wohl gelingen würde, das Fahrzeug zu wenden und wieder heil aus der Schlucht herauszubringen. Ich weiß bis heute nicht, wie er es schaffte. Aber als wir später von unserem Fußmarsch zurückgekehrt waren, wartete der in die richtige Richtung rangierte Bus bereits mit obligatorisch dieselqualmendem Motor auf uns.

Als wir die Sohle des Cañons durchquert hatten, mussten wir noch ungefähr zwei Kilometer durch ein von steilen Bergen eingerahmtes Flusstal laufen. Dann erweiterte sich die Landschaft zu einer gleichfalls von Bergketten eingesäumten Ebene, in der wir mehrere flache Militärbaracken ausmachen konnten. Der Fußmarsch hatte sich gelohnt, das Ziel war erreicht.

Ein Kollege des an diesem Tag verhinderten Lehrers Don Pedro de Araneda, der ebenfalls ortskundig und mit den damaligen Geschehnissen vertraut war, führte uns um die Gebäude herum zu dem genauen Schauplatz der Entführung. Wir schritten das Areal mehrmals ab und fotografierten dabei eifrig, waren wir doch aller Wahrscheinlichkeit nach die ersten Forscher unseres Landes, die an den unheimlichen

11 Horrornacht im Dreiländereck

Ort gelangten. Dann schreckten wir auf. Beinahe gleichzeitig blickten Johannes Fiebag und ich in Richtung der benachbarten Kasernengebäude hinüber und ahnten Schlimmes. Die Soldaten in ihren Tarnanzügen, schussbereite G3-Schnellfeuergewehre im Anschlag, kamen rasch näher. Jedenfalls viel schneller, als uns lieb gewesen wäre. Uns war von vornherein bewusst gewesen, dass wir unbefugt einen militärischen Sicherheitsbereich betreten hatten, was in südamerikanischen Ländern rasch zu ernsteren Verwicklungen führen kann. Aber der Forscherdrang ist zuweilen doch stärker als sicherheitsrelevante Vorbehalte. Immerhin hatten wir schon beim Anmarsch auf das Camp unentwegt fotografiert und versuchten auch jetzt noch, möglichst viele Fotos zu machen. Doch als uns der schwer bewaffnete Trupp eingekreist hatte, wurde uns mulmig, und wir machten uns auf größeren Ärger gefasst.

Dann kam uns die rettende Idee. Demonstrativ packten wir unsere Kameras wieder ein und wandten uns zum Gehen. Nun drehten auch die Soldaten wieder ab. Mazel tóv – Glück gehabt!

Abgeschirmt und abgeschoben

Wie ging es damals eigentlich mit dem Entführungsopfer Valdes weiter? Vor über 30 Jahren, 1977, waren ja die Informationen aus Chile plötzlich wie abgeschnitten. Aber die Geschichte hat tatsächlich eine Fortsetzung. Noch am selben Morgen, kurz nachdem der Lehrer Don Pedro de Araneda sein Tonband-Interview »im Kasten« hatte, standen hochrangige Militärs auf der Matte. Das Entführungsopfer und die Zeugen wurden völlig abgeschirmt. Von Putre aus wurde Valdes erst einmal nach Arica verlegt und dann in die Hauptstadt San-

Abgeschirmt und abgeschoben

tiago de Chile geflogen, wo man ihn in ein Militärhospital steckte.

Nach ungefähr einem Jahr kehrte Valdes noch einmal nach Putre zurück, und zwar in Begleitung zweier Männer in Zivil. Aller Wahrscheinlichkeit nach waren es Agenten des militärischen Geheimdienstes, und sie ließen ihn keine Sekunde aus den Augen. Er holte noch ein paar persönliche Sachen ab und verabschiedete sich von Freunden. Doch die beiden Agenten achteten unnachgiebig darauf, dass die dramatischen Geschehnisse der Nacht im April 1977 nicht zur Sprache kamen. Allen Zeugen und Beteiligten wurde strengstes Redeverbot auferlegt.[67]

Wie ich in Arica erfuhr, ist Armando Valdes, Jahrgang 1955, noch immer im Dienste der chilenischen Streitkräfte. Seit seiner Entlassung aus dem Militärhospital in Santiago dient er in Conception, einer Garnison 500 Kilometer südlich von Santiago. Abgeschirmt und abgeschoben ans Ende der Welt. Um ihn ist noch immer eine hohe Mauer des Schweigens errichtet. Und Interviews mit ihm sind nach wie vor untersagt.

In Conception kam es 1979 zu einer neuerlichen Beobachtung unbekannter Flugobjekte, und in diesem Fall sollen alle Soldaten der Garnison Zeugen des Phänomens gewesen sein. Hier funktionierte die militärische Abschirmung so perfekt, dass unsere Welt bis dato nichts darüber erfuhr. Hatten die Fremden ihr in Putre gegebenes »Versprechen« eingelöst?

Ein reichlich ominöses Detail aus dem familiären Umfeld des Offiziers möchte ich hier nicht unerwähnt lassen. Ob es allerdings wirklich mit der Entführung von Armando Valdes zusammenhängt, vermag ich hier weder positiv noch negativ zu beantworten. Dazu fehlen mir einfach weitergehende Informationen. Seit etlichen Jahren ist Valdes verheiratet und

Vater einer Tochter, welche unter einer »unbekannten Krankheit« leidet. Dies könnte im Klartext bedeuten, dass die behandelnden Ärzte im Hinblick auf die Krankheitssymptome dieses Mädchens vor einem Rätsel stehen. Leider war es mir seither nicht möglich, weitere sowie genauere Informationen über die mysteriöse Krankheit zu bekommen. Viel zu dicht ist das Netz aus Geheimniskrämerei und Vertuschung über Armando Valdes und dessen Familie gezogen.

Ein Parallelfall aus China

Ein Aspekt des Falles dürfte aber fast einzigartig sein in der Geschichte des UFO-Phänomens. Es gibt nämlich einen weiteren Vorfall mit fast identischen Details. Dieser hatte sich jedoch bereits knapp zwei Jahre zuvor ereignet – und zwar am anderen Ende der Welt. Um das Ganze zu konkretisieren: in Yünnan im Süden der Volksrepublik China.

An einem Herbstabend im Jahre 1975 waren zwei Soldaten der Volksbefreiungsarmee zum nächtlichen Wachdienst am Kasernentor des Armeebataillons von Jianshui in der Provinz Yünnan abkommandiert. Die erste Zeit der Wache verlief ruhig und ohne jeden Zwischenfall. Doch plötzlich sahen sie ein gewaltiges rotorange leuchtendes Flugobjekt, das am Himmel schwebte und die gesamte Umgebung der Kaserne in ein gleißendes und unwirkliches Licht tauchte. Das UFO drehte sich und manövrierte über dem Militärcamp hin und her.

Die Wachsoldaten fürchteten, es mit einem Spionageflugzeug einer fremden Nation zu tun zu haben. Darum verließ einer der beiden seinen Posten, um Meldung zu erstatten. Als er kurz darauf mit Verstärkung an den Ort des Geschehens zurückkam, fand sich jedoch von seinem Kameraden keine Spur. Sofort wurde das gesamte Bataillon in Alarmbereit-

Ein Parallelfall aus China

schaft versetzt, und schwer bewaffnete Suchtrupps schwärmten aus.

Zunächst hatten sie keinen Erfolg. Erst einige Stunden später wurde eine Streife von vier Soldaten (inzwischen hatte man die Wachen verdoppelt) durch ein leises Stöhnen aufmerksam gemacht. Sie fanden ihren vermissten Kameraden halb besinnungslos unter dem Kasernentor liegen. Dieser war zwar ansprechbar, aber er machte einen vollkommen verstörten Eindruck und verlor auch immer wieder das Bewusstsein. Genau wie sein chilenischer »Leidensgefährte« knappe zwei Jahre später.

Bei näherem Hinsehen durchfuhr die Soldaten ein fürchterlicher Schreck. Dem wieder Aufgetauchten waren in den paar Stunden seiner Abwesenheit die Kopf- und Barthaare so stark nachgewachsen, als hätte er sich wochenlang weder rasiert noch seine Haare schneiden lassen. Bei der chinesischen Armee ist kurzer Bürstenschnitt das Maß aller Dinge – und Zuwiderhandlung nicht geduldet. So ist also ausgeschlossen, dass der Soldat bereits längere Zeit die nicht regelkonforme Haartracht getragen hatte. Auch seine Uhr war stehen geblieben. Und was noch rätselhafter war: Sowohl die Uhr als auch das von ihm mitgeführte Schnellfeuergewehr waren magnetisch geworden.[69]

Durch deren zeitliche und räumliche Trennung gewinnen diese beiden Fälle deutliche Glaubwürdigkeit. Die Chinesen können es nicht von den Chilenen erfahren und nachfabuliert haben und umgekehrt. Zudem hatte sich die Volksrepublik in jenen Tagen von der Welt abgeschottet, und Phänomene wie das der UFOs wurden in jedem Fall als »westliche Propaganda« abgekanzelt.

So bleibt die Frage ungelöst: Welche fremde Intelligenz war in der Lage, die Zeit für die beiden Soldaten schneller vergehen zu lassen als für deren Kameraden, die zurückblieben?[70]

12 Einst ein Stützpunkt von Außerirdischen?

Hightech-Ruinen im Hochland der Anden

> »Aus dem theologischen Nebel steigen dauernd neue Wolken hervor – nur nie plausible Antworten über Gott und die Götter.«
>
> ERICH VON DÄNIKEN,
> FORSCHER UND BESTSELLERAUTOR

Viele Spekulationen wurden bereits über die geheimnisumwitterten Ruinenstätten Tiahuanaco und Puma Punku aufgestellt. Es ist faszinierend, was uns dort, auf fast 4000 Metern Höhe nahe dem Titicaca-See auf dem bolivianischen Altiplano, eine schier unbegreifliche, auf einer fremden Technik basierende Vergangenheit hinterlassen hat. Auf einer 450 mal 1000 Meter großen Fläche erstrecken sich Acapana und Kalasasaya, die Hauptbauwerke Tiahuanacos. Von der Letzteren sind nurmehr einige rechteckige Blöcke von respektablen Ausmaßen übrig geblieben, allesamt aus härtestem Ergussgestein gefertigt. Beiden Bereichen gemeinsam sind jedoch unzählige Mauerteile und Bauelemente, deren Bruchstücke noch heute, im Zustand der Zerstörung, bis zu zehn Meter lang sind und zwischen 30 und 50 Tonnen wiegen. Einige davon müssen einst sogar ein Gewicht von 100 Tonnen und darüber hinaus besessen haben.

Schon dreimal war ich dort oben auf dem Hochplateau, in den beiden Anlagen, und staunte über technische Meisterleistungen, die selbst unserer Bautechnik des 21. Jahrhunderts mühelos das Wasser reichen können. Dank der vor ein paar Jahren gut ausgebauten und tadellos asphaltierten Straße sind die beiden Stätten, die nur 800 Meter voneinander entfernt liegen, von La Paz aus in gerade mal 90 Minuten zu erreichen. Früher war das noch ganz anders. Auf maroden Buckelpisten mit knietiefen Schlaglöchern brauchte man von der Hauptstadt aus vier Stunden. Länger hätte es nur mit der schmalspurigen Andenbahn gedauert, die an den Ruinen vorbeiführt. Doch die wurde mittlerweile wegen mangelnder Rentabilität auf unbestimmte Zeit stillgelegt.

Von den »Göttern« erbaut?

Der Ursprung der Stätten verliert sich im Grau der Zeiten. Wurde ihr Alter früher noch mit bis zu 20 000 Jahren angegeben, gestehen ihnen heutige Archäologen bestenfalls zwei- bis dreitausend Jahre zu. Nackte Aymara-Indianer sollen in jenen Tagen die grandiosen Anlagen erbaut haben. Mit primitiven Steinwerkzeugen, nassen Holzkeilen und weichen Kupfersägen. Das behaupten die Archäologen. Diese Annahme dürfte aber ein paar Lichtjahre an der Realität vorbeigehen. Denn die Gegebenheiten vor Ort zeigen eindeutig, dass es kaum die Indios waren, welche in der dünnen Luft der zentralen Anden, die das Atmen alles andere als leicht macht, Zweckbauten erstellten, die ihresgleichen suchen. Wer schon einmal die Gelegenheit hatte, die gewaltigen Ruinen selbst in Augenschein zu nehmen, wird für die archäologischen Auslassungen nichts als ein müdes Lächeln übrig haben. Mir entrang sich sogar schallendes Gelächter.
Als erster Historiker hat sich der Spanier Garcilaso de la Vega, dem wir einen genauen Abriss über die Eroberung des Inka-

reiches verdanken, mit Tiahuanaco und Puma Punku befasst. Vega hielt fest, dass »kein Mensch Tiahuanaco anders als in Ruinen gesehen habe, denn es sei in einer einzigen Nacht von den Göttern erbaut worden.« Er berief sich hierbei auf die Überlieferungen der Aymara, die behaupteten, die Stätte sei die der ersten Menschen und vom Schöpfergott Viracocha noch vor Entstehen der Sonne und der Sterne geschaffen worden.[71,72]
Eines ist sicher: Über diesen Ruinen, deren Alter wohl doch höher ist als die erwähnten zwei- bis dreitausend Jahre, liegt der Nebel der Vergangenheit und ihrer undurchdringlichsten Geheimnisse. Leider wurde bislang zu wenig getan, um wenigstens den Versuch zu unternehmen, diese etwas zu erhellen. Es stimmt ja schon etwas optimistischer, dass die Zeiten endgültig passé sind, als das bolivianische Militär Schießübungen in den zyklopischen Relikten abhielt. So geschehen bis ins ausgehende 19. Jahrhundert. Zum Glück sind die Schäden an den eisenharten Artefakten gering geblieben. Nur ab und zu bemerkt man unscheinbare Einschüsse und Spuren von Querschlägern im Stein.
Um vieles schwerer wog da schon, dass man etwa zur gleichen Zeit begann, die Ruinenfelder als billige Baustofflager für moderne Häuser auszubeuten. Und selbst die Archäologen von heute begingen teilweise nicht mehr gutzumachende Sünden. Vollkommen willkürlich füllten sie die Zwischenräume, die inmitten riesiger Monolithen klafften, mit kunterbunten Steinquadern auf, um so eine Mauer zu rekonstruieren, die es in dieser Form nie gegeben hat. Erich von Däniken präsentierte in seinem Bestseller »Zurück zu den Sternen« Bilder von seiner 1965er-Reise. Darauf sieht man die damals noch frei stehenden, bis zehn Meter hohen Monolithen mit ihren wie maschinell eingefrästen Rillen, in denen wiederum Bohrlöcher von fünf Millimeter Durchmesser in perfekt regelmäßigen Abständen sitzen.[33]

Dann kamen die Archäologen – und füllten in geradezu kindlicher Manier auf, was besser unberührt geblieben wäre. So sollte uns diese Stätte, einst dem blinden Aktionismus einiger Vertreter der Scherben sammelnden Zunft ausgeliefert, daran gemahnen, nicht immer alles unhinterfragt für bare Münze zu nehmen, was da von »hochgelehrter« Seite kommt.

Sonnentor von vorne, Sonnentor von hinten

Oder versuchte man nur vor neugierigen Blicken zu verbergen, dass die Bearbeitungen auf den Monolithen unmöglich von einfachen Indios mit primitiven Steinfäustlingen, nassen Holzkeilen und weichen Kupfersägen stammen konnten?
Das aus zahllosen Publikationen bekannte »Wahrzeichen« Tiahuanacos ist das »Sonnentor«. Geschrieben wurde schon viel darüber, mit Gewissheit können wir wenig sagen, und ohne Zweifel weiß kein Mensch, wie das aus einem einzigen Stück Andesit gefertigte Teil einst wirklich hieß. Auf der Vorderseite erkennt man 48 Figuren, die einen fliegenden Gott in ihrer Mitte flankieren. Bisher ist es nicht gelungen, auch nur eine annähernd plausible Erklärung für besagte 48 »Idolos« auf dem drei Meter hohen und vier Meter breiten Sonnentor zu geben. Verständlich, dass auf diesem fruchtbaren Nährboden die Spekulationen besonders üppig gedeihen.
Der im Großen und Ganzen eigentlich recht eloquente französische Forscher und Schriftsteller *Robert Charroux* (1909 bis 1978) glaubte, aus dem Figurenfries auf der Stirnseite des Tores eine fantastische Geschichte herausdeuten zu können. Sie handelte von der Göttin Orejona, die von der Venus zur Erde gekommen sei, nur um sich hienieden, mit einem männ-

lichen Tapir paarend, als Ahnherrin der Menschheit zu betätigen.[73] Was die nette Geschichte betrifft, weiß ich nicht zu sagen, ob Charroux selbst daran geglaubt hat. Ich habe da meine Probleme, vor allem seit wir wissen, dass menschenähnliches Leben auf der Venus ausgeschlossen werden kann. Außerdem fehlt mir das Verständnis dafür, warum manche Zeitgenossen Zuflucht zu wirklich haarsträubenden Utopien suchen müssen. In diesem Fall ist die Realität da oben im Hochland noch viel fantastischer.
Plausibler klingen da schon die Annahmen des aus Wien stammenden Professors h. c. Hans Schindler-Bellamy (1901 bis 1982), der die 48 Gestalten in ihrem sehr technisch anmutenden Design als Kalender interpretierte, welcher 22 000 Jahre in unsere Vergangenheit zurückreicht.[74]
Ob nun 22 000 oder nur 2000 Jahre alt: Ich werde nie verstehen, warum man das »Sonnentor« immer nur von der vorderen Seite abbildet. Denn die Rückansicht des aus Andesitgestein angefertigten Monuments ist noch viel interessanter. Absolut exakt gearbeitete Einschnitte, Kanten und Vertiefungen sprechen ihre eigene Sprache. Da muss mit einer Technologie gearbeitet worden sein, die der unseren zumindest ebenbürtig war. Wie mit einer Fräse oder gar mit dem Laser herausgeschnitten, präsentieren sich Rillen, Kanten und Winkel in vollendetster Präzision. Es gibt nicht die Spur einer Abweichung, und selbst die Winkel stimmen bis auf den Bruchteil eines Grades.
Einmal mehr muss ich über die Hypothese, Aymara-Indianer im Lendenschurz hätten das alles mit einfachsten Werkzeugen bearbeitet, schallend lachen. Vielleicht sollte man mal denen, die selbiges behaupten, das vorgeblich benutzte Instrumentarium in die Hände drücken. Das sollte schon genügen, sie auf den Boden unglaublicher Tatsachen zurückzubefördern.

Gesprengtes Basislager?

Stehen wir bereits sprachlos vor dem Ruinenfeld der »Andenmetropole« Tiahuanaco, scheitern wir bei der benachbarten Anlage von Puma Punku (»Löwentor«) mit allen Erklärungsversuchen konventioneller Art. Nur etwa 800 Meter Luftlinie trennen beide Stätten, und doch versetzt Puma Punku den Betrachter in eine noch fantastischere Welt.

Hier steht man – ich vermag es kaum anders zu beschreiben – vor den in die Luft gesprengten Resten eines ehemaligen Basislagers, der »Energiezentrale« einer uns überlegenen, weltraumfahrenden Rasse. Es herrscht der Eindruck gezielter Zerstörung: Kreuz und quer liegen zahllose, teils gigantische Bauelemente, welche den Eindruck von Betonfertigteilen vermitteln. Doch sie sind nicht aus gegossenem Beton, sondern aus den viel härteren Ergussgesteinen Andesit und Diorit, die es in der Härte beinahe mit Granit aufnehmen können. Und sie sind allesamt bearbeitet, exakt geschliffen und poliert. An einem fünf Meter langen Monolithen beispielsweise verläuft eine Rille mit genau sechs Millimetern Breite und zwölf Millimetern Tiefe. Wieder einmal erscheint vor meinem geistigen Auge ein halbnackter Aymara-Indianer, der in lebenslanger Schwerarbeit mit ungeeignetem Werkzeug die meisterlichen Bearbeitungen vornimmt. Gruselig schön, aber unendlich traurig.

Undenkbar erscheint auch der Transport von bis zu 43 Meter langen, sieben Meter breiten, und bis zu 1000 Tonnen wiegenden Blöcken, ohne dass dabei moderne Techniken zum Einsatz gelangt wären. Die Archäologen sollten sich auch der Tatsache bewusst werden, dass bis heute alle Versuche, die steinernen Ungetüme mit modernen Kränen und Raupen von der Stelle zu bewegen, fehlgeschlagen sind.[75] Von wem

12 Einst ein Stützpunkt von Außerirdischen?

stammt die Hightech-Anlage da oben, und welcher Zweck stand hinter alledem? Könnten *wir* Ähnliches aus dem Boden stampfen, ohne gleich an die Grenzen unserer Möglichkeiten zu stoßen?

Eine Reihe von Bauteilen, die verdächtig nach Serienproduktion aussehen, steht in der Landschaft – genauso liebevoll wie sinnlos aufgereiht. Aus den Hauptflächen dieser Blöcke sind je zwei Nischen herausgefräst. Weitere Rillen, Kanten und Vertiefungen befinden sich an den Rückseiten. Sie erinnern ganz konkret an Vorrichtungen, in die ein Gegenstück einrastet.

Aufschluss über Sinn und Zweck dieser Bauteile brachten das Buch und die gleichnamige Fernseh-Doku Erich von Dänikens »Auf den Spuren der All-Mächtigen«.[76] Hierfür wurde mit den Objekten eine Computer-Animation erstellt. Der Rechner fügte virtuell die einzelnen Bauelemente zusammen, und dann zeigte sich, dass sämtliche Rillen und Schienen fugenlos ineinander passen. Wie aus dem Baukasten entstand eine Mauer, die vollkommen ohne Bindemittel hochgezogen werden konnte. Die schloss zudem absolut wasser- und luftdicht ab und war vermutlich selbst durch Erdbeben nicht zu zerstören. Wer, möchte ich an dieser Stelle noch einmal fragen, kommt tatsächlich als Erbauer der phänomenalen Anlage in Betracht?

Ich halte es für wahrscheinlich, dass sich fremde Astronauten auf der Hochebene einen Stützpunkt, ein Basislager bauten. Sie verfügten über eine hoch entwickelte Technologie, brachten Laser, Präzisionsfräsen und andere »Hardware« von ihrem Heimatplaneten mit. Für die Erstellung nüchterner Zweckbauten nahmen sie das Material, das in den Anden am häufigsten vorkommt: Gesteine von teilweise sehr hoher Härte. Was diese fremden Raumfahrer auf dem Altiplano getrieben haben, bevor sie ihr Basislager in die Luft sprengten und heimwärts zu den Sternen flogen, darüber können wir im Moment nur spekulieren. Logisch ist jedoch, dass sie ihre Hightech-Gerätschaften dabei wieder einpackten. Geblieben sind nur die Steine. Genug aber allemal, um uns darüber gehörig die Köpfe zu zerbrechen.

Kompassnadeln in Aufruhr

Keine Spekulation ist allerdings, was man an den allermeisten jener Steinblöcke in Tiahuanaco und Puma Punku feststellen kann. Hält man einen handelsüblichen Kompass daran, lassen sie die Nadeln häufig in lebhafter Weise ausschlagen. Halten diese Kompassdeklinationen sich auch bei vielen der Steine in durchaus überschaubarem Rahmen, so geraten die Nadeln bei einem bestimmten Objekt in wahren Aufruhr. Dies gipfelt in einem – mit stets identischem Ergebnis – beliebig oft wiederholbaren Experiment, das sogar den größten Skeptiker zum Nachdenken zwingen sollte. Denn hier lässt sich im Feldversuch ein unerklärliches Phänomen nachweisen.
Etwas abseits der vielen wie durch eine gewaltige Explosion im Gelände durcheinandergewirbelten Steinungetüme findet sich ein sehr gleichmäßig bearbeiteter Monolith. Er war einst größer, ist aber heute an beiden Enden abgebrochen. Zwischen zwei Gesimsen verläuft eine Reihe von fünf exakt gleich gestalteten und gleich großen Nischen. Noch heute verrät das ganze Objekt einen unglaublich hohen Bearbeitungsstand.
Ermutigt durch die positiven Resultate, die ich mit dem Kompass bei anderen Blöcken erzielte, führte ich diesen, von links beginnend, in die erste Nische ein. Tatsächlich konnte ich eine kleine Abweichung von fünf Winkelgraden feststellen.
Eine Nische weiter waren es dann bereits zehn Grad. Das war zwar ein wenig merkwürdig, aber noch dachte ich mir nichts

12 Einst ein Stützpunkt von Außerirdischen?

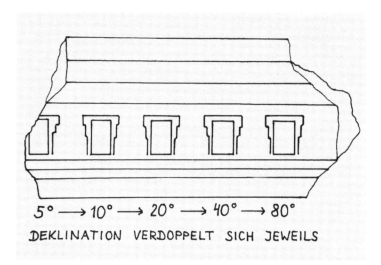

Abb. 7 Ein Phänomen, das sich jederzeit experimentell wiederholen lässt. Bei den Vertiefungen in diesem Block verdoppelt sich die Kompassabweichung von der einen zur jeweils nächsten. Wer will hier noch von Zufall oder natürlichem Magnetismus sprechen?

dabei. So wanderte der Kompass in das dritte Loch, und ich wurde langsam erstaunter. Denn dieses Mal waren es sogar volle zwanzig Grad Abweichung.
Was ging in jenem Steinklotz nur vor sich? Meine Verwirrung wurde nur noch größer, als ich dann in der vierten Nische ganz genau 40 Grad Abweichung vom Kompass ablesen konnte. Und um es auf die Spitze zu treiben: Bei der letzten Aussparung am rechten Ende des Blockes waren es exakt 80 Grad! Im Klartext: Von einer Nische zur nächsten verdoppelte sich jeweils die Deklination der Kompassnadel. Das ist nach unserem »gesicherten Schulwissen« eigentlich vollkommen abwegig. Ungeachtet dessen kann es in einem jederzeit wiederholbaren Experiment vorgeführt werden. Ich habe dies auch anlässlich mehrerer Besuche dort vor etlichen Zeugen eindrucksvoll demonstriert.

Überraschung auf Millimeterpapier

Im Herbst 2002 war ich wieder einmal in Bolivien und führte eine Gruppe meiner Leser durch die geheimnisvollen Ruinen. Natürlich habe ich nicht vergessen, auf diese mit unserem Schulwissen unvereinbaren Kompassabweichungen bei dem beschriebenen Steinblock hinzuweisen. Alle staunten. Dann machte mir Diplom-Ingenieur Klaus Deistung aus Wismar den Vorschlag, die Messungen an dem Block auszuweiten. Und zwar auf eine durchlaufende Kante genau unterhalb der fünf besagten Nischen.

Was dann folgte, stellte sogar die sich jeweils verdoppelnden Kompassdeklinationen in den Nischen glatt in den Schatten. Wir lasen also, in regelmäßigen Abständen von fünf Zentimetern entlang der Kante, die an den Messpunkten auftretenden Abweichungen der Kompassnadel ab. Diese Werte übertrugen wir sofort auf Millimeterpapier. Was sich hierauf abzeichnete, wirft einmal mehr unsere gesamten Vorstellungen über frühgeschichtliches Wissen und technische Möglichkeiten über den Haufen.

Alle diese Werte ergaben eine Kurve, die einer Exponentialfunktion zum Verwechseln ähnlich sieht. Der Anstieg erfolgt in relativ gleichmäßigen Abständen und ist mittendrin von einem wiederholten, kurzzeitigen Abfallen des Funktionsverlaufes unterbrochen. Die Spitzen der Kurve aber korrespondieren in ihren Positionen absolut genau mit den bereits beschriebenen Nischen im Stein. Es ist unglaublich, aber wahr. Eine unterstützende Messung mit einem gleichfalls mitgebrachten Magnetometer bestätigte im Übrigen voll und ganz die mit dem Kompass gewonnenen Messwerte.[77]

Was mag sich in den Nischen des geheimnisträchtigen Blockes

einmal befunden haben? Logisch erscheint *mir*, dass es eine Apparatur gewesen sein muss, die mit elektrischer Energie betrieben worden ist. Wegen der noch heute messbaren Kompassabweichungen. Und die im weitesten Sinn mit einem Transformator vergleichbar ist. Ein Transformator – wer kennt ihn nicht vom Modellbau oder von der elektrischen Eisenbahn – hat die Aufgabe, Stromspannungen zu verändern. Auf der einen Seite wird Energie zugeführt, im Inneren dann in eine höhere oder auch niedrigere Spannung der gleichen Frequenz umgewandelt und auf der anderen abgenommen. Hier dürfte es sich dann um fünf hintereinander geschaltete Umwandler gehandelt haben, von denen jeder die Spannung des vorangegangenen genau verdoppelt hat. Diese ganze technische Anordnung muss lange Zeit in dem Andesitblock gesteckt und dessen Atome magnetisiert haben. Andernfalls wären die magnetischen Abweichungen heute nicht mehr so deutlich und unwiderlegbar festzustellen. Offenbar benötigten die Betreiber der Basisstation Puma Punku viel Energie für ihre unbekannten Zwecke und Intentionen.

Bereits 1969 vermutete Erich von Däniken anhand zahlreicher auf dem Gelände ausgegrabener Halbröhren, die von den Archäologen beiläufig als »Wasserleitungen« betitelt wurden, es könnte sich hierbei viel eher um Schutzröhren für Starkstromleitungen gehandelt haben. Vor allem, da nur die Oberteile dieser ominösen Röhren gefunden wurden. Wären es aber Wasserleitungen gewesen, hätte man doch allenfalls auf ihre Oberteile verzichten können, aber niemals auf die Unterteile. Mit großer Sicherheit hat der Schweizer Forscher mit seiner Vermutung recht, und mit meinen Entdeckungen könnte sich der Kreis nun schließen.[13]

UFOs über den Ruinen

Zum Schluss möchte ich die Aufmerksamkeit noch auf ein paar seltsame Vorfälle aus neuerer Zeit lenken, die sich um die Aktivitäten nicht identifizierter Flugobjekte rund um die Ruinen von Tiahuanaco und Puma Punku ranken.

Während eines früheren Besuchs auf dem Gelände im Jahr 1996 machte man mich auf einen Kreis aus abgestorbenem Gras aufmerksam, welcher sich im Verlauf einer nahen UFO-Sichtung gebildet hatte. Am selben Tag arrangierte mein örtlicher bolivianischer Reiseführer noch eigens ein spannendes Interview, das ich mit einer am Ort lebenden Dame führen konnte. Sie war Zeugin eines beunruhigenden UFO-Zwischenfalles geworden.

Gloria al Diaga Cortez war die Wirtin des kleinen, mittlerweile geschlossenen Restaurants »La Cabana«, das sich, nur einen Steinwurf entfernt, gegenüber den eingezäunten Ruinen Tiahuanacos befand. Eines Abends im April oder Mai 1989 war Señora Cortez zu Fuß auf dem Weg vom ungefähr 800 Meter entfernten Dorf zu ihrem Gasthaus. Schon beim Aufbruch war ihr aufgefallen, dass es immer wieder zu Stromausfällen kam. Was sie nicht sonderlich beunruhigte, denn derlei Unzulänglichkeiten stehen in den abgelegenen Landstrichen Südamerikas so gut wie auf der Tagesordnung. Ein paar Minuten später erreichte sie dann wohlbehalten die »Cabana«.

Als sie das Haus betrat, fiel ihr das Verhalten ihrer zwei Hunde auf, die starr vor Angst am Boden kauerten und leise vor sich hin winselten. Irgendetwas schien nicht zu stimmen. Plötzlich gewahrte sie einen hellen Lichtschein, der ins Haus fiel. Dieser war viel zu grell, um von einem der gelegentlich vorbeifahrenden Trucks auf dem Weg zur peruanischen Grenze zu kommen. Als sie schließlich aus dem Fenster blickte, erkannte sie über der großen Wiese, die sich im eingezäunten Bereich der Ruinen befindet, eine riesige, hell erleuchtete Scheibe, die dort über dem Boden schwebend verharrte.

Nie zuvor hatte Gloria al Diaga Cortez an diese »verrückten Geschichten über fliegende Untertassen« geglaubt. Doch nun bekam sie es ordentlich mit der Angst zu tun. Zwei oder drei Mal wagte sie sich zaghaft vor die Tür, um beim letzten Mal zu erleben, wie sich das Flugobjekt mit unfassbarer Geschwindigkeit am abendlichen Horizont verlor.

Schon am darauffolgenden Tag begann auf dieser Wiese, über der das UFO geschwebt hatte, das Gras im Bereich einer kreisrunden Fläche abzusterben. Drei Jahre lang wuchs an der Stelle nichts mehr, dann begann sich die Vegetation erst wieder langsam zu erholen.

Ich traf Gloria 2002 wieder; sie hatte inzwischen ihr Gasthaus aufgegeben und arbeitete in der Küche der Museums-Cafeteria. Sie war nicht die einzige Augenzeugin der Vorgänge in jener Nacht im Frühjahr 1989. Auch ein paar Einwohner des Dorfes Tiwanaku, unter ihnen ein Nachtwächter, beobachteten das UFO über den Ruinen. Und ein weiteres Mal, an einem nicht mehr genau zu bestimmenden Tag im Jahr 1992 oder 1993, sahen Bewohner des Dorfes gegen zwei Uhr morgens über dem »Mondtor« ein grelles Licht. Es ging von einer Scheibe aus, die nur wenige Meter über dem Erdboden schwebte. Auf der Erde konnten die geschockten Zeugen ein paar große, weiße Gestalten erkennen.

Wer waren die unheimlichen Fremden? Sind vielleicht die alten »Götter«, die vor unbekannten Zeiten ihr Basislager in den Höhen der Anden errichteten, wieder zurückgekehrt?

13 Am »Gipfel der grausamen Götter«

Weltwunder im Hochland von Kolumbien

> *»Der Unterschied zwischen Gott und den Historikern besteht hauptsächlich darin, dass Gott die Vergangenheit nicht mehr ändern kann.«*
>
> SAMUEL BUTLER (1835–1902),
> ENGLISCHER SCHRIFTSTELLER UND PHILOSOPH

Wann immer der Name des südamerikanischen Staates Kolumbien fällt, denken garantiert 99 von 100 Personen an zwei Dinge: an ihren morgendlichen Kaffee und – an Drogen. Was keineswegs unverständlich ist, stellen doch die in aller Welt so beliebten Bohnen den Hauptexportartikel des an den Pazifischen Ozean angrenzenden Landes dar. Einmal abgesehen von den Drogen Marihuana und Kokain. Die werden nicht im Hochland, sondern vielmehr in den tiefer liegenden Regionen angebaut und von den gut ausgerüsteten Milizen der Drogenbosse mit Argusaugen bewacht. Vor gar nicht langer Zeit war Medellin, die Hauptstadt der mächtigen Drogenkartelle Kolumbiens, noch in aller Munde. Inzwischen ist es zwar in den Medien etwas ruhiger um dieses heiße Pflaster geworden, der Anbau von Hanf- und Coca-Pflanzen ist jedoch um kein Gramm zurückgegangen.

Um mich dem zweifelhaften Laster des Marihuanarauchens oder Kokainschnupfens hinzugeben, war ich aber nicht in das südamerikanische Land geflogen. Vielmehr war San Agustin, ein Ort in der Provinz Huila, mein Ziel. Und es stand schon geraume Zeit ganz weit oben auf meiner Agenda.

13 Am »Gipfel der grausamen Götter«

Ein vergessenes Weltwunder

Im Vergleich zu so bekannten und wohlklingenden Zielen wie Palenque, Nazca oder Tiahuanaco zählt San Agustin ganz eindeutig zu den weniger bekannten Attraktionen. Ein kleines Weltwunder ist die Stätte trotzdem. Denn dort im Urwald in den Höhen der Anden Kolumbiens stehen Unmengen rätselhafter Statuen. Sie starren uns fragend an, als erwarteten sie von uns Aufschluss über ihre ungeklärte Herkunft. Stapft man durch den dampfenden Regenwald, erwartet man beinahe in jedem Moment Indiana Jones, wie er mit einer vorgeschichtlichen Preziose unterm Arm seinen Weg durch das Dickicht sucht.

San Agustin ist als Fundstätte immerhin schon seit mehr als 250 Jahren anerkannt. Mitte des 18. Jahrhunderts beschrieb der spanische Mönch Juan de Santa in seinem Werk »Maravillas de la Naturaleza« (»Wunder der Natur«) die geheimnisumwobenen Steinfiguren und Idole, die weithin von den Indios verehrt wurden. Im Jahre 1857 verschlug es den italienischen General Codazzi, welcher die geographische Kommission des seit 1830 bestehenden Staates Kolumbien leitete, nach San Agustin. Er skizzierte damals 34 der herausragendsten Statuen und vier Altäre. Als Soldat, der sein Metier von der Pike auf gelernt hatte, legte er einen militärisch exakten Lageplan an und zeichnete jede der Statuen an ihrem korrekten Standort ein.[78]

35 Jahre später brachte der deutsche Forschungsreisende und Archäologe Alphons Stübel (1835–1904) einen Bericht über diese Steindenkmäler zu Papier, welchen er in seinem 1906 erschienenen Buch »Vulkanberge von Kolumbien« der Fachwelt präsentierte. Dieses wiederum setzte den Heidelberger Gelehrten Karl Theodor Stöpel auf die Spuren des Weltwun-

ders im Hochland von San Agustin. Er untersuchte etliche der Statuen und stellte fest, dass sie überwiegend aus Granit und Eisensandstein, manche auch aus diversen vulkanischen Ergussgesteinen bestehen. In mühevoller Arbeit ließ er von vielen Figuren Gipsabdrücke anfertigen. Stöpel entdeckte zudem auch noch etwas anderes: Ein ausgedehntes Labyrinth von unterirdischen Gängen, durch welche die Anlagen miteinander in Verbindung standen. Heutzutage erfährt man über diesen unterirdischen Teil San Agustins nichts. Aber noch 1912 hielt Professor Stöpel in seinem Standardwerk über südamerikanische Tempel folgendes fest:
»Derselbe Tempel ist mit mächtigen Steinfliesen zu beiden Seiten ausgelegt und ebenso wie der vorhergehende mit einer großen Steinplatte bedeckt. Unter Baumwurzeln hindurch kriechend gelangte ich in das Innere und war überrascht, dort einen seitlich in südwestlicher Richtung führenden Gang vorzufinden, wahrscheinlich in der Richtung zu den anderen Tempeln, deren Lage bis jetzt noch nicht bestimmt worden ist. Ich hätte gerne diesen Gang vollständig erforscht, hatte dazu allerdings keine Zeit. Ich verfolgte ihn etwa 30 Meter, konnte jedoch meine Begleiter nicht dazu bewegen, mir weiter zu folgen. Man kann jedoch außerhalb, in der Region des undurchdringlichen Urwaldes, an den im Grund befindlichen, oft mehrere Meter tiefen Löchern erkennen, dass diese Tempel unter sich unterirdisch in Verbindung standen.«[79]
Im selben Jahr begab sich der damalige Leiter des Berliner Museums für Völkerkunde, der Ethnologe Professor Konrad Theodor Preuss, zu Ausgrabungsarbeiten nach San Agustin. Als Musterbeispiel deutscher Gründlichkeit vermaß und notierte er akribisch alles, was ihm unter die Augen kam. Damit schuf er die erste wissenschaftliche Bestandsaufnahme der unerforschten Anlage. Er öffnete eine Reihe von Gräbern, durchstöberte riesige steinerne Sarkophage und wunderte

sich letztlich, dass sie allesamt leer waren. Preuss fasste zusammen:
»Die Himmelsrichtungen, nach denen diese Schreine mit ihrer Öffnung hinwiesen, sind zu mannigfaltig, als dass daraus etwas über die Bedeutung der Figuren geschlossen werden könnte, und auch die Gräber haben nicht durchwegs dieselbe Längsrichtung, während die Lage des Kopfes der Verstorbenen nicht festzustellen ist aus dem einfachen Grunde, weil keine Spur von den Skeletten übrig geblieben ist …«[80]
Das Rätsel um diese leeren Grabstätten ist bis zum heutigen Tage ungelöst und sorgt nach wie vor für Spekulationen.

Gut gelaunt trotz Regenwetter

Angeregt durch eines der Bücher Erich von Dänikens, in welchem er seine Eindrücke der abgelegenen Stätte im Urwald Kolumbiens beschrieb,[78] stand San Agustin schon längere Zeit recht weit oben auf meiner Reise-Wunschliste. Im Februar 1996 war es dann so weit. Damals gab es auch noch eine gut funktionierende Nonstop-Verbindung der Lufthansa von Frankfurt nach der kolumbianischen Hauptstadt Bogotá. Mit von der Partie war unter anderem mein viel zu früh verstorbener Freund und Autorenkollege Dr. Johannes Fiebag (1956 bis 1999).
Nach einem Tag der Akklimatisierung starteten wir am 21. Februar 1996 mit einer Propellermaschine der privaten Fluggesellschaft »Neiva Air« Richtung Süden. Etwas mehr als eine Stunde dauerte der 300 Kilometer lange Flug in die Provinzhauptstadt Neiva. Propellermaschinen haben einen nostalgischen Touch: Die durchgehende, letzte Sitzbank der etwas antiquierten, vierzigsitzigen Maschine weckte Reminiszenzen an den täglichen Weg im Schulbus in jungen Jahren. Darum

machte ich es mir ganz hinten gemütlich. Kaum hatte jedoch das Flugzeug seine Reiseflughöhe erreicht, als ich mit einem völlig ungewöhnlichen meteorologischen Phänomen konfrontiert wurde. Nie zuvor und auch niemals danach widerfuhr mir Vergleichbares. Es regnete nämlich in dem Flugzeug auf mich herab!
Vermutlich hatte sich etwas Kondenswasser in den Deckenverkleidungen angesammelt, das jetzt getreu dem Motto »alles Gute kommt von oben« munter auf mich herabplätscherte. Was der ganzen Situation jedoch noch eine zusätzliche slapstickhafte Note verlieh, war ein alter Regenschirm. Der lag genau hinter mir, auf einer eine Handbreit messenden Ablage hinter der Sitzbank. Den spannte ich spontan auf und sorgte damit ganz nebenbei zur Belustigung meiner Mitreisenden. Sicher beschirmt, konnte ich den Flug mit Würde, und vor allen Dingen trockenen Hauptes, gut überstehen.
Nach der sehnlich erwarteten Landung in Neiva ging es dann noch einmal per Landstraße gut vier Stunden Richtung San Agustin. Ein guter Teil des Weges führte den Rio Magdalena entlang, der unweit unseres Zielortes im Andenhochland entspringt.

Der »Gipfel der grausamen Götter«

Mehrere Male starteten wir vom für diesen Teil der Welt erstaunlich guten Hotel »Yalconia« aus, wo wir für mehrere Tage unser Quartier genommen hatten, zu den Fundstätten, welche San Agustin zumindest in Archäologenkreisen bekannt gemacht haben. Die dortigen Sehenswürdigkeiten werden ganz grob in vier separate Abschnitte unterteilt: in den Archäologischen Park, darin den sogenannten »Wald der Sta-

13 Am »Gipfel der grausamen Götter«

tuen«, die »Quelle der Fußwaschung« mit dem benachbarten »Hügel der Fußwaschung«, weiters den »Hügel der Götzenbilder«. Letzterer ist eine künstlich in Hufeisenform angelegte Hochebene. Der Vollständigkeit halber muss ich hier noch »La Chaquira« und »El Tablon« erwähnen. Das sind zwei markante Punkte mit Statuen und aus dem Fels geschlagenen Bildern, hoch über dem Flusstal des Rio Magdalena.

Immer wieder faszinierte mich die atemberaubende Landschaft dort oben. Unweit des »Hügels der Götzenbilder« gähnte ein bodenloser Abgrund. Gerade hatte ich mich ein wenig über diesen Schlund gebeugt, in dem ein Wasserfall 150 Meter tief hinunter stürzte, als unser örtlicher Guide vernehmen ließ, dass genau an dieser Stelle einen Monat zuvor drei amerikanische Rucksacktouristen in den Tod gestürzt seien. Ich entschied mich gegen diese wenig attraktive Option und zog mich ganz instinktiv aus der Gefahrenzone zurück.

Zudem sollten in jener Gegend bewaffnete Rebellen ihr Unwesen treiben, die immer wieder durch Entführungen auf sich aufmerksam machen. Eine frühere Präsidentschaftskandidatin ist erst im Juli 2008 aus ihrer Geiselhaft befreit worden. Unser Guide machte sich einen perfiden Scherz daraus, uns den Unterschied zu verdeutlichen zwischen diesen Guerillas und regulären Regierungssoldaten. Es sei ganz einfach: Die Uniformen wären gleich. Die Soldaten der Regierungstruppen würden Stiefel tragen, während die Freischärler zuweilen barfuß im Hochland Kolumbiens unterwegs seien. Dieses Rätsel fand seine Lösung. Doch die Relikte in der archäologischen Zone von San Agustin haben ihre Geheimnisse noch nicht verraten.

Der archäologische Park mit dem »Wald der Statuen« ist eine einzige Götzenparade, ein »Gipfel der grausamen Götter«. Inmitten des tropischen Regenwaldes, aber auch auf den Wie-

sen rundum wurden bisher weit über 300 Statuen gezählt. Etliche dieser Statuen stehen einzeln, so etwa eine glotzäugige Figur, welche, auf einem Steinsockel stehend, wie Flöte spielend ein undefinierbares Objekt zum Munde führt. Bei einer weiteren, vier Meter hohen Statue, die offiziell »Der Bischof« tituliert wird, ist der Interpretationsrahmen schon etwas enger. In den Händen hält er ein Kleinkind, das mit dem Kopf nach unten baumelt und sein kaum beneidenswertes Schicksal erwartet. Denn dem gierig-lüsternen Gesichtsausdruck der Riesenfigur nach zu schließen scheint der »Bischof« das bedauernswerte Kindlein im nächsten Augenblick zwischen seinen vorstehenden Draculazähnen zerreißen und genüsslich verspeisen zu wollen.
Haben hier vor Zeiten Kannibalen ihr Unwesen getrieben?

Figuren im Doppelpack

Andere Statuen wiederum sind nicht allein. Sie stehen entweder in kleinen Gruppen oder tragen sogar – wie bei den Dolmen der alten Megalithkulturen Europas – gewaltige darüberliegende Steinplatten. Ich fotografierte zwei Figuren, die zusammen mit zwei grob bearbeiteten Menhiren die tonnenschwere Last von einem Dach tragen. Die beiden »Wächter« tragen Beile oder Ähnliches in ihren Händen und haben Helme auf den Köpfen. Über ihnen ist jeweils ein weiteres Gesicht aus dem Stein modelliert, und dazwischen steht, wie in einem Unterstand geschützt, eine plumpe Gestalt, die in ihren Händen ein Band mit einem daranhängenden Totenkopf hält.
Es fällt überhaupt bei einigen dieser Statuen auf, dass sie sozusagen »im Doppelpack« angelegt sind. Was soviel bedeutet, dass die »Hauptfigur« eine zweite auf ihrem Rücken trägt.

13 Am »Gipfel der grausamen Götter«

Dies führte den bereits erwähnten Berliner Völkerkundler Professor Konrad Theodor Preuss 1912 zu der Annahme, die Figuren würden so etwas wie ein »zweites Ich« symbolisieren.[80] Auf dem »Hügel der Fußwaschung«, dem »Alto de Lavapatas«, steht gleichermaßen eine dieser Gestalten. Sinngemäß wird diese auch »El doble Yo« genannt. Es ist eine offenbar männliche Gestalt, mit angewinkelten Armen, die Hände trotzig vor der Brust verschränkt. Aus ihrem nichts Gutes verheißenden Gesicht stehen vier Draculazähne drohend hervor. Und auch ihr Kopf scheint durch einen dicht anliegenden Helm (!) geschützt zu sein. Außerdem trägt die mysteriöse Figur ein zweites, eben ein »doppeltes Ich« auf ihrem Rücken spazieren.

Doch letztlich verliert sich alles, was wir über die Relikte von San Agustin zu wissen glauben, in Hypothesen und Spekulationen. Jeder vermutet – keiner war dabei. Die Altertumsforscher schreiben die Funde der präkolumbianischen Chibchakultur zu. Dies war eine Gruppe von kulturell fast einheitlichen Völkern, die in losen Staatsverbänden unter ihren Stammesfürsten Ackerbau, Handel und diverse andere Gewerbe betrieben. Wen die seltsamen Figuren jedoch wirklich darstellen, das vermögen die Archäologen auch nicht zu bestimmen.

Sie gaben ihnen wohlklingende Namen wie »Sonnengott«, »Mondkönigin« und auch »Bischof« oder das eben genannte »doppelte Ich«. Doch sind dies alles nur willkürliche Namensgebungen aus unserem heutigen Verständnis heraus. Ähnliches kennt man überall auf dieser Welt, wie etwa beim »Sonnentor« und dem »Mondtor« im bolivianischen Tiahuanaco. In der Pyramidenstadt Uxmal in Mexiko gibt es ein »Haus der Nonnen« und einen »Gouverneurspalast«, der sich übrigens als waschechtes Observatorium entpuppte.[14] All diesen sinnlosen Bezeichnungen ist eines gemeinsam: Kein Mensch weiß heute, wie die entsprechenden Bauten und Figuren früher tatsächlich genannt wurden.

Ein Netz von Rinnen und Kanälen

Nicht weniger willkürlich ist auch die Bezeichnung »Quelle der Fußwaschungen«. Am Fuße des »Hügels der Fußwaschung«, welchen man über eine schier endlos nach oben verlaufende Treppe erreicht, rieselt der Bach *Quebrada de Lavapatas* durch die üppige Vegetation. Dabei fließt er über einen circa 300 Quadratmeter großen Felsen, dem vorzeitliche Steinmetze ein sehr kompliziertes Netz von Kanälen, Rinnen und Vertiefungen eingemeißelt haben. Auf einem umlaufenden Gerüst aus Planken und Treppen führt man die staunenden Touristen rund um das kleine Wunderwerk herum.

Zusammen sind es drei rechteckige Becken und zahllose labyrinthartige Kanäle, durch die das Wasser geführt wird. Es ist ungemein faszinierend, dem Weg des Baches zu folgen. Von einer Rinne tropft das Wasser in die nächste und setzt seinen Lauf erst fort, wenn ein bestimmter Pegel erreicht ist. Und wie zur Verzierung dieser staunenswerten vorzeitlichen Wasserspielerei schmiegen sich die Reliefs von abstrakten Ornamenten, von Reptilien sowie affenartigen Tieren an die Felsen und die Beckenränder an.

Die Ansichten der Archäologen über die Bedeutung der »Quelle der Fußwaschung« gehen – wie sollte es anders sein – auseinander. Während die einen an Wasser- oder Fruchtbarkeitskulte glauben,[81] sehen andere darin eine geheiligte Stätte für religiöse Zeremonien und rituelle Bäder.[82]

Um was es sich letztlich bei all diesen mysteriösen Hinterlassenschaften im Hochland Kolumbiens handelt, vermochte

13 Am »Gipfel der grausamen Götter«

auch ich nicht zu sagen, als ich einige Tage später wieder das Flugzeug von Neiva zurück nach Bogotá bestieg. Wenigstens fiel bei diesem Mal kein Wasser von der Decke herab.

Der Bach Quebrada de Lavapatas aber wird noch eine Ewigkeit durch die kunstvoll in die Felsen gemeißelten Rinnen, Rondelle und Becken plätschern, bis wir auch nur ansatzweise die Rätsel und Geheimnisse alter Stätten der Menschheitsgeschichte deuten können. Nicht nur im Hochland von Kolumbien.

14 »Baut ein Abbild Eures Sonnensystem!« (II)

Teotihuacan – fantastisches Planetarium in Stein

> »Wenn sie wieder herniedersteigen werden, die dreizehn Götter und die neun Götter, dann werden sie neu ordnen, was sie einst erschufen.«
>
> AUS DEM »CHILAM BALAM« (»BUCH DER PRIESTER DES JAGUAR«)

Erinnern Sie sich? In einem früheren Kapitel habe ich über Steinsetzungen im Flusstal der Vilaine berichtet, die zusammen ein genaues und maßstabsgetreues Abbild unseres Sonnensystems ergeben. Und dies über eine Distanz, die ungefähr 50 Kilometer beträgt. Zu Recht habe ich die Frage gestellt, von wem die damaligen Großsteinsetzer überhaupt ein so fundiertes Wissen der Astronomie vermittelt bekamen.
Eine ähnliche, aber in ihrer gesamten Konzeption bei Weitem sensationellere Konstellation befindet sich in der Neuen Welt. Genauer gesagt, im Umland der mexikanischen Hauptstadt. Diesen rätselhaften Ort habe ich bislang dreimal besucht, und zwar in den Jahren 1991, 1993 und 2005. War ich 1991 und 2005 jeweils im Oktober angereist – zu einer klimatisch halbwegs angenehmen Zeit –, kam ich 1993 um hochsommerliche Temperaturen nicht herum. Denn da war ich mit »Altmeister« Erich von Däniken unterwegs, und dessen Reise fand im

August nach der damaligen Weltkonferenz der A. A. S. in Las Vegas statt. Dort herrschten tagsüber sogar Temperaturen bis zu 52 Grad Celsius.

Ungeachtet der wahrlich stolzen Hitzegrade geriet die Reise mit Erich zu einem persönlichen Highlight. Denn fast genau 25 Jahre, nachdem ich mich, angeregt durch seinen Bestseller »Erinnerungen an die Zukunft«,[22] erstmals für die Frage nach außerirdischen Besuchen in der Geschichte der Menschheit zu interessieren begann, stand ich mit ihm an den spurenträchtigsten Orten seiner Theorie. »EvD«, wie er auch gerne genannt wird, hat mit seinen Büchern seither eine mächtige Lawine ins Rollen gebracht. Das ließ mich in manchen Augenblicken fast vergessen, dass der Monat August nicht eben die ideale Reisezeit für Mittelamerika ist. Doch kommen wir wieder zurück zu jener Stätte, die ein gleichermaßen fantastisches wie unerklärliches Wissen um den Aufbau unseres Sonnensystems in sich vereint.

Keiner weiß, woher sie kamen

Ungefähr 40 Kilometer nordöstlich von Mexiko-Stadt, dem nie stillstehenden Moloch mit dem nie enden wollenden Verkehrschaos, liegt die archäologische Zone von Teotihuacan. Als im Juli des Jahres 1520 der Spanier Hernando Cortez (1485–1547), eingegangen in die Geschichte als blutrünstiger und goldgieriger Eroberer Mexikos, mit ein paar verbliebenen Soldaten den ersten Sturm auf die Azteken-Hauptstadt Tenochtitlan aufgeben musste, floh er nach Otumba. Hier, auf den Anhöhen, dürften dem glücklosen Conquistador seltsam gleichmäßig geformte Hügel ins Auge gefallen sein. Womöglich ritt er aber zwischen diesen Erhebungen hindurch, ohne zu ahnen, an welch geheimnisvollem Platz er

sich befand. Die Azteken wussten es wohl, doch sie verschwiegen es ihm, der gerade eine Niederlage von ihren Kriegern einstecken musste. Sie nannten das überwucherte Areal *téotihuacan*. Dies bedeutet so viel wie »der Ort, an dem man zum Gott wird«.
Der ursprüngliche Name dieser Stätte ist allerdings unbekannt: Kein Mensch weiß, wer die Erbauer und Bewohner Teotihuacans gewesen waren, woher sie kamen und in welcher Sprache sie miteinander gesprochen haben.
In jedem Fall aber gilt der Ort als die älteste Zivilisation auf der mexikanischen Hochebene und als Stadt, welche keine Vorgängerin hatte. So schrieb die französische Archäologin Laurette Séjourné über diese geheimnisumwobene Metropole:
»Die Ursprünge dieser Hochkultur stellen mithin das größte und unzugänglichste aller Geheimnisse dar. Wenn es schon recht schwer fällt anzunehmen, dass Kulturmerkmale (…) bereits im Anfang ihre definitive Prägung gefunden haben sollen, dann ist es noch schwerer, sich vorzustellen, dass der zugehörige Komplex geistiger Voraussetzungen dann plötzlich vollständig ausgebildet einfach vorhanden gewesen sei. Wir haben keinerlei materielle Zeugnisse für solch einen erstaunlichen Entwicklungsprozess.«[83]

Architektonischer Kunstgriff

Stellt uns die tief ins Grau der Zeiten zurückreichende Geschichte Teotihuacans vor unergründliche Rätsel, lehrt uns ihre fulminante Erhabenheit darüber hinaus grenzenloses Staunen. Die Ausdehnung der Stadt betrug zu ihrer Blütezeit ungefähr 25 Quadratkilometer. Nicht genug, schätzt man deren damalige Einwohnerzahl auf stolze 200 000 Köpfe.

14 »Baut ein Abbild Eures Sonnensystems!« (II)

Das Kernstück der von uns Bewunderung fordernden Anlage ist die genau von Süd nach Nord verlaufende Prunkstraße »Camino de los Muertos« – »Die Straße der Toten«. Auch eine Benennung aus unserer Zeit; kein Mensch vermag zu sagen, wie sie damals tatsächlich hieß. Drei Kilometer lang und im Durchschnitt 40 Meter breit, ist die Prachtstraße zu beiden Seiten von zahllosen kleineren Pyramiden und Tempelplattformen flankiert. Ein geradezu phänomenaler architektonischer Kunstgriff der unbekannten Erbauer hat zu einer optischen Täuschung geführt, die wirklich ihresgleichen sucht. In Nordrichtung weist der »Camino de los Muertos« eine Steigung von etwa 30 Metern auf. Deshalb bekommt der Betrachter, der sich von Süden her nähert, die Empfindung, als steige diese Straße als endlose Treppe himmelwärts an, bis sie am Ende mit der Mondpyramide verschmilzt. Umgekehrt jedoch verschwindet die gesamte Terrassierung, wenn man – von der abgeflachten Spitze dieser Pyramide am Ende der Straße – in südliche Richtung blickt.

Wer sich diesen ausgefeilten Trick ausgedacht hat, muss ein unglaublich hohes geometrisches und architektonisches Know-how besessen haben, so viel steht fest.

Von der Mondpyramide am nördlichen Ende aus gesehen, befindet sich links der Prunkstraße das gewaltigste Bauwerk Mittelamerikas, die Sonnenpyramide. Mit 222 mal 225 Metern Grundfläche besitzt sie einen fast quadratischen Grundriss. Obwohl sie mit 63 Metern Höhe die Mondpyramide um satte 19 Meter überragt, hat der Betrachter beim Blick von der Pyramidenspitze den Eindruck, als wären beide Bauwerke gleich hoch. Der eben erwähnte Niveauunterschied von Süden nach Norden ist auch für diese optische Täuschung verantwortlich.

Ihrer Grundfläche von 49 950 Quadratmetern – das sind beinahe fünf Hektar – verdankt die Sonnenpyramide, dass sie

optisch wesentlich imposanter wirkt als die Cheops-Pyramide in Ägypten.
Und das, obwohl sie fast 80 Meter niedriger ist. Einzig die sogenannte »Weiße Pyramide« in den Bergen von Qin-Ling-Shan südlich der alten Kaiserstadt Xian muss noch gewaltiger aussehen. Die amerikanischen Piloten Gaussman und Sheahan gaben die Höhe der Pyramide übereinstimmend mit 300 Metern, bei einer Basislänge von etwa 500 Metern, an (siehe Kapitel 7).
Luftaufnahmen haben inzwischen bestätigt, dass Teotihuacan eine riesige Stadt war, die deutlich in vier Teile aufgegliedert war. So markiert der Camino de los Muertos die Nord-Süd-Achse, während zwei breite Querstraßen die Ost-West-Achse bilden. Hinter den Pyramiden und den zahlreichen Tempelplattformen lagen Gebäude, die wahrscheinlich Wohnhäuser waren. Ebenso wie in unseren modernen Großstädten erkennt man deutlich ausgeprägte Wohnanlagen, die aus ineinander verschachtelten Häusern und Höfen bestanden. Diese Quartiere verfügten bereits über eine wohldurchdachte Kanalisation, mit separaten Zu- und Ableitungen des Wassers. Und mit geschätzten 200 000 Einwohnern, die der »Ort, an dem man zum Gott wird«, besaß, stellt Teotihuacan antike Städte wie Rom oder Athen mühelos in den Schatten.

Der Anlage Kern: Bahndaten der Planeten

Die vielen Rätsel der Stadt erhielten vor zwei Jahrzehnten geradezu »kosmische Dimensionen«. Denn Teotihuacan ist nichts anderes als ein gigantisches steinernes Modell unseres Sonnensystems.[84]
Der Anstoß zu dieser Schlussfolgerung kam dabei noch nicht einmal aus der »Ecke der Querdenker«. Es waren die US-ame-

14 »Baut ein Abbild Eures Sonnensystems!« (II)

rikanischen Forscher Hugh Harleston und Peter Tompkins, welche die geradezu weltbildstürzenden Zusammenhänge zwischen den Monumentalbauten Teotihuacans und den Planeten unseres Sonnensystems nachwiesen. Alles begann, wie das so häufig der Fall ist, ganz harmlos. Denn die beiden Wissenschaftler vermaßen das Areal in der Hoffnung, jene Maßeinheit herauszufinden, die der gesamten Anlage zugrunde lag. Sowohl geometrische wie architektonische Planung ohne einheitliches Maß war schon zu allen Zeiten vollkommen undenkbar.

Nach einigem Suchen war diese Maßeinheit gefunden. Tompkins und Harleston ermittelten dafür einen Wert von exakt 1,059 Meter und bedachten sie mit dem Namen »hunab«. Dies bedeutete in der Sprache der Mayas so viel wie *Einheit*. Damit war sozusagen der »Schlüssel zum Stadtplan« gefunden, denn ganz Teotihuacan ließ sich mit dem *hunab* aufreißen. Nachdem die Anlage mit Hilfe dieser Maßeinheit vollständig vermessen war, bekamen beide Forscher einen gewaltigen Schock.

Als Harleston die Ergebnisse seiner Messungen in den Computer eingab, glaubte er seinen Augen nicht mehr zu trauen. Denn einige der Pyramidenstümpfe und die Plattform der »Zitadelle« mit dem Tempel des Quetzalcoatl sowie andere Gebäude der Stadt markierten die durchschnittlichen Bahndaten der inneren Planeten Merkur, Venus, Erde und Mars. Für den Abstand von der Erde zur Sonne ermittelte Harleston 96 hunab. Vom gleichen Fixpunkt ausgehend, liegen die Bauwerke für den Merkur mit 36, für die Venus mit 72 und den Mars mit 144 hunab exakt positioniert. Es fehlt nicht einmal der Asteroidengürtel – jene auf bis zu 2000 an der Zahl geschätzten Kleinstplaneten, die zwischen Mars und Jupiter um die Sonne kreisen. Der ist bei 288 hunab platziert. Die unbekannten Erbauer der Stadt legten an dieser Stelle

Der Anlage Kern: Bahndaten der Planeten

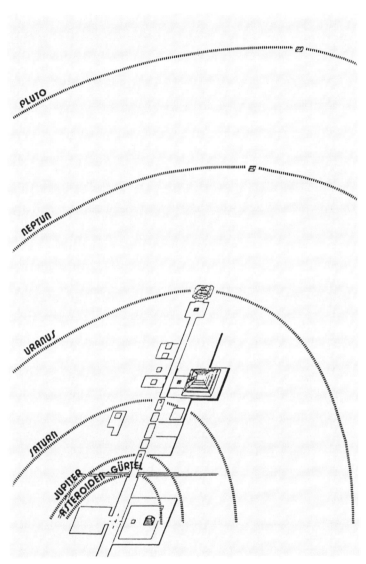

Abb. 8 Teotihuacan ist ein steinernes Abbild unseres Sonnensystems. Für jeden Planeten steht – exakt positioniert – ein Bauwerk, das die jeweiligen Bahndaten markiert.

für den San-Juan-Bach, der Teotihuacan unterquert, einen künstlichen Kanal an. Die natürlichen Voraussetzungen wurden hier gewissermaßen an die Erfordernisse angepasst!

Und so geht es weiter: Ruinen von einem unbekannten Bauwerk markieren bei 520 hunab die Position des Jupiter, und der steinerne »Platzhalter« für den Planeten Saturn lag bei 945 hunab. Jedenfalls, bis er den Planierungsarbeiten für eine Teerstraße zum Opfer fiel. Die schon erwähnte Mondpyramide am hinteren Ende des Camino de los Muertos markiert die Bahndaten des fernen Planeten Uranus. Doch was ist mit den letzten Planeten unseres Systems – wurden auch Neptun und Pluto in das unglaubliche Ensemble mit einbezogen?

Sogar für sie gibt es einen »Platzhalter«. Denn die »Straße der Toten« setzt sich in gedachter Linie über die Mondpyramide hinaus in die bergige Umgebung fort. Und tatsächlich: Bei 2880 hunab befindet sich auf einer Bergspitze der Rest eines inzwischen halb verfallenen Tempels. Der stand für Neptun. Und noch weiter in den Bergen, in 3780 hunab Distanz, steht ein »hermetischer Turm« ohne Eingänge und Fenster. So war also auch der kleine Pluto – in unserer Zeit erst 1930 von dem US-amerikanischen Astronomen Dr. Clyde Tombaugh (1906–1996) entdeckt – von Anbeginn eingeplant gewesen in diese unglaubliche Anlage, welche sich noch ein ganzes Stück in der Landschaft fortsetzt.[85]

Verblüffende Übereinstimmung

Auf einen ganz seltsamen Umstand stieß ich, als ich begann, die Zahlenwerte der Distanzen, welche die steinernen »Platzhalter« von ihrem gemeinsamen Ausgangspunkt aus messen,

Verblüffende Übereinstimmung

mit einer heute in der Astronomie sehr gebräuchlichen Maßeinheit zu vergleichen. Die international anerkannte »Astronomische Einheit« (AE) entspricht der mittleren Entfernung der Erde von der Sonne, also 149,6 Millionen Kilometer. Verblüffenderweise korrespondieren die Zahlenwerte, in hunab abgelesen an den diversen Bauwerken Teotihuacans, so genau mit den heute in Astronomischen Einheiten ausgedrückten Distanzen, dass ein wie immer gearteter Zufall ausgeschlossen werden kann. Ein paar Beispiele zur Illustration mögen hier genügen:

Der Planet Venus ist im Durchschnitt 108,2 Millionen Kilometer von der Sonne entfernt, das entspricht 0,72 Astronomischen Einheiten (AE). Das entsprechende Bauwerk am Camino de los Muertos liegt 72 hunab vom Fixpunkt entfernt.

Die mittlere Distanz des Jupiter von der Sonne beträgt 780 Millionen Kilometer, das sind 5,20 AE. Ist es wirklich nur purer Zufall, dass das den Jupiter symbolisierende Bauwerk exakt 520 hunab vom Ausgangspunkt entfernt steht?

Bei den Asteroiden zwischen Mars und Jupiter sind es um die 420 Millionen Kilometer zur Sonne, was in etwa 2,80 Astronomischen Einheiten entspricht. Der San-Juan-Bach, der gezielt für diesen Zweck umgeleitet wurde, fließt 288 hunab vom Anfang der »Straße der Toten« entfernt.

Und Saturn, dessen Bahn um die Sonne in durchschnittlichen 1 428 000 000 Kilometern verläuft, ist von dieser 9,50 Astronomische Einheiten entfernt. Dessen steinerner »Platzhalter« liegt 945 hunab vom Ausgangspunkt des vorzeitlichen »Planetenweges«, dessen unbequeme Existenz gar nicht in das Bild passt, das unsere traditionelle Altertumsforschung entwirft.

Eine Häufung von Zufällen können wir hier ohne Zweifel ausschließen. Stattdessen sollte die Frage im Vordergrund stehen, welche fortgeschrittenen Intelligenzen die Menschen einer lang vergangenen Epoche dazu brachten, ein so maßstabsgetreues Abbild unseres Sonnensystems zu erschaffen. Das die Jahrtausende überdauern und an ihre Präsenz erinnern soll, wenn die Menschheit reif für diese Erkenntnis ist.

Glimmerzauber

Ein nicht weniger faszinierendes Rätsel Teotihuacans befindet sich unter massiven Stahlplatten, die mit Vorhängeschlössern abgesichert sind. Es sind dies im Boden eingezogene großflächige Schichten von Glimmer, in diesem Fall *Muskowit*. Jenes Mineral tritt üblicherweise in tafeligen Kristallen mit ausgezeichneter blätteriger Spaltbarkeit auf.
Bereits bei meiner allerersten Mexiko-Reise 1991 hatte ich vor den Eisenverschlägen gestanden. Damals war jedoch niemand bereit gewesen, diese für mich zu öffnen. Im August 1993 setzte Erich von Däniken alle Hebel in Bewegung, um uns die Glimmerkammern vorzuführen. Zwar war deren Lage mit einem Hinweisschild mit dem Wort »Mica« – Spanisch für »Glimmer« – gekennzeichnet, doch die örtlichen Archäologen behandeln deren Existenz offenbar topsecret. Als wir uns um eine dieser Stahlplatten geschart hatten, stieg die Spannung. Erich hatte einen der zahlreichen Aufseher gebeten, den schweren Eisenverschlag für uns zu öffnen. Unbeholfen fummelte der Uniformierte mit seinen unzähligen Schlüsseln herum, doch keiner von ihnen wollte passen. Oder sollte er etwa nicht? Da riss unserem Freund Rainer der Geduldsfaden. Ohne lang zu fragen, nahm der den Schlüsselbund des Wächters an sich. Ein kurzer Blick hier, ein Versuch da, und nach einer knappen Minute hatte er mühelos das klobige Vorhängeschloss geöffnet. Als die schwere Stahlplatte dann nach oben

schwenkte, mussten wir uns fast abwenden, so grell leuchteten die Glimmerschichten in der hellen Sonne.
Und bei meinem neuerlichen Besuch im Herbst 2005 benötigten wir fast mehr Zeit, einen der Aufseher mit den dafür passenden Schlüsseln zu finden – doch als dieser kam, dauerte es nurmehr einen kurzen Moment, bis auch hier der Verschlag hochging und den Blick auf eine Besonderheit freigab, die gleichfalls nicht an diesem Ort und aus dieser Zeit existieren dürfte.
Denn die Archäologen drücken sich um die Frage, wer vor unbekannten Zeiten das Material dort eingezogen hatte. Der Glimmer besitzt etliche Eigenschaften, welche ihm in der modernen Technik ungeahnte Einsatzmöglichkeiten eröffnen. Bei gleichzeitiger Zugfestigkeit ist er hoch elastisch, bis zu 800 Grad Celsius hitzefest, und sogar übergangslose Temperaturschwankungen machen ihm nichts aus. Seine hervorragendste Eigenschaft aber ist die hohe Isolierfähigkeit gegenüber Elektrizität. Muskowit ist lichtbogen- und kriechstromfest und widersteht plötzlichen Entladungen. In Hochöfen verwendet man ihn noch heute als Fenster, in der Elektrotechnik dient er zur Isolierung bei höchst beanspruchten Geräten.
Das wirklich Dumme an der Sache ist, dass Glimmer in Mexiko kaum vorkommt. Chemisch als Kalium-Aluminium-Hydrosilikat analysiert, wird dies Mineral überwiegend in der Nähe von Granit und als Adern auch darin gefunden und abgebaut. Die bedeutendsten Vorkommen entdeckte man in Madagaskar, Indien und Südafrika sowie in Brasilien und den USA. Von dort aus müsste es damals nach Teotihuacan exportiert worden sein, was der Lehrmeinung der isolierten Kulturen glatt widerspricht.
Unter diesen künstlich eingezogenen Glimmerschichten sollen zwei Röhren zu einer kleinen Kammer führen, die

unterhalb der Sonnenpyramide liegt. Was ging dort im Dunkel der Zeiten vor? Wurde an diesem »Ort, wo man zum Gott wird«, mit einer fremden Hochtechnologie gearbeitet, die befähigt war, Temperaturen von vielen tausend Grad zu erzeugen? Lagerten von fremden Planeten zur Erde gekommene Besucher unter diesem perfekten Hitzeschild gar Waffen und andere wichtigen Gerätschaften, die sie von ihren Flügen durch das All mitgebracht hatten und hier unten vor unbefugtem Zugriff verbargen? Ich gebe zu: Dies mag alles ein wenig nach Science-Fiction klingen. Aber vor Ort und nach Lage der Dinge gewinnen derartige Überlegungen ganz plötzlich einen durchaus plausiblen Hintergrund.

Nach vorherrschender Lehrmeinung waren die Erbauer von Teotihuacan Steinzeitmenschen. Individuen also, die von den technischen Eigenschaften des dort verbauten Glimmers keine Ahnung hatten. Aber *irgendwer* musste die Menschen doch dazu angeleitet haben, dieses Stein gewordene Abbild unseres Sonnensystems mit den rätselumwobenen Hitzeschilden von Glimmer aus dem Boden des mexikanischen Hochlandes zu stampfen.

Wer also setzte auch hier mit Nachdruck und Überzeugung die Menschen vor die Aufgabe, der Nachwelt ein Zeugnis seiner hoch entwickelten Technologie zu hinterlassen? Damit eines schönen, zukünftigen Tages ein paar unverbesserliche Querdenker auf die Fakten stoßen sollten, die nicht mehr wegzuleugnen sind.

15 Unheimliche Begegnungen unter karibischer Sonne

Puerto Rico – die Insel im UFO-Fieber

> »Ich frage mich oft, was passieren würde, wenn wir alle in der Welt entdecken würden, dass wir von einer Macht von einem anderen Planeten bedroht würden.«
> RONALD REAGAN (1911–2004),
> 40. PRÄSIDENT DER USA

Unter den geheimnisvollsten Stätten unserer Welt nimmt eine Insel in der Karibik, zwischen dem Inselbogen der Antillen und der Dominikanischen Republik gelegen, einen außergewöhnlichen Rang ein. Ich spreche vom »Commonwealth of Puerto Rico«. Diese politisch zu den Vereinigten Staaten von Amerika zählende, mit Traumstränden gesegnete Insel steht in punkto landschaftlicher Reize den anderen Eilanden der Region in nichts nach. Ein sonnenverwöhnter Urlaubstraum, so richtig wie geschaffen zum Relaxen und Abhängen …

Das ist, wenigstens auf den ersten Blick, auch der vorherrschende Eindruck, den Puerto Rico bei den meisten seiner Besucher hinterlässt. Doch der Schein trügt. Denn es gibt kaum einen anderen Platz auf dieser Welt, an dem das UFO-Phänomen in all seinen Facetten derart massiert auftritt wie hier. Beinahe täglich werden Flugobjekte gesichtet, die in ihrem Flugverhalten allen uns geläufigen Gesetzen der Physik zu spotten scheinen. Weit über Puerto Ricos Grenzen

15 Unheimliche Begegnungen unter karibischer Sonne

hinaus hat der *Chupacabra* (zu Deutsch: der »Ziegensauger«) schaurige Berühmtheit erlangt. Selten vergeht einmal eine Woche, in der nicht die Kadaver von blutleeren, verstümmelten Nutztieren gefunden werden, die dieselben Wundenmuster aufweisen wie die mutilierten Tiere in den USA. Oder seit 2003 in Argentinien, wo neuerdings die unglaublichsten Vorfälle stattfinden.[86] Augenzeugen beschreiben diese schreckenerregende Kreatur übereinstimmend wie diese »kleinen Grauen« aus den gängigen UFO-Entführungs-Szenarien.[2,3,4,5] Jedoch mit fürchterlichen Zähnen wie auch einem archaisch anmutenden Rückenkamm sowie in der Dunkelheit rotleuchtenden Augen ausgestattet. Wahre Horrorwesen also.

Nicht minder häufig werden fremdartige humanoide, also menschenähnliche Wesen beobachtet. Und wenigstens ein Vorfall erregte weltweites Aufsehen, in dessen Verlauf zwei Abfangjäger der US-Air Force von einem nichtidentifizierten Flugobjekt regelrecht »verschluckt« worden sind. Von den beiden F-14 »Tomcat« und deren Piloten fehlt bis auf den heutigen Tag jegliche Spur. Und dies, obwohl der ungeheuerliche Vorfall von über 100 Augenzeugen beobachtet und zum Teil sogar beeidet wurde. Darüber berichte ich etwas später mehr.

Diesem schönen, aber sinistren Fleckchen Erde stattete ich im August 1997 einen Besuch ab.

Tropengewitter

In dieser Zeit standen einige Vortragstermine in den Vereinigten Staaten an, wie etwa in Orlando/Florida und dem Badeort Virginia Beach. Zwischen diesen Terminen stand mir eine Woche freier Zeit zur Verfügung. Und weil ich spätestens am zweiten Tag sinnlosen Nichtstuns ohnehin verrückt werden würde, plante ich kurzerhand einen Abstecher nach Puerto Rico ein.

Vorausgegangen waren mehrere Telefongespräche mit der dortigen UFO-Ermittlerin Lucy Guzman de Plá, die mir gemeinsam mit ihrem Ehemann Orlando liebenswürdigerweise die ganze Woche bei meinen Recherchen zur Seite stand. Lucy habe ich es zu verdanken, dass sich so manche Tür öffnete, die ansonsten geschlossen geblieben wäre. In der Hauptsache interessierten mich jene fast schon epidemisch auftretenden Tierverstümmelungen, welche dem erwähnten Chupacabra angelastet werden. Da ich über diesen Albtraum aber schon ausführlich in zwei meiner früheren Bücher berichtet habe,[87,88] will ich es an dieser Stelle nun mit ihm bewenden lassen.

Puerto Rico ist ein Paradies, jedoch mit kleinen »Fehlern«. Und dies nicht nur wegen der häufigen UFO-Sichtungen, die auch schon mal bedrohlichen Charakter anzunehmen vermögen. Noch augenfälliger ist eine Erscheinung, die allerdings so gar nichts Außer-, sondern allenfalls Überirdisches in des Wortes simpelster Bedeutung birgt. Ich spreche von den urplötzlich auftretenden Tropengewittern, die dann unversehens die Ausmaße einer mittleren Sintflut annehmen können. Bereits am Tag nach meiner Ankunft – die eingangs erwähnte UFO-Ermittlerin Lucy Guzman de Plá hatte mich vom Hotel abgeholt, und wir fuhren durch San Juan zu ihrem Haus – hatte der Himmel all seine Schleusen aufgemacht. Nie zuvor hatte ich einen Gewitterregen von so beängstigender Intensität erlebt. In den Seitenstraßen steckten zahllose Autos fest. Bis zum unteren Rand der Scheiben standen diese in den Wassermassen; ihre Fahrer hatten sich im letzten Moment auf Dächer und Motorhauben flüchten können. Auch auf der vierspurigen Hauptstraße nach Rio Piedras gluckstes die

rasant anschwellenden Fluten ganz bedrohlich unter dem Boden des Wagens. Nervenkitzel auf puertoricanisch.
Als wir ein paar Tage später nach Arecibo fuhren, um dessen Radioteleskop zu besichtigen, bewahrte uns die banale Tatsache dass die Anlage an diesem Tag geschlossen hatte, vor Schlimmerem. Kaum hatten wir die kurvenreiche Zufahrt durch die Berge hinter uns gelassen und befanden uns auf dem Highway nach San Juan, als sich die anfangs lockere Bewölkung binnen kürzester Frist zu einer höllischen Schwärze verdichtete. Grelle Blitze von nie gekannten Ausmaßen zuckten herab, und ich war heilfroh, nicht mittendrin in diesem Inferno zu sitzen. Seit ich einmal erlebt habe, wie ein Blitz während einer Motorradtour nur ganz knapp neben der Straße einschlug, habe ich einen Heidenrespekt vor diesen Dingern bekommen.

In der »Laguna Cartagena«

Arecibo wollte mich offensichtlich nicht haben. Dafür bekam ich aber viele Informationen über spektakuläre Vorfälle mit unbekannten Flugobjekten auf Puerto Rico. Nicht wenige Einheimische sind überzeugt, dass etwas wie eine geheime UFO-Basis auf oder vor der Küste der Insel existiert.
Seit dem Ende der 1980er-Jahre häufen sich vor allem im Südwesten Puerto Ricos die Sichtungen unbekannter Flugkörper. Dabei scheinen sich die meisten dieser Vorfälle in einem Gebiet zwischen den Städten Cabo Rojo und Lajas zu konzentrieren. Ein mehrere Kilometer langer See, die *Laguna Cartagena*, wird immer wieder zum Schauplatz des Phänomens. Südlich davon erhebt sich der Gebirgszug der Sierra Bermeja, über dem gleichfalls fliegende Objekte auftauchen. Am 31. Mai 1987, gegen 14 Uhr nachmittags, wurden Tausen-

de Einwohner der südwestlichen Inselregion durch heftige Erdstöße und durch das Geräusch einer lauten Explosion erschüttert, die offenbar unterirdischen Ursprungs war. Einige Augenblicke lang bewegte sich die Erde, und in zahlreichen Wohnungen entstanden tiefe Risse. Anfangs gab das seismologische Zentrum von Puerto Rico bekannt, dass sich das Epizentrum des mysteriösen Bebens 27 Meter unter der Laguna Cartagena befunden habe. Die Aussage wurde jedoch tags darauf umgehend revidiert: Nun hieß es, dass sich das Erdbebenzentrum westlich der Insel direkt auf dem offenen Meer befände.

Wie dem auch sei: In den darauffolgenden Nächten beobachteten zahlreiche Augenzeugen, wie im Gebiet der Laguna Cartagena unidentifizierte Flugobjekte am Himmel schwebten. Nicht genug: Bereits in der dem Beben vorangegangenen Nacht, gegen 2 Uhr am frühen Morgen, hatten mehrere Anwohner einen riesigen, tellerförmigen Flugkörper beobachtet, der wie suchend über der Laguna Cartagena schwebte. Und eine Anwohnerin, der einstmals ein Teil des Grundes gehörte, auf dem sich der See befindet, sagte aus, dass ihre Familie bereits seit 1956 unbekannte Flugobjekte beobachtete, wie diese aus dem Wasser des Sees immer wieder auf- und untertauchten.

Señor Cruz, der Leiter der »Civil Defense Agency« der Stadt Lajas, hatte in mehreren Nächten grell leuchtende, sowohl runde als auch ovale Objekte beobachtet, welche mit »rechtwinkligen Drehungen« über das Gebiet flogen. Manchmal tauchten diese in die Laguna ein, wo sie unter Wasser verschwanden. Flugzeugabstürze wurden jedoch nicht gemeldet.[89]

Und es wurden nicht nur fliegende Objekte gesichtet. Mitunter tauchten auch deren mutmaßliche Insassen auf und pflegten die Menschen in der Region zu erschrecken.

15 Unheimliche Begegnungen unter karibischer Sonne

Unheimliche Besucher

In der Nacht des 13. August 1991 erhielt Señora Marisol Camacho, die am Rand der Gemeinde Maguayo unweit der Laguna Cartagena lebt, unerwarteten Besuch von zwei fremdartigen Gestalten. Sie schlief gerade, als sie gegen 2 Uhr morgens ungewohnte Geräusche vernahm, die von ihrem Balkon zu kommen schienen. An ungebetene Gäste von eher irdischer Herkunft und Absichten denkend, stand Marisol auf und schlich vorsichtig zum Fenster. Draußen konnte sie schemenhaft zwei Gestalten erkennen, welche sich in einer ihr unbekannten Sprache unterhielten. Ganz langsam zog sie die Jalousie hoch, und erblickte die zwei seltsamsten Wesen, denen sie je begegnet war.

Die beiden untersuchten eine ihrer Balkonpflanzen, und zwar eine tropische Zierpflanze mit Namen *Monsterosa deliciosa*, die wegen der vielen Löcher in ihren Blättern auch »Schweizer Käse« (»Queso Suiza«) genannt wird. Sie rissen eine ganze Reihe Blätter von der Staude ab und gaben unbekannte Laute von sich. Die Zeugin hatte den Eindruck, als würden sich die Fremden auf eine Art und Weise für die Pflanze interessieren, wie dies auch unsere Botaniker tun.

Das Schlimmste an dieser unheimlichen Begegnung jedoch war, dass Marisol Camacho sich nicht mehr bewegen konnte. Als wäre sie gelähmt, starrte sie die beiden Eindringlinge ununterbrochen an. Diese waren nur etwa 1,20 Meter groß und hatten überdimensionale, eiförmige Köpfe, oben breit, und zum Kinn schmäler werdend. Auffallend waren ihre großen und schräg stehenden Augen, welche sich bis zu den Seiten ihrer Köpfe zogen und weder eine Pupille noch das Weiß eines normalen Augapfels erkennen ließen. Die Gesichter dieser unheimlichen Gestalten waren flach, mit einem schmalen, völlig lippenlosen Schlitz als Mund. Doch trotz ihres Aussehens verspürte Marisol keinerlei Furcht. Sie war vielmehr fasziniert von ihrer Andersartigkeit und verglich die Wesen mit Kindern.

Die Arme der beiden Gestalten waren deutlich länger als die von Menschen, und an ihren langen dünnen Händen fielen der Zeugin vier zartgliedrige Finger auf. Es hatte den Anschein, als würden die Geschöpfe Señora Camachos Anwesenheit am Balkonfenster entweder nicht bemerken oder schlichtweg ignorieren. Sie entnahmen Blätter von der untersuchten Pflanze und unterhielten sich, als sie schließlich gingen, in einer schnellen, unbekannt klingenden Sprache. Sie bewegten sich auf die Laguna Cartagena zu, gingen am Ende der Straße in ein Gebüsch und waren aus dem Sichtfeld der Zeugin verschwunden.

Zwei Wochen später erlebte Marisol Camacho genau dasselbe – nur mit dem Unterschied, dass sie dieses Mal nicht wie gelähmt war. Sie versuchte auch, mit den Wesen zu kommunizieren. Diese aber blickten sie nur an und liefen schnell die Straße hinunter, um in Richtung der Laguna Cartagena zu verschwinden.

Jähes Ende einer Motorradfahrt

Im August 1991 kam es zu zahlreichen unheimlichen Begegnungen dieser Art, sogar am hellen Tag. Es war gegen Ende August, als der Puertoricaner Ulises Pérez um 11.30 Uhr mittags mit dem Motorrad auf einem unbefestigten Schotterweg fuhr. Eine Rinderfarm, die abgelegen zwischen dem Dorf La Parguera und der Laguna Cartagena steht, war sein Ziel. Unvorsichtigerweise geriet er in ein Wasserloch, woraufhin der Motor abstarb. Als er die Maschine wieder anwerfen wollte,

15 Unheimliche Begegnungen unter karibischer Sonne

fiel sein Blick auf einen parallel zur Straße verlaufenden Bewässerungskanal. Dort bemerkte er ein humanoid wirkendes Wesen. Über seine aufwühlende Begegnung, die ihn fast zu Tode erschreckte, berichtete Pérez:
»Plötzlich sah ich etwas, das auf einem Holzklotz neben einem Baum saß oder darüber lehnte. Es war ein lebendiges Wesen, dessen Haut so wirkte wie rohes Fleisch. Etwa so, wie wenn man ein Stück Haut abschneidet und der Schnitt sieht weißlich aus, mit roten Punkten darin. So etwa sah es aus. Es war eine blasse, weißliche Haut, ähnlich der von hellen Salamandern.
Wir sahen uns einen Augenblick an, ohne uns zu bewegen. Ich schäme mich nicht zuzugeben, dass mir das Ding Angst machte, und ich versuchte, das Motorrad wieder zu starten und schnell wegzukommen. Als ich mich bewegte, sprang die Kreatur auf und verschwand im Wasser des Kanales. Ich sah ihre Füße unter den Seerosen verschwinden. Ich ließ das Motorrad an und flüchtete. Als ich daheim ankam, erzählte ich nervös, was ich gesehen hatte. Meine Freunde und Verwandten wollten mir zuerst nicht glauben, beschlossen aber trotzdem, mit mir an die Stelle zurückzugehen. Als sie die zerdrückten Seerosen sahen, glaubten sie mir und bekamen es ebenfalls mit der Angst zu tun.«[89]
Ulises Pérez zufolge war das Wesen mit denen aus dem vorher berichteten Fall identisch. Am meisten beeindruckte ihn dieser überdimensionierte Kopf mit den riesigen schwarzen Augen. Auch bei dieser Begegnung gibt es eine Verbindung zu jener ominösen Laguna Cartagena, da der erwähnte Bewässerungskanal direkt zu dem See hinführt.
Vorfälle dieser Art gehen auf der Insel mittlerweile in die Hunderte. Sie lassen bei vielen Beobachtern die Vermutung entstehen, dass nicht von dieser Welt stammende Wesen entweder unter der Laguna Cartagena oder anderswo auf Puerto

Rico respektive im Meer eine geheime Basis besitzen. Tatsächlich kann man die unheimlichen Begegnungen, Viehverstümmelungen und weitere Phänomene kaum noch zählen. Die UFOs fliegen weiter, erschrecken die Bürger und nicht selten sogar das Militär. Dieses hatte sogar schon dramatische Konfrontationen zu bestehen, welche aller Wahrscheinlichkeit nach ein tragisches Ende fanden.

Entsetzliches Spektakel am Himmel

Der spektakulärste Vorfall, in dessen Verlauf auch Militärflugzeuge samt deren Besatzung einem unbekannten Fluggerät zum Opfer gefallen sind, hat als »Cabo-Rojo-Zwischenfall« traurige Berühmtheit erlangt. Benannt wurde er nach dem Schauplatz des unerhörten Geschehens, das am Abend des 28. Dezember 1988 seinen unheilvollen Lauf nahm.
Gegen 19.45 Uhr an besagtem Abend sahen zahlreiche Menschen am schon dunklen Himmel ein blaues Licht, das über das südlich der Laguna Cartagena gelegene Sierra-Bermeja-Gebirge dahergeflogen kam. Beim Näherkommen veränderte sich die Farbe des Objekts in orangegelb, und schließlich vermochten die Zeugen ein riesiges, dreieckiges Gebilde mit einer halbkugelförmigen Ausbuchtung an dessen Unterseite zu erkennen.
Urplötzlich erschienen zwei Abfangjäger der US-Navy vom Typ F-14 »Tomcat« am Ort des Geschehens und machten sich sofort an die Verfolgung des unbekannten Flugobjekts. Sogleich versuchte das UFO immer wieder auszuweichen, indem es abrupt seine Flugrichtung änderte. Als das nicht gelang, stoppte es in der Luft jäh ab und verharrte schwebend an derselben Stelle. Einer der zwei Abfangjäger, der dem UFO

15 Unheimliche Begegnungen unter karibischer Sonne

nun gefährlich nahegekommen war, drohte jeden Augenblick mit diesem zu kollidieren.

In der Zwischenzeit waren bereits mehr als 100 Augenzeugen zusammengekommen, die das gespenstische Szenario mit zunehmendem Entsetzen verfolgten. Vor lauter Erregung schrie die Menge auf. Jeder war davon überzeugt, dass es gleich zu einer Kollision mit unausweichlicher Explosion kommen müsse. Aber die von allen mit Bangen erwartete Katastrophe blieb aus.

Stattdessen geschah nun etwas völlig Unerwartetes. Die erste der beiden Jagdmaschinen verschwand spurlos von der Bildfläche. Sogleich näherte sich die zweite »Tomcat« dem UFO von der rechten Seite – und verschwand ihrerseits, als hätte sie sich einfach in Luft aufgelöst!

Nach diesem Vorfall drehte das Flugobjekt augenblicklich ab und überflog einen kleinen, mit Palmen umsäumten See. Hierauf teilte es sich überraschend in zwei Hälften, wobei die Augenzeugen eine Art hell leuchtender, aber vollkommen geräuschloser Explosion erlebten. Die eine Hälfte flog dann nach Norden davon, während sich die andere mit großer Geschwindigkeit nach Osten entfernte. Beide Teile des ursprünglich zusammengehörenden Objekts verschwanden rasch am Horizont.

Eine Reihe von Augenzeugen des unglaublichen Vorfalls will einen weiteren, dritten Abfangjäger beobachtet haben. Der soll die Geschehnisse zunächst aus sicherer Entfernung ausgespäht haben. Als der Pilot aber merkte, was sich rund um das Flugobjekt abzuspielen begann, versuchte er durchzustarten und eilig vom Schauplatz zu verschwinden. Dieser Versuch sei jedoch von drei roten »Lichtern« vereitelt worden, die aus dem UFO kamen und sich hinter die dritte F-14 setzten. Zusammen mit dem Flugzeug seien sie dann im Norden Puerto Ricos verschwunden.

Entsetzliches Spektakel am Himmel

Abb. 9 Mehr als 100 entsetzte Augenzeugen beobachteten am Abend des 28. Dezember 1988, wie ein riesiges UFO zwei Abfangjäger der US-Navy »verschluckte«. Bis heute fehlt von den F-14-Jägern und den Besatzungen jede Spur!

15 Unheimliche Begegnungen unter karibischer Sonne

Von den erwähnten Jagdflugzeugen, wie auch von deren Besatzungen, fehlt bis heute jede Spur.[90]
Obwohl über 100 Augenzeugen die für die Piloten der Abfangjäger wohl tödlichen Vorgänge beobachteten und ihre Aussagen teilweise sogar unter Eid bezeugten, »mauern« die Militärs der USA und Puerto Ricos bis heute. Sie wollen nicht zugeben, dass das unerhörte Szenario am Himmel über der Karibikinsel stattgefunden hat. Für die Einheimischen aber ist es erlebte Realität. Als ich 1997 auf der Insel meinen Recherchen nachging, bestätigte mir der damalige State Director des »Mutual UFO Network« (MUFON), Señor César Remus, die absolute Glaubhaftigkeit jener tragischen Ereignisse vom 28. Dezember 1988.
Außerdem soll der Cabo-Rojo-Zwischenfall nicht der einzige seiner Art gewesen sein. Genau sechs Wochen zuvor, am 16. November 1988, war ein ähnlich dramatischer Vorfall gemeldet worden. Dieser ereignete sich, den Angaben des puertoricanischen UFO-Forschers Jorge Martin zufolge, über dem Gebiet der Stadt San Germán, die nordöstlich der Laguna Cartagena liegt.[91]

Rätsel um El Yunque

Dass sich sowohl auf als auch über dem Karibikeiland Puerto Rico schockierende Dinge abgespielt haben und noch immer fast täglich geschehen, dürfte nach Lage der Dinge und Aussagen der zahlreichen Zeugen kaum zu bezweifeln sein. Immer wieder fiel mir während meines Aufenthaltes dort eine nachgerade hektische Betriebsamkeit der Air Force wie auch der Flugzeuge der US-Navy auf. Selbst wenn ich mich einmal am Strand weniger spektakulären Beobachtungen widmete, fielen mir die Flugbewegungen auf. In der Regel in Zweier-Formation, aber auch in größeren Verbänden, patrouillierten diese Maschinen unablässig an den Küsten, aber auch über den Regenwäldern im Landesinnern. Dafür benutzten die Streitkräfte auch die Landebahnen auf dem nahe gelegenen Internationalen Flughafen der Hauptstadt San Juan.

Ich konnte mich des Eindrucks nicht erwehren, dass den Verantwortlichen der Armee sehr wohl bewusst ist, dass sie nicht die alleinigen Herren auf der Karibikinsel sind. Welche düsteren Geheimnisse verbergen sich in dem tropischen Paradies? Eine Anzahl ernst zu nehmender Leute dort ist fest überzeugt davon, dass entweder vor der Küste oder in den dichten Regenwäldern verborgene Stützpunkte dieser vermutlich außerirdischen Flugobjekte existieren.

Eine jener Urwaldregionen Puerto Ricos ist berüchtigt wegen zahlreicher mysteriöser Vorfälle, die dort stattgefunden haben sollen. Es ist der Regenwald von El Yunque. Eine Vielzahl von Personen soll dort schon seit Jahren spurlos verschollen sein. Und zu Anfang der 1980er-Jahre habe sich sogar ein Absturz eines unbekannten Flugobjekts über dem dichten Grün des Urwaldes ereignet. Worauf das allgegenwärtige US-Militär ohne viel Aufhebens die gesamte Region absperrte.

Seit dieser Zeit jagen sich die wildesten Gerüchte. Puerto Rico soll demnach von den Amerikanern als eine Art »Großlabor« missbraucht werden. Ein begrenztes und gut überschaubares Territorium, das sich hervorragend für Experimente jeder Art eignet. Sogar von einer Zusammenarbeit, mindestens aber von einer stillschweigenden Duldung außerirdischer Aktivitäten durch die Streitkräfte und die Politiker der Vereinigten Staaten ist die Rede.[92]

Zu groß ist die Anzahl gut bezeugter Sichtungen und unheimlicher Begegnungen auf der Insel, um alles nur wieder komplett ins Reich der Fabel zu verweisen. Und ein »wahrer Kern« steckt bekanntlich in jeder Geschichte. Sollte also Puerto Rico

wirklich einen oder mehrere Stützpunkte einer nicht von dieser Welt stammenden Intelligenz beherbergen, wären die logischen Konsequenzen daraus schockierend. Sie wären imstande, die Grundfesten aller Institutionen unserer Gesellschaft zum Einstürzen zu bringen. Nichts wäre mehr, wie es war. Eine nie dagewesene Autoritätskrise käme auf uns zu, die Politik, Militär, Wirtschaft, Wissenschaft und Religion gleichermaßen tief erschüttern würde.
Und dann wären »die Anderen« bereits mitten unter uns …

16 Die Pyramiden von Güimar

Vermächtnis eines erloschenen Volkes

>*»Es gibt keine ›andere Seite‹, nur Ebenen des Begreifens eines einzigen, großen Universums.«*
>ARTHUR FORD (1896–1971),
>AMERIKANISCHER SPIRITIST UND MEDIUM

Es ist eine reichlich »abgefahrene« Geschichte, die da seit einigen Jahrzehnten durch die einschlägige Literatur geistert, welche sich mit grenzwissenschaftlichen Themen befasst. Genau gesagt, sind es deren zwei. Nämlich eine englische sowie eine spanische Version eines nicht gerade alltäglichen, spektakulären Vorfalles. Der sich jedoch einreiht in eine unüberschaubare Anzahl ähnlich gelagerter Erlebnisse, die alle eines gemeinsam haben: das Auftauchen von Individuen aus einer offensichtlich »anderen« Ebene der Realität.

Hiernach fanden im August des Jahres 1887 spanische Bauern, die gerade die Ernte auf ihren Feldern einbrachten, zwei fremde Kinder vor einem Höhleneingang. Die beiden, ein Mädchen und ein Junge, weinten bitterlich. Und sie drückten sich in einer den Bauern vollkommen unverständlichen Sprache aus. Keiner der Bewohner des katalanischen Dorfes, dessen Name mit *Banjos* überliefert wurde, vermochte die Worte der zwei unglücklichen Kinder zu verstehen.

Dies wäre jedoch bei Weitem nicht das einzige Ungewöhnliche an dem so überraschend aufgetauchten Paar gewesen.

Weitaus geheimnisvoller sei der Umstand gewesen, dass die Kleidung jener beiden Kinder aus einem für die Bauern unbekannten Material bestanden habe. Und was noch auffälliger war: Die Hautfarbe dieser Kinder sei grünlich gewesen!
Die beiden Findelkinder hätten einen sehr eingeschüchterten Eindruck gemacht, heißt es in der Fama. Um sie ein wenig zu beruhigen, nahm der Bürgermeister von Banjos die beiden mit sich nach Hause. Dort bot er dem völlig ausgehungerten Pärchen Essen an. Das verweigerte jedoch in der Folge fünf Tage lang jede Nahrungsaufnahme. Sie tranken lediglich frisches Quellwasser, bis sie einen Korb frisch gepflückter grüner Bohnen sahen. Von dem Moment an stellten sie ihr Fasten ein, und sie ernährten sich von Bohnen und Wasser. Eine höchst brisante Mischung, wenn ich das an dieser Stelle einmal so sagen darf.

Aus einer anderen Welt?

Der Junge, ganz offenbar der jüngere der beiden Geschwister, war allerdings durch das lange Hungern so geschwächt, dass er etwa einen Monat nach dem Auffinden verstarb. Hingegen erholte sich seine Schwester recht gut und begann in der Folgezeit sogar ein wenig die spanische Sprache zu erlernen. Als sie diese dann einigermaßen beherrschte, um sich mit ihren Pflegeeltern unterhalten zu können, begann sie über ihre Herkunft zu berichten. Doch was sie zu erzählen wusste, machte die ganze ominöse Geschichte nur noch undurchsichtiger.
Die beiden, so ließ das Mädchen verlauten, seien aus einem Land gekommen, wo immerwährendes Zwielicht herrschte. Die Sonne war dort unbekannt. Seine natürliche Begrenzung bildete ein breiter Fluss, über den hinweg sie das »andere

Land« im Sonnenschein liegen sehen konnten. In jenem Land des dauernden Zwielichtes verlief das tägliche Leben friedlich. Doch eines Tages vernahmen die Kinder ein ohrenbetäubendes Geräusch – und fanden sich im sonnigen Banjos wieder.

Für die Dorfbewohner, deren Leben die tägliche harte Arbeit ums Überleben war, klangen diese Schilderungen wie ein Märchen aus Tausendundeiner Nacht. Gleichwohl versuchten sie in der Folge, einen Eingang zu jener »anderen Welt« zu finden. Allerdings ohne Erfolg. So viel sie auch suchen mochten, nirgendwo fand sich ein Durchlass oder ein Tor, durch das sie in diese von der Kleinen beschriebene Welt eintreten konnten.

Das Mädchen wuchs zu einer jungen Dame heran, die sich nach und nach an ihr neues Leben gewöhnte, wobei ihre Haut mit der Zeit ihre grünliche Farbe verlor. Nach fünf Jahren jedoch sei das Mädchen gestorben und habe sein dunkles Geheimnis mit ins Grab genommen.[93]

Die »englische Version«

Ich habe es zu Beginn bereits angedeutet: Von dieser zugegeben sehr abgefahrenen Geschichte sind zwei Versionen im Umlauf. Die andere, aus England stammende Geschichte soll sich bereits in viel früherer Zeit im Dorf Woolpit bei Bury St. Edmunds in der Grafschaft Suffolk zugetragen haben. Uralte Klosterchroniken aus dem 13. Jahrhundert schildern tatsächlich das plötzliche Auftauchen zweier grünhäutiger Kinder. Das Ganze soll sich während der Regentschaft von Stephan von Blois (1095–1154) ereignet haben, eines Neffen Heinrichs I., womit sich die mysteriösen Vorgänge ganz grob auf die Jahre zwischen 1135 und 1154 eingrenzen lassen.

16 Die Pyramiden von Güimar

William von Newburgh, ein klösterlicher Chronist, fasste seinen Bericht über die grünhäutigen Kinder, die sich bei Woolpit förmlich materialisiert haben sollen, wie folgt zusammen:

»Ich darf nun nicht unterlassen, von einem Wunder zu berichten, wie man es seit Anbeginn der Zeit noch nicht vernahm, welches unter König Stephan geschehen ist. Ich selbst habe lange gezögert, hieran zu glauben, obschon viel Volk großes Geschrei darum machte. Und ich hielt es für lächerlich, eine Sache hinzunehmen, für die doch kein Grund sprach, oder doch nur sehr dunkle Gründe. Bis ich vom Gewicht so vieler, glaubhafter Zeugen überwältigt war, dass ich dies wohl glauben und bewundern musste, was mein Verstand vergeblich zu begreifen oder zu erreichen trachtete.

Es gibt in England ein Dorf, das etwa vier oder fünf Meilen von dem ehrwürdigen Kloster des seligen Königs und Märtyrers Edmund entfernt liegt, wo man gewisse Gräben aus uralter Zeit sehen kann, die in der englischen Sprache wolfpittes (was man am zutreffendsten mit ›Wolfsbau‹ oder ›Wolfshöhle‹ übersetzen kann; HH) heißen und der anliegenden Ortschaft ihren Namen gaben. Es geschah zu der Zeit der Ernte, als die Bauern das Korn einsammelten, dass aus diesen Gründen ein Mädchen und ein Junge hervorkrochen, die am ganzen Körper grün und in unbekannter Farbe und Stoffart gekleidet waren. Diese liefen verstört auf dem Felde herum, bis die Bauern sie mitnahmen und in das Dorf brachten, wo alles Volk zusammengelaufen war, um sich das Wunder anzusehen.[94]

Auch hier verweigerten die Kinder zunächst jedes Essen, das man ihnen vorgesetzt hatte. Und es waren frische grüne Bohnen, nach denen sie griffen und diese gierig verzehrten. Auch starb der Junge bald darauf an akuter Entkräftung.

»Wir kommen aus St. Martins-Land ...«

Allerdings gibt es bei dieser »englischen Version« ein paar Abweichungen unter diversen Chronisten. Vor allem, was nähere Umstände des Auftauchens sowie der Herkunft der Kinder angeht. So vermerkte der Abt Ralph von Coggeshall, dessen Kloster etwa 30 Meilen südlich von Woolpit lag, dass die beiden Kinder aus einem Land gekommen seien, das vollauf grün und von grünhäutigen Menschen bewohnt war. Es war sonnenlos und in stetes Zwielicht getaucht. Die Geschwister hätten eines Tages ihre Herde gehütet, als sie an einer Höhle vorbeikamen, in der sie beim Eintreten einen Klang wie von einer Glocke vernahmen. Neugierig geworden, wanderten sie so lange in die Höhle, bis sie zu einem anderen Ausgang kamen. Als sie ins Freie traten, machte sie das grelle Licht der Sonne wie auch die ungewohnte Temperatur kurzzeitig besinnungslos.
Als sie wieder zu sich gekommen waren, wurden sie vom Lärm derer erschreckt, die sich ihnen näherten. Die Kinder versuchten noch zu flüchten, doch konnten sie »ihren« Eingang der Höhle nicht mehr finden. So wurden sie von den Bewohnern des Dorfes Woolpit gefangen genommen.
Im Bericht William von Newburghs hingegen wurden jene grünhäutigen Kinder nicht am Eingang einer Höhle, sondern vielmehr auf dem freien Feld aufgegriffen. Und hier wird sogar auch ein Herkunftsort angegeben:
»Wir kommen aus St. Martins-Land; das ist bei uns der größte Heilige (…) Wir hüteten die Herde unseres Vaters, als wir einen großen Lärm hörten, als ob hier alle Glocken St. Edmunds gleichzeitig läuteten. Dann wurde uns dunkel vor Augen. Plötzlich fanden wir uns auf euren Kornfeldern wieder.«[94]

In obiger Version soll das Mädchen noch hinzugefügt haben, dass dieses Land, aus dem sie komme, ein christliches Land mit Kirchen sei, welches vom »Lande des Lichts« durch einen breiten Strom abgetrennt sei.

Ich brauche es wohl nicht besonders zu unterstreichen, dass besagtes »St. Martins-Land« nirgends lokalisiert werden konnte. Dafür lässt sich zwischen den Zeilen der frommen Chronisten unverkennbar etwas anderes herauslesen. Sowohl Ralph von Coggeshall als auch William von Newburgh waren bestrebt, ihre Schilderungen mit Elementen der christlichen Heilslehre zu versehen. Die Anspielungen auf Kirchen und Glockenklänge dürften dem Leser wohl überdeutlich ins Auge fallen.

Was gleichwohl unübersehbar ist, sind die Parallelen zwischen der englischen Geschichte und ihrem spanischen »Gegenstück«. Nicht nur im Ablauf der geschilderten Ereignisse, sondern auch bei den Namen der wichtigsten Beteiligten. So wurde der spanische Bürgermeister als Ricardo da Calno überliefert, dieweilen der Ritter, der die beiden grünen Kinder von Woolpit aufgenommen hatte, Sir Richard de Calne geheißen haben soll.

Auf den Spuren eines erloschenen Volkes

Dies alles klingt schon verzwickt ähnlich. Und so dürfte es niemand überraschen, wenn die »spanische Version« im Allgemeinen – je nach Schreibstil des Kommentators – als Nacherzählung jener Ereignisse dargestellt wird, die sich eventuell tatsächlich im England des späten Mittelalters zugetragen haben mögen. Oder auch als billiges Plagiat, von gewissenlosen Abschreibern von »Merry Old England« in die sonnendurchglühten Regionen der Iberischen Halbinsel verpflanzt.

Auf den Spuren eines erloschenen Volkes

Ich wäre auch ohne Weiteres dazu bereit gewesen, das Urteil »Plagiat« als der Weisheit letzten Schluss in Sachen Banjos zu akzeptieren, wenn mich nicht etwas ganz anderes zum Nachdenken gebracht hätte. Hierzu muss ich nun einen Szenenwechsel einläuten, der uns auf eine jener Inseln im Atlantischen Ozean führt, die den Beinamen »Inseln des ewigen Frühlings« tragen. Die Rede ist von den Kanarischen Inseln, die zum Königreich Spanien gehören. Und in diesem ganz speziellen Fall geht es um die Insel Teneriffa.

Als Ureinwohner der Kanarischen Inseln gelten die Guanchen, deren Herkunft, je nach der zur Anwendung kommenden Hypothese, in die Sahara, auf den mythologischen Kontinent Atlantis oder an einen überhaupt unbekannten Ort gelegt wird. Mit Sicherheit kann man also nur sagen, dass man nichts Genaues weiß.

Dass wir jedoch wissen, *wohin* die Guanchen gingen, ist einmal mehr nicht eben ein Ruhmesbeweis für unsere abendländische Zivilisation. Das Lexikon vermeldet schamhaft, dass sie »ausgestorben« sind. Die Realität ist leider beschämender. Denn das Volk der Guanchen wurde im 15. Jahrhundert von den spanischen Eroberern der Kanaren größtenteils ausgerottet. Und die wenigen Überlebenden hatten sich bis zum Ende des 16. Jahrhunderts vollständig mit den Eindringlingen vermischt. Unbestritten ist jedenfalls, dass seit jener Zeit die Urbevölkerung der Kanarischen Inseln vollständig untergegangen ist.

Und jetzt wird es interessant: Diese Guanchen sollen einen olivfarbenen Teint besessen haben. Im Klartext also eine Hautfarbe, die je nach Nuance einen mehr oder weniger intensiven Stich ins Grünliche hatte.

Mehrere Ethnologen nehmen eine Verwandtschaft der ausgerotteten Urkanaren mit den Berbervölkern in der nordafrikanischen Sahara an. Heute noch färben sich etliche Stämme ihre Haut mit blauer Farbe. Was nicht selten, in Verbindung mit deren ockerbraunem Hauttyp, zu einem ausgeprägten Grünstich führen kann.

Pyramiden im Park

Die Guanchen hinterließen ihrer Nachwelt eine Reihe von Pyramiden, deren Existenz nun langsam bekannt wird. Erstmals kamen mir Informationen darüber Anfang der 1990er-Jahre zu Ohren durch die Erzählungen eines Bekannten, der auf Teneriffa eine Bergwanderschule betrieb. Doch es musste bis Ostern 1997 warten, bis wir – meine damalige Freundin Andrea 2 und ich – die Gelegenheit bekamen, diese Relikte des untergegangenen Volkes der Guanchen in Augenschein zu nehmen. Dies war damals kein leichtes Unterfangen, da selbst auf den Kanarischen Inseln kaum jemand um deren Existenz wusste.

Im Frühjahr 1997 kurvten wir noch einen vollen Tag über die Insel und fragten zahllose ahnungslose Einheimische. Doch ihre Antwort war stets dieselbe: No sé – ich weiß es nicht. Letzten Endes machte sich unsere Hartnäckigkeit aber doch noch bezahlt: Fündig wurden wir mitten im Stadtgebiet von Güimar an der Südküste Teneriffas. Dort standen die Pyramiden, hinter Bauzäunen vor allzu neugierigen Blicken verdeckt.

Mittlerweile sind diese Monumente – sechs an der Zahl – zum Kernstück des 1998 eröffneten *Parco Etnografico de Güimar* aufgestiegen. Initiiert und realisiert wurde das Ganze vom norwegischen Forscher Thor Heyerdahl (1914–2001), der bereits Jahre zuvor mit seinen Atlantiküberquerungen auf Papyrusbooten größtes Interesse erregt hatte. Ihn hatten einige Leute aus Güimar zu einer Zeit, als noch jeder die Pyramiden für bloße Steinansammlungen ansah, welche die Bauern von ihren Feldern geklaubt hatten, auf die wirkliche Identität der Bauten aufmerksam gemacht. Denn ganz im Gegensatz zu den landwirtschaftlich genutzten Anbauterrassen ringsum, die aus runden, im Boden gefundenen Steinen aufgeschichtet wurden, bestehen jene Pyramiden der Guanchen aus eckigen, bearbeiteten Lavablöcken. Sie sind absolut genau aufgebaut und verraten eingehende Kenntnisse der Architektur und der Geometrie.

Auch hat man zwischenzeitlich herausgefunden, dass die Bauten nach astronomischen Gesichtspunkten errichtet wurden. Ehrlich gesagt hätte es mich schon sehr gewundert, wenn es anders wäre. So sind zum Beispiel drei nah beieinander stehende Pyramiden exakt in Richtung des Sonnenuntergangs zur Sommersonnenwende ausgerichtet. Bei allen sechs Pyramiden sind die Treppen, die zur jeweils obersten Plattform führen, stets an der westlichen Seite angebracht – sodass derjenige, der sie ersteigt, der aufgehenden Sonne entgegenblickt.[36]

Weitere Forschungen sind im Gange, und ganz sicher erfahren wir noch überraschende Dinge über jene Bauwerke, deren Formen überall auf unserem Planeten Verbreitung gefunden haben. Geradezu ein globales Phänomen, umweht sie der Hauch des Mystisch-Geheimnisvollen und führt uns in eine unfasslich rätselhafte Vergangenheit, als der Morgen der noch jungen Menschheit gerade erst heraufzudämmern begann.

Aber jetzt komme ich noch einmal auf die ominöse Geschichte mit den beiden grünhäutigen Kindern, und zwar in ihrer spanischen Version, zurück. Die sich auf den ersten Blick zugegeben wie ein billiger Abklatsch der älteren englischen Version ausnimmt. Doch befindet sich ganz in der Nähe jener Stufenpyramiden von Güimar die Guanchen-

16 Die Pyramiden von Güimar

höhle (!) von Badajoz. Dieser Name klingt beinahe so wie der des Ortes Banjos aus der Geschichte, den man allerdings in ganz Katalonien, also auf dem spanischen Festland, vergebens sucht.

Ein ganz spontaner Gedanke kam mir im Schatten dieser Pyramiden, die heute von der Stadt Güimar umschlossen sind: Könnte *auf Teneriffa* jener Ort liegen, an dem vor mehr als 120 Jahren zwei grünhäutige Kinder undefinierbarer Herkunft in unser vertrautes Raum-Zeit-Kontinuum eintraten?

Woher kamen die Kinder? Aus einer anderen Dimension, einer Parallelwelt, die neben unserem sichtbaren Universum unbemerkt existiert? Was wissen wir schon über die sogenannte Realität, die uns umgibt?[68] Inzwischen wird die Idee paralleler Realitäten, ja ganzer Universen selbst von Physikern nicht mehr unter dem Label »Utopien und Hirngespinste« verbucht. Kamen die beiden Kinder aus einer Welt, die Seite an Seite neben der unsrigen besteht? Ab und zu geschehen dann »Pannen«, und die Trennwand zwischen den beiden Welten wird dann durchlässig.

Dann hätte vielleicht auch die spanische Version jener »abgefahrenen Geschichte« einen realen Kern und wäre nicht einzig eine plumpe Kopie der englischen »Woolpit-Saga«, wie dies auf den ersten Blick erscheint.

Ob es uns irgendwann gelingen wird, Licht in diese ominöse Angelegenheit zu bringen, die sich im wahrsten Sinn des Wortes in Raum und Zeit verliert? Auch die Pyramiden von Güimar, China und anderen Standorten wurden für eine schöne, aber fantastische Legende gehalten, bis deren Existenz zweifelsfrei nachgewiesen werden konnte.

Der Reiseführer zu den geheimnisvollsten Plätzen

Insider-Informationen und Geheimtipps

In diesem Teil des vorliegenden Buches gebe ich den Lesern notwendige Informationen, geordnet in der Reihenfolge der Kapitel, damit sie sich selbst zum Lokaltermin an die geheimnisvollsten Stätten der Welt begeben können.
Von der Nennung von Flugpreisen habe ich allerdings abgesehen. Seitdem sich nämlich eine Spekulanten-Mafia der Ölvorräte »angenommen« hat, steigen Kerosinzuschläge der Airlines beinahe jede Woche. Und seit Flugtickets im Internet angeboten werden, ist der Tarifdschungel ohnehin unübersehbar geworden.
Auch möchte ich Sie um eines bitten: Auf Ihren Reisen sind Sie Gast in dem betreffenden Land und an den jeweiligen Orten. Bitte verhalten Sie sich in jedem Fall so, dass die nach Ihnen kommenden Besucher nicht mit Restriktionen konfrontiert werden, die aus nicht einwandfreiem Verhalten resultieren!
Der Vollständigkeit halber möchte ich an dieser Stelle auch noch darauf hinweisen, dass sowohl der Verlag als auch der Autor jede Haftung ablehnen. Zum einen unternimmt jeder Reisende seine Aktivitäten stets auf eigenes Risiko. Andererseits können, wie jeder Reiseveranstalter aus seiner Erfahrung bestätigen kann, vor Ort jederzeit unangekündigt Umstände eintreten, die vorübergehend oder dauerhaft die Besichtigung

einer Stätte erschweren oder gar verhindern können. Bitte haben Sie in solchen Fällen Verständnis und denken Sie an die noch immer gültige Spruchweisheit: »Andere Länder, andere Sitten.«

1 Das »Sternenkind« von Waldenburg

Das »Naturalien- und Kunstkabinett« der Stadt Waldenburg/Sachsen erreichen Sie am besten über die Autobahn A 4, die Sie bei der Ausfahrt Glauchau verlassen. Ab dort ist Waldenburg ausgeschildert. Sie erreichen die kleine Stadt nach sieben Kilometern. In Waldenburg fahren Sie daraufhin auf der Hauptstraße in östlicher Richtung, bis kurz vor dem Ortsende an der linken Seite die kurze Auffahrt zum Museum auftaucht.
Die Postadresse lautet:
Heimatmuseum und Naturalienkabinett
Geschwister-Scholl-Platz 1
D-09613 Waldenburg
Tel. 037608/22519
Fax 037608/16060
Internet: www.museumwaldenburg.de
Und damit Sie nicht vor verschlossenen Türen stehen, nenne ich hier noch die Öffnungszeiten des Museums:

Montag	geschlossen (außer Ferien in Sachsen)
Dienstag bis Freitag	9.00–6.00 Uhr
Samstag und Sonntag	9.30–17.00 Uhr
Eintrittspreise:	Erwachsene 3 €, Kinder 2 €, Gruppen ab zehn Personen 2,50 bzw. 1,50 €.

Der letzte Einlass ist eine Stunde vor dem Ende der Öffnungszeiten. Und noch ein Tipp zum Schluss: Besorgen Sie sich eine Fotografiererlaubnis. Die ist an der Kasse im Erdgeschoss zum Preis von 2,50 € erhältlich.

2 Die »Götter« nachgeahmt?

Die beschriebenen Funde der Ausgrabungen von Straubing-Alburg, die sich größtenteils zu Restaurationszwecken an der Universität von Göttingen befanden, dürften nun bald Stück für Stück nach Bayern zurückkommen. Nach Abschluss aller Restaurierungsarbeiten werden die Expo-

Insider-Informationen und Geheimtipps

nate in die Prähistorische Staatssammlung des Freistaates Bayern in der Lerchenfeldstraße im Stadtteil München-Bogenhausen überführt.

Der Geheimtipp in Sachen Schädeldeformationen ist natürlich ein Besuch im »Museo Arquéologico R. P. Gustavo Le Paige« in San Pedro de Atacama (Chile). Der 2000-Seelen-Ort am Rande der malerischen Salzwüste lässt sich am besten in den Verlauf einer Südamerika-Osterinsel-Reise integrieren. Hier die wichtigsten Informationen zum erwähnten Museum in San Pedro:

Montag bis Freitag   9.00–12.00 Uhr/14.00–18.00 Uhr
Wochenende   10.00–12.00 Uhr/14.00– 18.00 Uhr

Die Eintrittspreise (Stand Juni 2008) betragen für Erwachsene 2000 CLP (circa 3 USD), für Kinder 1000 CLP (circa 1,50 USD). Das Museum ist auch auf einer Webseite zugänglich:
www.sanpedroatacama.com
Telefon: 0056-55-851002

Ausflüge in die Umgebung von San Pedro de Atacama sind empfehlenswert wegen der bizarren Naturschönheiten der Berge und der Salzvorkommen. Lohnend ist auch ein Besuch der Inkafestung von *Pukara de Quitor* gleich neben San Pedro. Die Ruinen werden von Studenten der Universität Santiago restauriert.

Hier ein paar Informationen über innerchilenische Flugverbindungen von der Hauptstadt aus:

Calama, der nächstgelegene Flughafen, wird nicht direkt angeflogen, sondern nur als Umsteigeverbindung via Antofagasta. Flugzeit von Santiago nach Antofagasta etwa 1 Stunde 40 Minuten, weiter von Antofagasta nach Calama etwa 35–40 Minuten.

Von Calama aus geht es dann mit dem Bus etwa eineinhalb bis zwei Stunden nach San Pedro de Atacama. Versäumen Sie unterwegs keinesfalls, einen Zwischenstopp im malerischen Canyon *Quebrada de Tambores* einzulegen. Dieser ist bekannt für seine vorzeitlichen Geoglyphen (Felszeichnungen). Es ist eine geradezu atemberaubende Landschaft, die Sie hier erwartet.

Die optimale Reisezeit für diesen Teil Südamerikas sind die Monate Februar/März bis September/Oktober. Bedingt durch die Lage auf der südlichen Erdhalbkugel sind dort die Jahreszeiten genau den unseren entgegengesetzt. Was bedeutet, dass während unserer Sommermonate in Chile »Winter« ist. Dagegen klettert in den Monaten November bis Januar (Hochsommer) das Thermometer zuweilen bis auf über 40 Grad Celsius.

Bürger von Deutschland, Österreich und der Schweiz brauchen derzeit kein Visum. Es genügt der Reisepass, der noch mindestens ein halbes Jahr gültig sein muss, für einen Aufenthalt bis zu 90 Tagen. Sollte die Einreise per Flugzeug erfolgen, versprüht das Bordpersonal vor dem Aussteigen Insektenschutzmittel. Schützen Sie Augen, Mund und Nase mit einem Tuch.

3 Bei Nacht und Nebel verlassen

Vom Süden Deutschlands oder von Österreich aus bietet sich ein Lokaltermin bei den namenlosen Ruinen am Berg Molpir unweit der slowakischen Hauptstadt Bratislava aufgrund der geographischen Nähe bereits als Wochenendausflug an. Der einfachste Weg führt über die Autobahn A 1 Salzburg–Linz–Wien (Mautvignette keinesfalls vergessen!) und dann weiter zur Grenze der Slowakischen Republik. Nach dem Überqueren der Donaubrücke ist man schon in Bratislava.
Von hier aus geht es dann wie folgt zum Molpir: Die Hauptstadt verlässt man in nördlicher Richtung auf der Landstraße, wobei man die Orte Pezinok, Modra, Casta und Dolná Oresany passiert. Danach sind es nur noch wenige Kilometer bis Smolenice. Insgesamt sind es ziemlich genau 50 Kilometer von Bratislava, wählt man diesen Weg.
Dann gibt es auch die Möglichkeit, den Lokaltermin beim Molpir mit einem Besuch des Historischen Museums von Trnava zu kombinieren. Auf der Autobahn D 61/E 75 fährt man bis zur Ausfahrt Trnava; das Museum ist ausgeschildert. Darin sind, wie erwähnt, einige der Funde vom Molpir ausgestellt, weit mehr der Objekte im Keller eingelagert.
Öffnungszeiten:
Montag   geschlossen
Dienstag bis Freitag   8.00–17.00 Uhr
Samstag und Sonntag   11.00–17.00 Uhr
An dieser Stelle auch die Informationen zur Kontaktaufnahme:
Telefon: 0042-33-5512913 und 5512914
Fax: 00421-33-5512911
Internet: www.muzeum.sk
Nach dem Besuch im Museum kann man Trnava in nördlicher Richtung auf der Landstraße B 51 verlassen. Beim Ort Trstin biegt man dann links nach Smolenice ab, das man nach wenigen Kilometern erreicht. Wählt man diesen Weg, benötigt man von Bratislava aus etwas mehr, nämlich etwa 70 Kilometer.
Zur Einreise in die Slowakei, die seit 2004 Mitglied der Europäischen

Insider-Informationen und Geheimtipps

Union ist, genügt der gültige Personalausweis. Voraussichtlich führt die Slowakei 2009 den Euro ein, mit dem man zuvor auch schon problemlos bezahlen konnte. Da der Molpir ein Massiv in den Karpaten ist, empfehlen sich als beste Reisezeit die Monate Mai bis September. In der Slowakei wird sehr häufig Deutsch verstanden und gesprochen.

4 »Baut ein Abbild Eures Sonnensystems!« (I)

Auf die Menhir-Rätsel in der Bretagne, dem alten Land Merlins, des Zauberers, stieß ich im Laufe mehrerer Seminar-Reisen mit dem bekannten Fernseh-Moderator Rainer Holbe, die wir auch mit gemeinsamen Themen durchführten. Ausgangspunkt dieser mit zwei Kabinenbooten durchgeführten Einwochentouren war das Städtchen Messac an der Vilaine.

Von uns aus erreicht man den Ort auf der Autobahn über Paris; die französische Hauptstadt umgeht man am besten über die autobahnähnliche »La Francillienne« (hier der Beschilderung N 104 bzw. A 104 folgen). Des Weiteren führt die Autobahn A 10/A 11 über Chartres, Le Mans und Laval nach Westen, in Richtung Rennes. Die verlässt man an der Ausfahrt Vitre und folgt sodann der Route Nationale N 777 noch knappe 60 Kilometer in südwestlicher Richtung, bis man Messac erreicht.

Der Ort besitzt eine Marina, von der aus Bootstouren flussauf- und flussabwärts ihren Ausgangspunkt finden. Diese ist relativ leicht zu finden: Man biegt innerorts kurz vor der Brücke über die Vilaine (links steht die alte Mühle des Ortes, rechts verweist ein Schild auf den »Port de Plaisance«) nach rechts und folgt der Straße, welche parallel zu den Bahngleisen verläuft.

Messac ist auch per Zug erreichbar: In den Regionalzug steigt man in Rennes, von Paris aus fährt der Hochgeschwindigkeitszug »TGV« dorthin. Die Marina taucht nach etwa einem Kilometer auf der linken Seite zum Fluss hin auf.

Folgt man der Straße nun noch etwas weiter, geht diese in einen ungeteerten Weg über, der in den lichten Auwald führt, der dort die Vilaine säumt. Der Weg führt direkt zum »Mars-Stein«, der auch als »Menhir de Messac« bei den Einheimischen bekannt ist. Etwas weiter liegen dann die beiden kleinen Menhire, welche die Marsmonde Phobos und Deimos symbolisieren.

5 Ein zweites Stonehenge?

Als ausgewiesenes »Biosphären-Reservat« ist Menorca das genaue Gegenteil der »großen Schwester« Mallorca. Zudem ist die Zahl der Reisenden pro Jahr streng limitiert; manchmal verzeichnet Mallorca in einer einzigen Woche fast so viele Ankünfte wie Menorca in einem ganzen Jahr. Die kleine Baleareninsel ist ein echtes Freilichtmuseum, wobei sich viele prähistorische Stätten auf Privatgrund finden. Dies macht in aller Regel wenig bis keine Probleme, wobei natürlich immer die Faustregel gilt, je rücksichtsvoller man sich in den Anlagen verhält, umso weniger Schwierigkeiten dürften zu erwarten sein. Bevor ich mich mit einigen der zahlreichen archäologischen Stätten befasse, erst ein paar Worte über die drei bedeutendsten Museen.

Das »Museu de Menorca« in der Inselhauptstadt Mahon bietet einen Querschnitt durch die Geschichte der Insel. Konzentrieren sollte man sich indes auf den archäologischen Saal. Der wartet mit zwei echten Highlights auf: Einer kleinen Statue des ägyptischen Gottes der Heilkunst, Im-Hotep, gefunden in der Stätte von Torre d'en Gaumes. Sowie einem kompletten Skelett des Myotragus balearicus, einem regelrechten Mischwesen mit körperlichen Eigenheiten von Hund und Ziege.

Geöffnet hat das Museum von November bis März an den Tagen von Dienstag bis Freitag 9.30–14.00 Uhr, Samstag und Sonntag von 10.00 bis 14.00 Uhr. In der Saison, also von April bis Oktober, öffnet es von Dienstag bis Samstag von 10.00–14.00 und von 18.00– 20.30 Uhr, Sonntag von 10.00–14.00 Uhr.

Telefon: 0034-971-350955
Internet: www.caib.es

Ein sehr viel kleineres Museum befindet sich in der Stadt Ciutadella am Westende der Insel: Das Gemeindemuseum in der Bastió de Sa Font besteht nur aus einem Saal, bietet aber eine stattliche Anzahl trepanierter, also operativ aufgebohrter Schädel aus prähistorischer Zeit. Achtung: Fotografierverbot. Alle Taschen müssen, wie auch in Mahon, am Eingang abgegeben werden. Telefon: 0034-971-380297.

Ein kleiner, aber feiner Geheimtipp wäre noch das Diözesan-Museum, ebenfalls in Ciutadella gelegen. Es bietet eine – allerdings ziemlich winzige! – vorgeschichtliche Statuette einer geflügelten Frau sowie einen trepanierten Schädel mit insgesamt fünf Bohrungen. An dem teilweise verwachsenen Knochen kann man ersehen, dass der vorzeitliche Patient den ungewöhnlichen Eingriff nicht nur überlebt hat, sondern der Heilungsprozess auch über eine längere Zeit fortdauerte.

Insider-Informationen und Geheimtipps

Das Diözesan-Museum befindet sich in der Calle Seminari 9, ist unter der Telefonnummer 0034-97-481297 zu erreichen, und – es gibt *kein* Fotografierverbot!

Nun aber zu den Infos zu den im Buch genannten vorgeschichtlichen Stätten. Beginnen wir mit der Anlage von Torralba d'en Salord. Diese ausgedehnte talayotische Anlage liegt an der »Carretera de Alaior a Cala en Porter« und besticht durch die noch am besten erhaltene Taula ganz Menorcas sowie ein Hypogäum und weitere interessante Bauten.

Öffnungszeiten: Von Oktober bis Mai von Dienstag bis Samstag jeweils von 10.00–13.00 und von 15.00–18.00 Uhr. Sonntags ist die Anlage geschlossen, kann aber trotzdem – dann ohne Bezahlung eines Eintrittspreises – betreten werden. Während der Hauptsaison, von Juni bis September, ist die Stätte jeden Tag von 10.00–20.00 Uhr geöffnet.

Telefon: 0034-971-76064
Internet: www.fundacioillesbalears.com

Die sensationelle Anlage von Torre d'en Gaumes – auf den meisten Hinweisschildern steht »Galmes« – liegt wie die vorerwähnte im Süden Menorcas. Man erreicht sie am einfachsten über die Ausfahrt Alaior auf der Hauptroute ME-1; sie ist dort auch angekündigt. Dort hält man sich dann Richtung Süden nach Son Bou, bis links eine geteerte Zufahrtsstraße abzweigt, der man ungefähr 1,5 Kilometer weit folgt. Sieht man linkerhand ein großes Landhaus, wendet man sich nach rechts und ist am Ziel.

Auch diese Anlage kann betreten werden, wenn keine offiziellen Öffnungszeiten sind.

Betritt man den Eingangsbereich nicht, so kann man einem Feldweg talwärts folgen und erreicht nach ungefähr 500–600 Metern die noch viel ältere Anlage Ses Roques Llises. Durch »wilde« Besuche in den letzten Jahren befindet sich in der Mauer, welche den Privatgrund vom Fahrweg abtrennt, bereits eine sehr gut erkennbare Lücke. Dort bin auch ich bereits wiederholt darübergestiegen, wurde jedoch noch nie von einem erzürnten Besitzer zurückgewiesen. Aus gegebenem Anlass muss ich hier aber explizit darauf hinweisen, dass man sich in einer »rechtlichen Grauzone« befindet und es jederzeit passieren kann, dass der Besitzer nicht mehr »gute Miene zum bösen Spiel« macht.

Die Lücke ist in der linken Mauer, und wenn man am Boden dahinter plane, felsige Strukturen sieht, ist man richtig. Man sollte auch achten, dass man nicht auf eine der seltenen geschützten Schildkröten tritt, die es auf Menorca noch gibt.

Der Reiseführer zu den geheimnisvollsten Plätzen

6 Kleine Insel – Große Rätsel

Die kleine Insel Malta, geografisch zwischen Sizilien und der nordafrikanischen Küste gelegen, zählt schon sehr lange zu meinen Lieblingszielen – gibt es doch jedes Mal Neues zu entdecken. Als beste Reisezeit empfehlen sich die Frühjahrsmonate von März bis Juni. Danach wird es, trotz der Lage mitten im Meer und der häufig wehenden Brisen, unbarmherzig heiß. Dadurch ist dann im Herbst die Vegetation regelrecht verbrannt. Im Winter regnet es häufiger, teilweise bis in den März hinein.
Obwohl es auch die Möglichkeit gibt, Malta mit dem Fährschiff von Sizilien aus zu erreichen, benutzen doch 99 von 100 Touristen das Flugzeug. Angeflogen wird die Insel hauptsächlich von der Air Malta, der staatlichen Fluggesellschaft. Diese Airline verchartert einen großen Teil ihrer Plätze an Reiseveranstalter, die sie dann zusammen mit einem Hotelzimmer als Komplettarrangement anbieten.
Interessante Stellen, an denen die beschriebenen Cart Ruts besichtigt werden können, gibt es noch etliche. Die bekannteste davon, als »Clapham Junctions« bekannt, liegt im Süden unweit der Klippen von Dingli. Verlässt man Rabat auf der Straße, die am Verdala-Palast vorbeiführt, ist die Stätte im Verlauf einer langgezogenen Linkskurve ausgeschildert. Rechts neben der dann wieder bergauf führenden Straße ist sie leicht zugänglich. Einige der Spuren sind zwar stellenweise schon etwas stärker verwittert, trotzdem gibt es einige schöne Details zu sehen. Beispielsweise eine fast 70 Zentimeter tiefe Verzweigung; gleichfalls zwei Spuren, die sich in einem exakt rechten Winkel kreuzen. Folgt man der Straße, welche an dem Areal vorbeiführt, in Richtung Ghar-il-Kbir, erscheint nach ein paar hundert Metern auf der linken Seite ein uralter Steinbruch. In diesem beginnt ein ohne Zweifel künstlich erzeugter Einschnitt, der sich über das gesamte Gelände zur Straße hinzieht. Er macht den Eindruck, als hätte jemand mit einem riesigen »Käsemesser« einen Schnitt durch den Felsboden gezogen.
Noch ein gutes Stück interessanter präsentiert sich ein ausgedehntes Feld, das direkt in einer Kurve der Straße liegt, welche von San Pawl tat-Targa zur Salina Bay führt. Dies ist ein abschüssiges Gelände, in dessen Hintergrund ein Kieswerk steht. An der talwärts verlaufenden Hauptspur findet man einen bunkerähnlichen Unterstand, der sogar ein wenig unter die Cart Ruts reicht. Parallel zu einer der Kanten wurden zwei runde, gleich große Löcher in den Kalkfelsen gebohrt.
Mitten in der Stadt San Gwann befinden sich die »Mensija Cart Ruts«. Ein ungefähr 20 000 Quadratmeter großes umzäuntes Grundstück, das unbe-

Insider-Informationen und Geheimtipps

baut bleibt, wartet mit besonders spektakulären Bodenspuren auf. Wie etwa jenem Stück, das den Beweis liefert, dass diese Rillen nie und nimmer auf mechanische Weise in den Untergrund geprägt worden sind. Trotzdem wurde erst 2007 eine große Hinweistafel errichtet, auf der Urmenschen beim schweißtreibenden Schieben eines beladenen Karrens durch den weichen Untergrund abgebildet sind. Aber sei's drum: Für mich ist dies ein gutes Zeichen, dass an eine Bebauung des mitten in dem Ort liegenden Grundstücks nicht mehr gedacht wird.

Die wohl spektakulärste Stelle mit Cart Ruts habe ich erst Anfang April 2008 erstmals besichtigen können. Angeregt durch einen Geheimtipp, machte ich mich zur Südküste bei M'tahleb auf, um das Gelände, das zwar in Sichtweite des Meeres, jedoch noch einen Kilometer davon entfernt liegt, zu suchen. Fündig wurde ich auch: Was ich dort bewundern konnte, lohnte wirklich sämtliche Mühen. Bodengleise mit einem rechteckigen Querschnitt, in der Mitte regelmäßige Einkerbungen wie die Gegenlager einer Zahnradbahn. Eine Spur verzweigt sich zu insgesamt dreien, und eine weitere endet an einem 50 Meter tiefen Steilhang buchstäblich im Nichts.

Natürlich möchte ich meinen Lesern die Wegbeschreibung keinesfalls vorbehalten. Mein Informant hatte einen Wanderweg genommen, der in Dingli beginnt. Und tatsächlich steht dort, wo man von der Straße abbiegen muss, auch ein halb verrostetes Schild mit dem Namen des Ortes. Einfacher geht es von Rabat aus. Dort nimmt man die Straße, die an der »Römischen Villa« vorbeiführt, und hält sich beim nächsten Kreisverkehr in Richtung M'tahleb. Zweimal noch gibt es Abzweige, doch hält man sich jedes Mal in Richtung M'tahleb. Nach der letzten Abzweigung steht ein Hinweisschild, das jenen Nebenweg nach Dingli ausweist. An diesem biegt man nach links ab und fährt den Berg hinauf, bis man den steilen Abhang erreicht. Die Fundstelle befindet sich hier und bietet sogar Parkplatz für einen kleinen Bus oder auch mehrere Autos, die man ungehindert abstellen kann.

Ist man an dem Schild – meiner Erinnerung nach ist es von der Gegenrichtung her besser zu lesen – vorbeigefahren, ist dies aber trotzdem kein Beinbruch. Nach etwas mehr als einem weiteren Kilometer taucht links die Haftanstalt für Drogenkriminelle auf, erkennbar an den hohen Mauern und Stacheldraht. Am Zufahrtsweg kann man gut umdrehen, und beim Rückweg sind größere Teile der Schrift »Dingli« auf dem rostigen Schild zu erkennen, sodass man die nun rechts liegende Auffahrt eigentlich nicht mehr verfehlen kann.

Auf der Nachbarinsel Gozo befindet sich direkt oberhalb der etwa 150

Meter tief abfallenden Klippen von Ta C'enc ein Areal, auf dem man sowohl »normale« Cart Ruts findet als auch die in Kapitel 6 beschriebenen »Panzerkettenspuren«. Eine unbefestigte Straße führt am ehemaligen Hotel »Ta C'enc« vorbei, die jedoch seit 2008 dort für Kraftfahrzeuge abgesperrt ist. Wenige Meter danach sieht man auch schon bei einer Baumgruppe den Fußweg beginnen, der zu den Klippen führt. Wenige Meter, bevor man den Abgrund erreicht, geht es *rechts* ins Gelände.

Nur noch ein paar Worte zum Hypogäum. Derzeit kommt man einzig mit einer lange vorab erteilten Festbestätigung in Maltas größtes archäologisches Rätsel. Derzeit kommen nur noch maximal 70–80 Personen täglich – in Gruppen zu je zehn Personen – hinunter. Auf kurzfristige »Noshows« zu warten, ist fast aussichtslos, daher rate auch ich zu vorhergehender Reservierung. Diese kann telefonisch, per Fax, per Internet oder selbst persönlich bei der Verwaltung des Hypogäums erfolgen, die sich im selben Haus befindet:

Hal Saflieni Hypogäum, Triq Hal Saflieni, Paola, Malta
Tel. 00356-825579
Internet: www.heritagemalta.org/hypogeum

Geöffnet ist das Hypogäum von Montag bis Sonntag jeweils 9.00–12.00 Uhr und 13.00–16.00 Uhr; zuweilen werden auch in der Mittagszeit Zehnergruppen eingelassen. Seit 2008 wird die Führung nicht mehr durch den Begleiter gemacht, sondern durch sogenannte »Audio Guides« zum Umhängen, bei denen man den Erklärungen auf Maltesisch, Italienisch, Englisch, Französisch und Deutsch lauschen kann. Nach der Euro-Umstellung vom 1. Januar 2008 beträgt der Eintrittspreis – noch »centgenau« umgerechnet – 9,32 €, aber das wird sicher bald angeglichen.

7 Dreimal so viele Pyramiden wie in Ägypten
8 »Wenn es nicht so fantastisch klingen würde ...«

Das »Reich der Mitte« hat uns Bewohner der westlichen Hemisphäre schon immer sehr interessiert, was nicht zuletzt auch darin seinen Grund hat, dass es sich für so lange Zeit vom »Rest der Welt« abgeschottet hat. Auch im Jahre des Herrn 2008 hat China mit der Öffnung so seine liebe Not: Während es als erstes Land Asiens (mit Ausnahme von Japan 1964) die Olympiade ausrichtet, sorgten Unruhen unter der tibetischen Bevölkerung für hässliche Begleittöne, und das schon im Vorfeld.

Bei allen Öffnungstendenzen muss man jedoch eines immer bedenken: Es findet so gut wie kein Individualtourismus statt. Denn zum einen sind

Insider-Informationen und Geheimtipps

de facto nicht mehr als 10–15 Prozent aller Flächen der Volksrepublik China tatsächlich für den Fremdenverkehr freigegeben. Viele Regionen sind nach wie vor Sperrgebiete. Zum anderen verhindert ein viel banalerer Grund, sich frei und ungehindert wie in westlichen Ländern zu bewegen: die allgegenwärtige Sprachbarriere! Kaum ein Chinese beherrscht eine der gebräuchlichen Fremdsprachen, sogar in den größeren Hotels darf man – zumindest beim »einfachen« Service-Personal – keine Sprachkenntnisse erwarten. Selbst unter den Chinesen kennt man Verständigungsprobleme, denn ein Mandarin sprechender Nordchinese versteht seinen Kantonesisch sprechenden Landsmann im Süden meist nicht. Umgekehrt werden chinesische Sprachkenntnisse in unseren Breiten eher die Ausnahme bleiben.

Die logische Konsequenz daraus ist, sich entweder einer Reisegruppe anzuschließen, oder – was zwar teurer kommt, jedoch für Individualisten reizvoller ist – auf »Minigruppenbasis« ab einer Person mit eigenem Reiseführer und Chauffeur eine Reise zu unternehmen. Besonders Studenten der Germanistik verfügen häufig über hervorragende Deutschkenntnisse; viele von ihnen lassen sich später als professionelle Reiseführer von den heutzutage meist privaten Agenturen anheuern, weil die Verdienstmöglichkeiten dann einfach besser sind.

Da ich selbst bereits mehrere Leserreisen nach China angeführt habe – die bislang jüngste im Oktober 2007 –, weiß ich, dass es mittlerweile keine Schwierigkeiten mehr macht, die hier erwähnten Orte ins Programm aufzunehmen.

Was die Pyramiden westlich von Xian betrifft, hat sich bei den örtlichen Incoming-Agenturen bereits herumgesprochen, dass immer mehr ausländische Gäste neugierig darauf sind. Ein Standort – die vom »Airport Expressway« aus zu sehende Pyramidenanlage Han Yangling – wurde zwischenzeitlich zu einem Nationalen Gedenkmonument ausgebaut. Jeder lokale Guide kennt die Stätte, die sich nun sogar *en passant* auf dem Weg vom Flughafen in die Stadt Xian »mitnehmen« lässt.

Jedoch nur, wenn man nicht die erst vor Kurzem fertiggestellte Autobahn nimmt, die sich in kühnem Bogen von Südwesten her der alten Kaiserstadt nähert. Doch sieht man selbst von dieser Autobahn aus mehrere der Pyramiden, die besonders im Umland der Stadt Xianyang liegen. Eine sehr schöne, hohe Pyramide mit einem unglaublichen Ausblick von oben auf zahlreiche weitere der rätselhaften Bauten befindet sich etwas mehr als einen Kilometer vom nördlichen Stadtrand entfernt. Folgt man jener Straße, die knapp daran vorbeiführt, noch etwa zwei Kilometer, findet man die nächste große Pyramide etwas zurückversetzt hinter einem Feld.

Ich konnte sie mit dem Fernglas einmal schon von der oben erwähnten aus erkennen, doch sind schöne Tage mit adäquater Fernsicht dort eher die Ausnahme.

Wer Mao Ling besuchen möchte, hält sich am besten auf der Landstraße, welche die Gleise der Lung-Hai-Eisenbahnlinie in westsüdwestlicher Richtung begleitet. An einer Fahrrad-Reparaturwerkstätte – erkennbar an Dutzenden davor geparkten Drahteseln – biegt man von der erwähnten Hauptstraße rechts ab, überquert die Bahnlinie und bemerkt schon von Weitem die Silhouette der großen Pyramide von Mao Ling. Auch wenn die Vegetation auf jenem Bauwerk mittlerweile ziemlich wuchert, lohnt sich der Aufstieg in jedem Fall. Dabei sollte man aber nicht den Pfad nehmen, der frontal hinaufführt, sondern den wesentlich einfacheren Aufstieg über eine der vier Kanten wählen.

Bis heute war ich sechs Mal in Xian und konnte dabei auch eine Reihe Hotels unter die Lupe nehmen. Sehr schön ist das »Xian Hotel« mit seiner luxuriösen Eingangshalle und – für die Freunde des Bieres – dem bayrischen Wirtshaus im Erdgeschoss. Etwas einfacher, aber dafür ganz in der Nähe des »Glockenturmes« gelegen, ist das Hotel »Bell Tower«. Einmal in Xian, sollten Sie sich auch reichlich Zeit für das Banpo-Museum und das Provinz-Museum nehmen. In letzterem findet man unglaubliche technische Artefakte, darunter ein paar hart verchromte Schwerter, welche auf ein Alter von fast 3000 Jahren datiert werden.

Wie man sieht, würde man vieles versäumen, käme man einzig wegen der »Tonarmee« des alten Qin Shi Huangdi nach Xian …

Die ebenfalls erwähnte, einzige Steinpyramide Chinas bei Qu'fu ist in einer ganz anderen Provinz zu finden, nämlich der Shandong-Provinz östlich von Beijing. Ausgangspunkt ist die Hauptstadt, Jinan, von der aus man nochmal etwa zwei bis drei Stunden nach Qu'fu fährt. Ein paar Kilometer außerhalb der Heimatstadt des weisen Konfuzius liegt in südlicher Richtung der »Geburtsort des Gelben Kaisers«, ein paar hundert Meter weiter zu Fuß erhebt sich dann das mit Steinen überprägte Monument.

Noch ein Geheimtipp, wenn man gerade in der Gegend ist: Gleichfalls nur wenige Kilometer außerhalb von Qu'fu befindet sich der Ort Zoucheng. Eigentlich nur ein Kaff, weist Zoucheng eine Attraktion allerersten Ranges auf. Es ist der Menzius-Tempel, dessen Eingang etwas zurückversetzt an einem großen Platz mit vielen privaten Flohmarktständen liegt. Da der Tempel große Bedeutung für die Einheimischen hat, kennt ihn dort jeder. Ausländer dagegen kommen so gut wie nicht dorthin.

Und niemanden verschlägt es in den Hof hinter dem Tempel. Eine wahre Fundgrube wartet dort auf den Jäger von außergewöhnlichen Artefak-

Insider-Informationen und Geheimtipps

ten. Mittlerweile meist von Dächern und Unterständen geschützt, befindet sich eine stattliche Anzahl von Stelen und Figuren buchstäblich im Dornröschenschlaf. Hierauf sind Mischwesen und Chimären abgebildet, wie man sie von Kreta, Ägypten, Sumer oder Assyrien kennt. Kreaturen, die stets einer perfiden Schöpferlaune der »Götter« entsprungen sein sollen.

Über Changsha und die Ausgrabungen von Ma Wang Dui ist in China bereits viel geschrieben worden. In unseren Breiten wissen allenfalls ein paar archäologisch versierte Kreise von diesen bemerkenswerten Funden. Changsha und die Provinz Hunan gehören schon seit längerem zu den problemlos zu bereisenden Regionen in China. Nicht zuletzt deshalb, weil der »große Vorsitzende« Mao Zedong von dort stammt. So gehört ein Besuch in der Fundstätte Ma Wang Dui, die heute im Stadtgebiet Changshas liegt, wie die Besichtigung des Hunan-Museums zu den leichteren Übungen. Das Museum ist jeden Tag von 8.30–17.00 Uhr geöffnet; an den Wochenenden muss mit einer recht starken Frequentierung durch Einheimische gerechnet werden. Bei meinem Besuch im Jahr 2007 mussten – abweichend von meinen früheren Besuchen – Fotoapparate und Kameras nicht mehr abgegeben werden. Ganz allgemein wird in den chinesischen Museen nun sehr viel großzügiger mit Filmen und Fotografieren umgegangen.

Noch ein Tipp zu Changsha: Sehr reizvoll ist der auf der gegenüberliegenden Seite des Xiangjiang-Flusses gelegene »Hausberg« der Stadt, der Yuelu Shan. Er beherbergt mehrere Tempel, einen kleinen Vergnügungspark und den Yuelu-Palast. Die Aussicht von oben ist sehr schön und lässt sich eigentlich nurmehr toppen, wenn man *nicht* die gewundene Bergstraße hinauffährt und dafür den Sessellift zur Bergspitze nimmt. Die etwa 20-minütige Fahrt über die Baumspitzen des ruhigen Bergwaldes kostet pro Strecke 20 Yüan (etwa 2 €, Stand Oktober 2007) und ist ungemein erholsam für Körper und Geist.

Nun noch einige allgemeine Informationen. Bürger Deutschlands, Österreichs sowie der Schweiz benötigen zur Einreise in die VR China ein Visum, das von der jeweiligen Botschaft oder dem zuständigen Konsulat ausgestellt wird. Bei Gruppenreisen kümmert sich der Reiseveranstalter um die Visaerteilung, Einzelreisende bedienen sich zweckmäßigerweise eines Reisebüros. Der Reisepass muss mindestens noch bis sechs Monate nach Ende der Reise gültig sein, und für die Erteilung muss man mit zwei bis drei Wochen Wartezeit rechnen. Deshalb sollte zeitlich nicht allzu knapp kalkuliert werden!

Da die Zeit in China der Mitteleuropäischen Zeit (MEZ) um sieben Stunden voraus ist – wenn es 18.00 Uhr in Peking ist, entspricht dies 11.00 Uhr in Frankfurt –, tritt durch diese Zeitverschiebung der sogenannte »Jetlag« ein. Der Körper ist noch nicht an die unterschiedlichen Bedingungen angepasst und muss sich an die geänderten Tageszeiten noch gewöhnen. Die meisten großen Fluggesellschaften fliegen die chinesische Hauptstadt Beijing an, wie etwa die Deutsche Lufthansa ab München und Frankfurt. Die Flugzeit beträgt neun Stunden, und für aktuelle Flugpreise wende man sich am besten an ein Reisebüro mit IATA-Vertretung. Innerchinesische Verbindungen von Beijing nach Xian beziehungsweise nach Changsha bestehen mehrmals täglich. So wird die Strecke Beijing–Xian u. a. von Air China (CA) bedient, die Strecke Beijing–Changsha von der CA und der China Southern Airlines (CZ). Die Flugzeit nach Xian beträgt nur etwa 1 Stunde 45 Minuten, bis nach Changsha ist man etwas länger als zwei Stunden unterwegs.

Inzwischen kann man sogar die innerchinesischen Bahnverbindungen einigermaßen guten Gewissens empfehlen. Habe ich noch 1994 auf einer 24-stündigen Bahnfahrt von Xian nach Yueyang schwer unter den sanitären Bedingungen gelitten, staunte ich 2004 und 2007 über den supermodernen Hochgeschwindigkeitszug mit sichtbaren Anklängen an den deutschen ICE, mit dem ich die Strecke von Beijing nach Jinan (Provinz Shandong) zurücklegte. Endlich haben sich Sauberkeit und Bequemlichkeit auch der chinesischen Staatseisenbahnen bemächtigt.

Alles in allem kann man sagen, dass China ein modernes und aufstrebendes Land mit vielen Annehmlichkeiten und einer hervorragenden Küche ist. Ein Wermutstropfen ist der sich geradezu explosionsartig vermehrende Autoverkehr. Das einstige »Heer« von Radfahrern gehört der Vergangenheit an, Nobelkarossen und japanische Autos beherrschen heute das Straßenbild. Als beste Reisezeit kann ich die Frühjahrsmonate April/Mai empfehlen. Fährt man in den Süden, dann wähle man besser den September, Oktober und November für seine Reiseaktivitäten.

9 »Terra australis incognita«

Zugegeben: Es ist ein verdammt langer Flug von unseren mitteleuropäischen Gefilden nach »Down Under«, wie Australien nicht nur von seinen Bewohnern genannt wird. Als ich 1996 via London hinunterflog, machte ich mir den Spaß, die Zeit abzumessen vom Verlassen meines Hauses bis zu dem Zeitpunkt, als ich da unten wieder eines betrat. Es kamen stolze 36 Stunden zusammen. Die reine Flugzeit ist nicht ganz so krass, aber via

Insider-Informationen und Geheimtipps

London mit einem Zwischenstopp in Bangkok kamen immer noch circa 24 Stunden zusammen. Wer denkt auch daran, dass nach einem zwölfstündigen Flug und Auftanken in Bangkok oder Singapur nochmals ein neunstündiger Langstreckenflug bevorsteht?

Im Gegensatz dazu war der Flug mit einer Airline aus den Arabischen Emiraten via Abu Dhabi die schiere Erholung. Sechs Stunden von München auf die Arabische Halbinsel, eine Übernachtung dort und am nächsten Tag gegen Mittag ausgeruht auf den immerhin 15-stündigen Weiterflug nach Sydney habe ich, trotz Sommer in den Emiraten, sehr gut verkraftet.

Wer plant, sich ein wenig an der schönen Gold Coast umzusehen, wie die mittlere Ostküste mit dem berühmten vorgelagerten Barriereriff genannt wird, kann auch nach Brisbane fliegen. Diese Hafenstadt ist zugleich auch die Hauptstadt des australischen Bundesstaates Queensland. Wer mehr Zeit mitbringt und sich das riesige Land genauer ansehen möchte, sollte sich in einem Büro mit IATA-Lizenz – das sind Reisebüros mit der Berechtigung zur Ausstellung von Linienflugscheinen – nach Angeboten für »freie Inlandsstrecken« erkundigen. Es gibt nämlich Tarife, bei denen die Fluggesellschaften Gratisstrecken gewähren, die in die erlaubten Flugmeilen eines Langstreckentickets inkludiert werden können. Oder sogenannte »Sky-Pässe«, bei denen jede zusätzliche Strecke nur noch einen Festbetrag kostet. Diese können jedoch nur zusammen mit dem Langstreckenflugschein erworben werden, wobei die Flüge auf den Inlandsstrecken natürlich an festgelegte Airlines gebunden sind.

Ein offenes Wort zur Fauna des »Fünften Kontinents«. Australien besitzt die meisten giftigen Tiere, darunter einige tödlich giftige Schlangen, Seeschlangen und Spinnen. Auf diese trifft man zwar nicht auf Schritt und Tritt, doch kann sich leichtsinniges Verhalten schnell rächen. Vorsicht ist angebracht. Zudem kann man das Risiko durch die Wahl der Reisezeit ein wenig minimieren. Reist man im für unsere Begriffe milden australischen Winter – bedingt durch die Lage auf der südlichen Halbkugel sind das die Monate Juni bis August –, trifft man einige jener unangenehmen Giftzähne nicht an, weil sie Winterschlaf halten. Nicht so die Braunschlange, ein im ganzen Outback im östlichen Australien beheimatetes Reptil. Diese ist auch äußerst nervös und beißt beim Angreifen, anders als »normale« Giftschlangen, mehr als einmal zu.

Abweichend vom üblichen Auftrag dieses Buches, möchte ich mich jetzt mit Wegbeschreibungen zu geheimnisvollen Stätten zurückhalten. Viele der Orte liegen auf Aborigine-Land, und Religion wie Weltbild der Ureinwohner sind nach wie vor von zahlreichen Tabus geprägt. Und wie es den Überresten der »Gympie-Pyramide« ergangen ist, habe ich hinreichend beschrieben. Einen »Leckerbissen« will ich meinen Lesern aber doch nicht vorenthalten – und zwar die Felsschlucht, in der man eine große Anzahl alter, ägyptischer Hieroglyphen gefunden hat.

Von Sydney aus nimmt man den »Pacific Highway« in nordöstlicher Richtung; dieser Highway Nr. 1 endet erst ganz oben im Norden von Queensland, bei der Stadt Cairns. So weit muss man jedoch hier nicht fahren. Nicht weit nach dem Mündungsgebiet des Hawkesbury River nimmt man die Ausfahrt Gosford, und nach ein paar hundert Metern erreicht man die Ortschaft Kariong. Rechts befindet sich eine Shell-Tankstelle, und nach ungefähr 200 Metern zweigt auf der gleichen Seite die »Woy Woy Road« ab. Dieser Straße folgt man gut zwei Kilometer (auf der rechten Seite ist ein Stützpunkt für Ambulanz und Feuerwehr), bis linkerhand ein kleiner Naturparkplatz auftaucht. Eigentlich ist es nur eine mehr oder weniger ebene Fläche felsigen Bodens, doch zum Abstellen von zwei bis drei Pkw groß genug.

Hier beginnt, an einem eisernen Tor, der sogenannte *Lyre Trig Fire Trail* – ein Wanderpfad, der zum 241 Meter hohen Lyre Trig Mountain führt. Das Gebiet gehört zum *Brisbane Water National Park*, einem Landschaftsschutzgebiet typisch australischer Prägung. Diesen breiten Pfad wandert man in gut 20–25 Minuten bis zum höchsten Punkt des Lyre Trig, wo ein betonierter Pfahl mit einer Art Windrose steht. Kurz davor zweigt – auf der linken Seite, wenn man von unten her kommt – ein kleiner Trampelpfad ab, der erst einmal halbkreisförmig um einen Felsen führt. Den verlässt man nach etwa 30 Metern und steigt den Hang weiterhin in südlicher Richtung ab. An einem Baum wurde in dessen Rinde ein Pfeil geritzt; geht man links an diesem Baum vorbei, sind es nur noch wenige Meter bis zu einer steinernen Rutsche, in der man sich vorsichtig weiter abwärts bewegt. Am Ende dieser Rutsche kann man nur im rechten Winkel nach links abbiegen und befindet sich mitten zwischen den erwähnten Felswänden mit den Hieroglyphen.

Ich komme an dieser Stelle noch einmal zur schönen »Gold Coast« zurück. Wer dort noch ein wenig entspannen möchte, dem sei das Städtchen Noosa Heads ans Herz gelegt. Es liegt etwa 160 Kilometer nördlich von Brisbane und eignet sich gut für Ausflüge an der Küste und im Hinterland. Besonders schätzen lernte ich in Noosa Heads das Restaurant »Lobster Trap« – eine der ersten Adressen für Freunde vorzüglicher Meeresfrüchte, die es an der Ostküste Australiens in Hülle und Fülle gibt. Für kleines Geld kann man dort nach Herzenslust am Seafood-Buffet schlem-

Insider-Informationen und Geheimtipps

men und den Gaumen verwöhnen. Sollten es Austern sein, müssen die zwar separat gelöhnt werden, aber man bekommt das Dutzend zu einem Preis, für den man hierzulande höchstens ein bis zwei der fein mundenden Schalentiere erhält.

Die »Hummerfalle« wartet auch nicht mit einer Unsitte auf, die in australischen Restaurants fürchterlich nerven kann. Das Unwort hierzu lautet »B. Y. O.« – »Bring your own«. Findet man das Schild am Eingang, verfügt das betreffende Etablissement nicht über die Lizenz, Wein zum Fisch oder Steak zu kredenzen. Darum ist »B. Y. O.« eine dezente Aufforderung an den Gast, sich seine alkoholischen Getränke entweder mitzubringen oder schlicht und einfach in ein anderes Lokal zu wechseln.

Dabei hat Australien hervorragende Weine zu bieten, einige davon sind wahrer Götter-Nektar. Kein Wunder, wenn man erfährt, dass der Weinanbau in Australien fest in den Händen deutscher Winzer liegt, die vor ein paar Generationen dort eingewandert sind. Besonders das Barossa Valley, eine gute Autostunde nördlich von Adelaide, ist berühmt geworden für die einzigartigen Weine der deutschstämmigen Anbauer.

Neuerungen auf breiter Front gibt es bei der Visaerteilung für Australien. Nachdem sich das »ETA Approval«, also die elektronische Visaausstellung bewährt hat, ist die Erteilung über die jeweilige Botschaft nur noch in Ausnahmefällen angesagt – etwa bei Studenten- oder Arbeitsvisa. In der Regel wird ein für ein Jahr gültiges Visum erteilt, in dessen Gültigkeitsfrist mehrere Male (»Multiple Entry«), bis zu drei Monaten eingereist werden darf. Die Ausstellung erfolgt im Reisebüro, welches das Ticket verkauft, online. Das heißt, man kann es nach Ausdruck auf Papier gleich mit nach Hause nehmen. Gebühren fallen gleichfalls keine an. Der Datensatz geht an die Einreisebehörden, und bei der Ankunft in Australien wird das Visum einfach abgerufen und in den Pass eingestempelt.

Als beste Zeit für den Australienurlaub eignen sich die Monate von April bis Oktober und davon wiederum die Monate von Juni bis etwa Mitte September. Das entspricht Herbst/Winter bei uns und vermeidet Temperaturen über 40 Grad Celsius und die Gefahr, die verheerenden Buschbrände zu erleben. Denn der australische Winter ist nicht zu verachten – jedenfalls, je höher man Richtung Norden kommt. Friert man in Melbourne und Canberra bei eisigen Temperaturen, hat man im Raum Sydney bereits angenehmere 15–18 Grad Celsius. Und dann klettert das Quecksilber an der »Gold Coast« in Queensland auf wärmende 22–25 Grad Celsius.

Denken Sie auch an die unvermeidliche Zeitverschiebung: An der Ostküste beträgt der Unterschied neun Stunden, in Zentralaustralien sind es

achteinhalb (!) und im Westen des roten Kontinents sieben Stunden Unterschied zu unserer Mitteleuropäischen Zeit (MEZ).
Und damit es bei der Einreise keinen Ärger mit dem Zoll gibt, beherzigen Sie bitte einen letzten Rat: Nehmen Sie keinen Reiseproviant mit! Wurst- und Fleischprodukte, selbst mitgebrachtes Obst werden gnadenlos konfisziert und vernichtet. Seltsam, aber verständlich, weil man keinen Wert legt auf eingeschleppte Krankheitserreger und Seuchen. »Down Under« ist ein kleines bisschen anders – aber immer wieder eine Reise wert.

10 Wenn Steine reden könnten

Es ist auch hier fast die Hälfte des Erdumfanges, die man auf dem Weg zur Osterinsel, dem unglaublich einsam gelegenen Fleckchen Erde im Südpazifik, zurücklegt. Und die reine Flugzeit beträgt im günstigsten Fall – so man noch am gleichen Tag einen Anschlussflug bekommt – annähernd 24 Stunden.
Alle Wege zur Osterinsel führen über die chilenische Metropole Santiago. Dauert der Flug über den Atlantik von Frankfurt aus, je nach Zwischenlandung, rund 16–18 Stunden, so kommen für die Strecke Santiago–Osterinsel noch einmal runde fünfeinhalb Stunden dazu. Und hat man für den Transatlantikflug noch mehrere Airlines zur Auswahl, so wird der Flug zur »Isla de Pascua« einzig von der *Linea Aerea Nacional de Chile*, kurz: LAN Chile, durchgeführt. Die fliegt mehrmals in der Woche, wobei sie nach kurzem Aufenthalt auf Rapanui den Weiterflug nach Papeete, der Hauptstadt Tahitis, antritt. Glücklich ist, wer auf der Strecke von Santiago zur Osterinsel einen Fensterplatz reservieren konnte: Unbezahlbar ist der atemberaubende Blick beim Landeanflug auf das sagenumwobene Eiland. Sogar etliche Statuen sind vom Flugzeugfenster aus zu erkennen. Die weite Anreise dürfte klarmachen, dass die einsame Insel in den Weiten des Pazifik wohl immer den Status eines ganz besonderen Geheimtipps behalten wird. Massentouristische Ambitionen wären schon aufgrund der wenigen Hotels fehl am Platz. Und als einziges Ziel wäre der zeitliche und finanzielle Aufwand nicht gerechtfertigt – also bietet sich die Osterinsel als Verlängerung für verschiedene Südamerika-Kombinationen an.
Die wichtigsten Sehenswürdigkeiten der Osterinsel sind – keine Diskussion – die viel zitierten Steinstatuen, die *Moais*. Mittlerweile wurden viele dieser Monumente wieder aufgerichtet und auf ihre Steinplattformen, die Ahus, gesetzt. Zwei der wichtigsten Ansammlungen der Figuren wä-

ren beispielsweise der *Ahu* Akivi, dessen sieben Moais im Gegensatz zu allen anderen aufs offene Meer blicken, und Tongariki, der größte Ahu mit insgesamt 15 Steinfiguren. Er war 1960 durch einen Tsunami zerstört und mittlerweile wieder aufgebaut worden.

Einplanen sollte man aber auch einen Ausflug zu der in der Nähe des Flughafens gelegenen »Inkamauer«, die Erinnerungen wachruft an die Zyklopenmauern in den Anden Südamerikas. Ebenfalls nicht versäumen sollte man einen Abstecher zum Krater Rano Raraku, der gigantischen Bildhauerwerkstatt auf den Steilhängen des gleichnamigen Berges. Dort wurden die Arbeiten an Hunderten von Statuen offenbar von einem Moment auf den nächsten eingestellt. Nehmen Sie unbedingt gutes Schuhwerk für die Besteigung des Rano Raraku mit. Der ganze Abhang besteht nämlich aus dem Schutt, der bei der Bearbeitung der Riesenstatuen angefallen ist. Es lohnt sich auf jeden Fall, auch die Rückseite des steil nach oben ragenden Berges aufzusuchen. Am Fuße befindet sich ein romantischer, schilfbestandener Kratersee. Und an der gesamten Vorderfront stecken fertige, halbfertige und im Stein skizzierte Statuen. Einschließlich der größten aller bis heute gefundenen Figuren, die mit ihrer Gesamtlänge von 23 Metern im Felsmassiv des Rano Raraku steckt.

Die wohl stilechteste Abrundung eines Aufenthaltes auf der Osterinsel wäre ein ruhiger Badetag in der Bucht von Anakena. Es ist übrigens der einzige Strandabschnitt auf der Insel, wo man echte »Südsee-Romantik« genießen kann.

Obschon die Osterinsel mit gerade einmal 160 Quadratkilometern zu den flächenmäßig eher unbedeutenden Flecken auf dieser Welt zählt, birgt sie buchstäblich auf jedem Meter spektakuläre Relikte aus ihrer bis heute geheimnisumwobenen Vergangenheit. So sollte man mindestens vier Tage Zeit mitbringen. Wer dem Glauben anhängt, er könne sie »en passant« mitnehmen, fliegt heim, ohne wirklich etwas gesehen zu haben. Schade um die nutzlos in den Sand gesetzten Stunden.

Im Übrigen plädiere ich dafür, einen Reiseführer für Exkursionen über die Insel zu chartern. Dabei erlebte ich eine große – aber positive – Überraschung, als ich, unterwegs auf einer Reise mit meinen Lesern, auf einen gebürtigen Schweizer traf, der mit einer Osterinsulanerin verheiratet ist. Franz, wie dieser Fremdenführer mit seinem Vornamen heißt, lebte in seiner Heimat einige Jahre lang in unmittelbarer Nachbarschaft von Erich von Däniken. Da hatten uns wohl die »Götter« genau den richtigen Mann ins Boot gesetzt …

11 Horrornacht im Dreiländereck

Auch hier ist der Hauptschauplatz in Chile, dem südamerikanischen Land, das sich über 4000 Kilometer entlang der Andenkordillere von Norden nach Süden hinzieht. Und zwar ganz oben, im nördlichsten Zipfel, im Dreiländereck von Chile, Peru und Bolivien. Die praktikabelste Art, dorthin zu gelangen, ist per Flugzeug in die an der Grenze zu Peru gelegene Hafenstadt Arica. Die Fluggesellschaften LAN Chile und Ladeco fliegen Arica von Santiago de Chile aus zweimal täglich an, meist mit einem Zwischenstopp in Antofagasta, was ungefähr dreieinhalb Stunden an Flugzeit in Anspruch nimmt.

Zum Zeitpunkt der Niederschrift dieses Kapitels steigen die Ölpreise fast täglich und der US-Dollar schwächelt gegenüber dem Euro, sodass es ziemlich wenig Sinn macht, hier Preise zu vermerken. Eine andere Möglichkeit wäre der Flug von La Paz (Bolivien) aus. Mehrmals wöchentlich fliegen die LAN Chile und die Lloyd Aereo Boliviano diese nördlichste Hafenstadt in Chile an.

Von Arica aus fährt man auf der einzigen Überlandstraße in das Dreiländereck, das Chile mit seinen Nachbarn Peru und Bolivien bildet. Im selben Gebiet befindet sich der »Parco Nacional de Lauca«. An dieser Straße passiert man bald den Check-Point von Poconchile, wo die Polizei sämtliche Fahrzeuge, welche die bis in 4000 Meter Höhe führende Route Richtung Chungara benutzen, registriert. Ungefähr 100 Kilometer hinter Arica erreicht man, ein Stück nach der präinkaischen Anlage Pukara de Copaquilla, die »Area Magnetico de Quebrada Cardones«. An diesem Ort gibt es keine Schilder, die auf ein besonderes Phänomen hinweisen. Das hier etwas abschüssig verlaufende Straßenstück kann man jedoch nicht verfehlen, da sich einheimische Autofahrer wie auch die Chauffeure von Bussen das Ausprobieren des Phänomens nicht entgehen lassen. Falls man die Dienste eines lokalen Touristenführers in Anspruch nimmt, wird dieser sowieso auf den Quebrada Cardones hinweisen.

Busfahrer bringen für gewöhnlich ihre Fahrzeuge am Fuß der Anhöhe (in Richtung Putre gesehen) zum Stehen, stellen die Gangschaltung in den Leerlauf und freuen sich über die maßlos verblüfften Gesichter ihrer Fahrgäste, wenn sich das schwere Fahrzeug langsam rückwärts die Anhöhe hinaufzubewegen beginnt. Vom tiefsten Punkt des Quebrada Cardones kann man genauso gut eine Flasche oder Getränkedose nach oben rollen lassen. Doch sollte man bei aller Begeisterung noch unbedingt ein Auge für den Verkehr haben – denn chilenische Autofahrer und noch mehr die LKW-Fahrer pflegen eine sehr bremsenschonende Fahrweise!

Am Rande der Straße fallen zuweilen Hinweise auf, die mit Farbe auf große Felsen gepinselt sind: »Zona avistamiento OVNI« – zu Deutsch: »Zone häufiger UFO-Beobachtungen«. Was mir gleich das Stichwort für den nächsten Lokaltermin gibt.

Nach weiteren 30–35 Kilometern erreicht man die Abzweigung nach Putre, das malerisch in ein Andental eingebettet daliegt. Im Ort nicht zu verfehlen ist die Kaserne, welche linkerhand an einem holperigen Weg liegt, der aus Putre hinaus zum Paso Chamuscado führt. Dieser Weg überquert zunächst einen Bach, um nach gut drei Kilometern in einem Plateau auszulaufen, auf dem man bereits von Weitem die niedrigen Baracken des vorgelagerten Postens erkennt. Der eigentliche Entführungsort von Armando Valdes liegt hinter der kleinen Kaserne, vor einem von mehreren kleinen Hügeln, die sich dort erheben.

Warnung! Ab dem Ende des unbefestigten Weges beginnt militärisches Gelände! Da im Übrigen der Entführungsfall Valdes immer noch als Geheimsache betrachtet wird, sollte man nicht mit dem Entgegenkommen – oder gar Auskunftsfreudigkeit – der dort stationierten Mannschaft rechnen. Der Posten ist mit einem halben Dutzend Soldaten permanent besetzt.

Sollten Sie über spanische Sprachkenntnisse verfügen oder einen örtlichen Fremdenführer in Ihre Dienste genommen haben, so empfiehlt es sich, freundlich auf die Uniformierten zuzugehen. Ein paar Zigaretten können Wunder wirken. Erwähnen Sie jedoch möglichst nicht den Zusammenhang Ihres Besuchs mit dem damaligen Entführungsfall. Denn ein Telefonat des diensthabenden Offiziers zur Garnison nach Putre dürfte auf Ihre Anfrage so sicher folgen wie das Amen in der Kirche …

Letztendlich möchte ich noch auf das strenge Fotografierverbot hinweisen, das in allen südamerikanischen Ländern auf militärischem Gelände wie auch auf Flughäfen gilt. Sollten Sie dennoch Aufnahmen machen wollen, geschieht dies selbstverständlich auf Ihr eigenes Risiko. Weder Autor noch Verlag übernehmen in solchen Fällen irgendeine Haftung oder Verantwortlichkeit!

12 Einst ein Stützpunkt von Außerirdischen?

Die archäologischen Stätten Tiahuanaco (Tiwanacu in der Landessprache und auf Hinweisschildern) und Puma Punku liegen in einer Höhe von knapp 4000 Metern über dem Meeresspiegel. Infolge des Ausbaus der bis vor wenigen Jahren noch katastrophalen und mit Schlaglöchern übersäten Straße kann man die Stätten von La Paz aus heute in knapp zwei Stunden erreichen. Empfehlenswert wäre es auch, in Puerto Pérez am Titicaca-See zu nächtigen und nach einer Fahrtzeit von 45 Minuten den ganzen Tag über großzügig Zeit für eingehende Besichtigungen zu haben. Übrigens hatten die Ruinenstätten vor einigen tausend Jahren noch direkten Zugang zum See. Doch der Wasserspiegel ist gefallen, darum befindet sich der See heute über 20 Kilometer von den geheimnisumwobenen Stätten entfernt.

Für den Besuch des Andenhochlandes empfehlen sich die Sommermonate der Südhalbkugel – also jene Monate, in denen hierzulande Herbst und Winter ist. Da aber im Altiplano zu dieser Zeit oft unerwartet Regenschauer einsetzen und recht kühle Winde aufkommen können, rate ich dazu, einen warmen Pullover und eine möglichst regendichte Jacke ins Gepäck zu legen.

Von La Paz aus fahren täglich Busse mit Gruppen zu den Ausgrabungsorten im Andenhochland. Auch wenn nun die Straße in einem besseren Zustand ist, schleust man die »Touris« oft im Schnellverfahren durch Tiahuanaco, um schon nach kurzer Zeit den Rückweg anzutreten. Für die noch atemberaubenderen Ruinen von Puma Punku bleibt dann meistens überhaupt keine Zeit mehr. Obgleich diese nicht einmal einen Kilometer entfernt liegen. Ob das alles System hat, vermag ich nicht zu sagen. Vielleicht scheuen manche Fremdenführer nur unbequeme Fragen.

Nachdem ich selbst bereits mehrere Male in der dünnen Luft des Hochlandes war, rate ich dringend dazu, den Zeitplan für beide Ruinenstätten möglichst großzügig zu bemessen. Da die alte Andenbahn, deren Schienen genau vor den eingezäunten Ruinen Tiahuanacos verlaufen, seit ein paar Jahren nicht mehr in Betrieb ist, bleibt als beste Möglichkeit, sich in La Paz ein Taxi zu nehmen. Vereinbaren Sie unbedingt im Voraus den Fahrpreis für den ganzen Ausflug, um später beim Bezahlen keine böse Überraschung zu erleben. Und geben Sie dem Fahrer so etwa 25–35 Prozent des vereinbarten Fahrpreises bald, um ihm die Absicht, ihn für einen ganzen Tag inklusive Wartezeiten anzuheuern, zu verdeutlichen. Die ausstehenden 65–75 Prozent sollten ihn wirkungsvoll davon abhalten, den Weg zurück ohne Sie anzutreten. Gegenüber dem Bus spart man sich dadurch eine gute Stunde Zeit pro Strecke. Brechen Sie auch unbedingt früh auf, keinesfalls später als sieben Uhr. Dann haben Sie locker eine Stunde gewonnen, bevor die ersten Busse eintreffen.

Am ruhigsten ist es vor zehn Uhr am Vormittag und dann wieder zwischen 12 und 13 Uhr, wenn die Besucher im neuen Restaurant des Museums ihr Mittagessen einnehmen. Das kleine Gasthaus »La Cabana«

Insider-Informationen und Geheimtipps

gegenüber dem Eingang zu den Ruinen ist ja geschlossen, und dessen frühere Wirtin arbeitete 2002, als ich erneut dort weilte, in besagtem Restaurant. Später wird es dann von 16 Uhr ab ruhig, wenn die meisten Touristenbusse den Rückweg nach La Paz angetreten haben.

In Puma Punku besteht die Möglichkeit, ein fantastisches Phänomen auf experimentellem Weg immer wieder zu demonstrieren: Das betrifft die von mir beschriebenen magnetischen Abweichungen. Sie sind an allen Monolithen nachweisbar, wobei ich die spektakulärsten Ergebnisse bei den »Fertigteilen« sowie jenem erwähnten Steinklotz mit den fünf exakt gearbeiteten Aussparungen zu erzielen vermochte.

Unerlässliches Hilfsmittel für diese Experimente an den Steinelementen ist ein Kompass. Beginnen Sie Ihre Messungen bei den so zahlreich im Gelände herumstehenden, exakt bearbeiteten Andesitblöcken außerhalb der »Kalasasaya«, der umfriedeten Anlage von Tiahuanaco. Recht deutliche Abweichungen werden Sie bei den sechs bis acht Meter hohen Monolithen ablesen können, welche zusammen mit den von Archäologen völlig willkürlich eingefügten Steinblöcken die Umfriedungsmauer unweit des »Sonnentores« bilden. Diese zyklopischen Blöcke tragen teilweise lesbar die Aufschriften »P 113« bis »P 119« – einer dieser Monolithen ist in Erich von Dänikens Buch »Zurück zu den Sternen« solitär stehend abgebildet. Dies war vor der Zeit, als die Archäologen ihrer Rekonstruktionswut freie Bahn ließen.

Zum benachbarten Puma Punku zweigt ein holperiger Weg von der Hauptstraße ab; die Entfernung beträgt nicht mehr als 800 Meter. Schon von Weitem erkennt man die wie nach einer verheerenden Explosion durcheinandergewirbelten Bauelemente, deren Gewicht bis zu mehreren hundert Tonnen beträgt. Nicht zu übersehen ist auch eine willkürlich aufgereihte Ansammlung scheinbar genormter »Fertigteile«, die wie bei einem modernen Baukastensystem perfekt ineinanderpassen. An diesen Objekten lässt sich regelmäßig eine Kompassdeklination von 30–40 Winkelgraden feststellen.

Und keine zehn Meter von dieser Aufstellung entfernt befindet sich in Blickrichtung auf Tiahuanaco jener besondere Block aus Andesit, an dem ich unglaubliche Kompassabweichungen abzulesen vermochte. Die sich von Vertiefung zu Vertiefung immer wieder verdoppeln. Deren Abweichungen an der davor verlaufenden Kante – abgetragen auf Millimeterpapier – eine Art graphischer Kurve wie bei einer mathematischen Funktion ergeben. Das habe ich bereits vor vielen Zeugen demonstriert, die das Experiment auch ihrerseits wiederholten. Mit demselben Resultat.

Für neugierige Naturen, die sich nicht davor scheuen, auch mal »angepflaumt« zu werden, habe ich noch einen »inoffiziellen« Geheimtipp. Im Hof des Nachbarhauses des kleinen Museums neben der Anlage von Puma Punku lagern nicht nur bearbeitete Diorit- und Andesitblöcke. Sondern auch mehrere Exemplare jener »Wasserleitungen«, von denen einzig die Oberteile im Boden gefunden worden sind. Im offenen Gelände sieht man die wie Betonguss anmutenden Elemente nur noch selten, und einige von ihnen wurden bei der »Rekonstruktion« der Umfassungsmauer der Kalasasaya als »Lückenbüßer« zweckentfremdet.

Noch zwei Tipps: Von La Paz aus werden Tagesausflüge zum Titicaca-See angeboten. Im bolivianischen Abschnitt des 6900 Quadratkilometer großen und bis zu 272 Meter tiefen Sees befinden sich die Sonnen- und die Mondinsel mit Resten aus präinkaischer Zeit. Landschaftlich reizvoll ist ein Ausflug in das unmittelbar bei La Paz gelegene Mondtal mit seinen bizarren, durch Verwitterung entstandenen Sandsteinformationen.

Bürger Deutschlands, Österreichs und der Schweiz benötigen zur Einreise nach Bolivien – dasselbe gilt auch für Peru – nur einen mindestens noch sechs Monate gültigen Reisepass. Für einen Aufenthalt bis zu 90 Tagen ist kein Visum erforderlich.

Noch ein Wort zu den Finanzen. In ganz Südamerika ist die Mitnahme von US-Dollars, sowohl in bar als auch in Reiseschecks, angeraten. Das Bargeld am besten in kleinen Scheinen: Wechseln können die wenigsten, und viele nehmen aus Angst vor Fälschungen keine Noten zu 50 oder 100 Dollar an. Tauschen sollte man im Land nur jeweils kleinere Beträge, um dann zum Schluss nicht zu viel Weichwährung heimzubringen, die hier nichts wert ist.

13 Am »Gipfel der grausamen Götter«

Kolumbien, der am Übergang zur mittelamerikanischen Landbrücke gelegene nördlichste Staat Südamerikas, ist bestimmt besser als sein Ruf. Man sollte dieses ausgefallene Reiseziel nicht unbedingt auf Drogen-Mafia und Kinderarmut reduzieren.

Die Hauptstadt Bogotá wird unter anderem vom spanischen Nationalcarrier Iberia via Madrid angeflogen. Hier muss man mit elf bis zwölf Stunden Flugzeit rechnen. Weil allerdings nur wenige Reiseveranstalter, die sich auf lateinamerikanische Destinationen spezialisiert haben, das Land im Programm bieten, läuft es wohl darauf hinaus, dass man sich auf individueller Basis dorthin begibt. Wie die meisten Länder Südamerikas

Insider-Informationen und Geheimtipps

ist auch Kolumbien recht unkompliziert für Individualreisende. Und besonders Deutschen gegenüber wird eine nicht zu übersehende Freundlichkeit an den Tag gelegt. Sie ist ehrlich und wahrscheinlich die »Nachwirkung«, die wir dem berühmten Naturwissenschaftler und Forschungsreisenden Alexander von Humboldt (1769–1859) zu verdanken haben.

Auch für die Einreise nach Kolumbien wird von Bürgern der Länder Deutschland, Österreich und Schweiz kein Visum abverlangt. Ein noch mindestens sechs Monate gültiger Reisepass berechtigt zu einem Aufenthalt bis zu 90 Tagen. An dieser Stelle rate ich dazu, bei Reisen in südamerikanische Länder stets eine Fotokopie des Reisepasses und anderer wichtiger Dokumente im Handgepäck aufzubewahren.

Die archäologischen Stätten San Agustins kann man auf zwei Wegen erreichen. Zum einen auf der Landstraße, wobei der größte Teil der Straße am Rio Magdalena entlangführt. Bei den landestypischen Verkehrsverhältnissen ist man unter diesen Umständen bis zu zwei Tage unterwegs, lernt dabei aber viel von Land und Leuten kennen. Entscheidet man sich dafür, sollte man beim Anmieten seines Leihwagens in Bogotá unbedingt den fahrbaren Untersatz gut durchchecken. Der technische Zustand der Fahrzeuge entspricht dort oft nicht unserem europäischen Standard. Eine der gängigen Kreditkarten ist zudem von unschätzbarem Vorteil, da man auf diese Weise keine hohe Barkaution hinterlegen muss, die man im ungünstigsten Fall nicht wiedersieht. Der Spielchen gibt es viele, um Touristen abzuzocken.

Man kann sich den Weg deutlich abkürzen, wenn man das Flugzeug nach *Neiva* nimmt. Die Strecke Bogotá–Neiva–Bogotá wird von der privaten Neiva-Air bedient. Für Reservationen kann man sich an die Rezeptionen in den großen Hotels der Hauptstadt wenden. Es kann jedoch zu Wartezeiten wegen Überbuchung kommen; die Flüge werden mit Propellermaschinen mit einer sehr begrenzten Platzanzahl durchgeführt.

Im Ort San Agustin, der von Neiva aus nach circa vierstündiger Fahrt erreicht wird, kann man eigentlich nur das Hotel »Yalconia« empfehlen, das sich seine Annehmlichkeiten mit einem aus europäischen Urlaubsgebieten gut bekannten Preislevel bezahlen lässt. Ich möchte es nämlich niemandem zumuten, die »landestypischen« Gästehäuser in Anspruch zu nehmen, weil diese unseren Vorstellungen von Hygiene und Sicherheit nicht unbedingt genügen. Vom Hotel »Yalconia« aus erreicht man den archäologischen Park mit dem »Wald der Statuen« nach etwa zehnminütiger Fahrt. Wer sattelfest ist, kann in unmittelbarer Nähe des Hotels auch Pferde und Maulesel ausleihen.

Im Hinblick auf ungelöste Rätsel der Vergangenheit ist jedoch nicht nur San Agustin interessant, sondern auch die Hauptstadt Bogotá. Erste Adresse hier ist das »Museo del Oro«, das in der Banco de la Republica eingerichtete Goldmuseum. Dieses ist im zweiten Stockwerk des Bankhauses untergebracht, welches in der Avenida Nr. 16 steht (das Straßennetz Bogotás ist schachbrettförmig angelegt; die von Norden nach Süden verlaufenden Straßen heißen Carreras oder Avenidas, die von Westen nach Osten laufenden werden Calles genannt; alle Straßen besitzen durchlaufende Nummerierung). Im Goldmuseum sind etliche Flugzeugmodelle aus präkolumbianischen Zeiten untergebracht, die sich in modernen Rekonstruktionen nicht nur als flugtauglich, sondern sogar als optimal in ihrer Aerodynamik erwiesen haben.

Ein weiteres lohnenswertes Ziel ist der 40 Kilometer nordwestlich von Bogotá gelegene, archäologische Park von Facatativa, der am Ortsende der gleichnamigen Ansiedlung liegt. Sonderbare Felsformationen mit Wabenmustern, welche den Eindruck erwecken, als seien sie aus einem Glutofen geflossen, wechseln sich mit Statuen und Felszeichnungen ab, die überwiegend der Kultur der Chibcha-Indianer zugeschrieben werden. Einige dieser Felsmalereien ähneln allerdings eher chemischen Formeln oder auch Piktogrammen unserer Zeit.

Die beste Reisezeit für das nahe dem Äquator liegende Land ist die Spanne zwischen November und März. In den tropischen Breiten muss man aber täglich mit einem Regenschauer rechnen, welcher am Nachmittag mit Urgewalt vom Himmel prasselt.

An dieser Stelle kommt noch die Adresse einer Incoming-Agentur in der Hauptstadt, die sich zwar hauptsächlich um Gruppen kümmert, an die sich jedoch auch Individualtouristen mit Wünschen wenden können, wenn es um Reservierungen von Mietwagen, Hotels oder Flugtickets geht:

Bienvenidos Turismo Ltda.
Avenida Nr. 9, 118–71
Bogotá, Colombia

Und last, but not least, ein paar wichtige Worte zum allgegenwärtigen Drogenproblem in Kolumbien. Noch immer werden in verschiedenen Regionen des Landes große Mengen Kokain und Marihuana produziert, wogegen die Behörden Kolumbiens in drastischer Weise kämpfen. Kaufen und konsumieren Sie keinesfalls Drogen, lassen Sie sich auch nie und nimmer die Mitnahme irgendwelcher Päckchen aufschwatzen. Besitz und Handel von Betäubungsmitteln wird in allen Ländern Südamerikas unerbittlich bestraft. Nicht nur dort beherbergen die Gefängnisse viele

Insassen, die durch Unachtsamkeit, Gutgläubigkeit, aber auch Vorsatz in solch prekäre Situationen geraten sind. Und südamerikanische Gefängnisse sind bekanntlich keine »Erholungsanstalten«, wie man sie im laschen deutschen Strafvollzug kennt …

14 »Baut ein Abbild Eures Sonnensystems!« (II)

Teotihuacan, den »Ort, an dem man zum Gott wird«, erreicht man nach gut einstündiger Fahrt von Mexico-City aus. Auf der teilweise mautpflichtigen Stadtautobahn geht es circa 40 Kilometer in nordöstlicher Richtung bis Otumbo, wo Hinweistafeln den Weg zu den Ruinen weisen. Die Anlage wird beherrscht von der über drei Kilometer langen »Straße der Toten«, die in nördlicher Richtung in einer endlosen Treppe anzusteigen scheint. In Gegenrichtung deutet nichts auf diese Abstufung des Geländes hin. Schon von Weitem erkennt man die Silhouetten der Sonnen- und der Mondpyramide, die über Stufen leicht zu besteigen sind. Bereits vor Erreichen der Sonnenpyramide, in Höhe des »Tempels des Quetzalcoatl«, steht auf der rechten Seite ein unscheinbares Schild mit der Aufschrift »Mica« – zu Deutsch »Glimmer«. Zweigen Sie an dieser Stelle in Blickrichtung zur Mondpyramide nach rechts ab. Nach wenigen Metern stehen Sie vor den beschriebenen Metallverschlägen, unter denen sich jene Glimmerkammern mit den mächtigen Schichten aus blättrigem Muskovit verbergen.

Ich kann nicht dafür garantieren, dass sich jemand bereit findet, die Kammern zu öffnen, obwohl erfahrungsgemäß alle Wärter mit reichhaltigem Schlüsselbund ausgerüstet sind. Bei drei Besuchen ging es zwei Mal gut. Im Vertrauen gesagt: Gute Chancen bestehen, wenn man über spanische Sprachkenntnisse verfügt. Es ist auch nicht von Nachteil, in die Bitte nach der Öffnung der Glimmerkammern (sinngemäß) einfließen zu lassen, dass man den Hinweis von einem hochrangigen Archäologen (aus der fernen Heimat) bekommen hat. Wenn diese Berufsbezeichnung fällt, werden sogar phlegmatische Wärter dienstbeflissen.

Die Straße der Toten – und mit ihr zusammen die Reihe der Bauten, deren jedes einen Planeten unseres Sonnensystems symbolisiert – findet ihre Verlängerung auf dem Bergrücken Cerro Gordo, wo ein Tempelrest sowie ein Turm als Markierungen für die Planeten Neptun und Pluto stehen. Von Otumbo aus führt ein Weg zu den auf dem Bergrücken stehenden Ruinen. Es ist jedoch Vorsicht angeraten, da sich auf dem Cerro Gordo eine Radarstation der Armee befindet. Militärischer Sicherheitsbereich:

Man sollte die Ankündigung eventuellen Schusswaffengebrauchs nicht auf die leichte Schulter nehmen!

An dieser Stelle möchte ich noch ein paar lohnende Besichtigungen in und um Mexico-City andienen. Das Anthropologische Museum – bitte nicht gleich müde abwinken! – habe auch ich bereits mehrere Male besucht. Ich kann hierzu sagen, dass es nie langweilig wird, denn immer wieder einmal werden die Exponate ausgetauscht, finden neue Objekte den Weg aus dem tiefen Museumskeller in die Vitrinen. Über einige solcher Artefakte habe ich in meinem Buch »Nicht von dieser Welt« berichtet.[14]

Auch die Wallfahrtskirche von Guadelupe bietet Ungewöhnliches. Hierher kommen täglich Scharen von Gläubigen, um ein mysteriöses Relikt zu verehren, das in den letzten Jahren ein Heer von Fotoexperten, Technikern und Repräsentanten der römisch-katholischen Amtskirche gleichermaßen in Aufregung versetzt hat. Es ist die *Tilma* (eine Art Umhang) des Juan Diego, auf der durch einen bislang ungeklärten Vorgang im Jahre 1531 eine Art fotografischer Aufnahme zustande kam. In den Pupillen der auf diesem Poncho erschienenen Mariengestalt konnten unabhängige Gutachter zweifelsfrei feststellen, dass mehrere Personen – unter anderem konnte besagter Juan Diego und hohe geistliche Würdenträger identifiziert werden! – in einer Szene widergespiegelt werden, die sich so vor über 470 Jahren ereignet hat.

Ein weiteres Ausflugsziel rund um Mexico-City stellt Tula dar. Auf der Autobahn Nr. 57 in Richtung Queretaro sind es ungefähr 75 Kilometer zu der einstigen Hauptstadt des toltekischen Reiches. Jene wird noch immer von den »Atlantern« bewacht, riesigen Figuren aus Vulkangestein, die auf einer Plattform inmitten der Anlage stehen. Eine Überlieferung berichtet, dass hier die »niedrigen Götter« mit den »höheren Göttern« in Kontakt getreten seien. Die Statuen von Tula haben Köpfe mit Brillenaugen und Ohrenschutz, tragen seltsame Kästen auf der Brust. Mit den Händen umfassen sie kuriose Gegenstände, für die wohl eine technische Deutung am sinnvollsten erscheint.

Erst im Oktober des Jahres 2005 verschlug es mich erstmalig an einen Ort, an dem sich Unerhörtes fand. Acambaro, ein eigentlich eher unbedeutender Provinzort, liegt ungefähr 160 Kilometer westlich von der Hauptstadt zwischen zwei Bergseen und den letzten Ausläufern der Sierra Madre Occidental. Im Umland von Acambaro fand der deutsche Kaufmann Waldemar Julsrud von 1945–1952 über 32 000 Tonfiguren, die unter anderem Menschen im Verein mit Dinosauriern darstellen. Lange Zeit für Fälschungen gehalten, kamen Untersuchungen an der Universität von Pennsylvania letztlich zum Ergebnis, dass alle Figuren echt sind. Und wer immer sie hergestellt hatte, musste einst lebendige Dinosaurier gesehen haben!

Anfang Oktober 2005 stattete ich der neuerdings zu einem Museum umgebauten ehemaligen Eisenwarenhandlung von Waldemar Julsrud einen Besuch ab. Don Miguel Huerta, der Direktor des »Museo Julsrud«, führte mich sogar in seine Dienstzimmer, in welchen an die 20 000 in Kisten verpackte Figuren eingelagert sind.

Für Interessierte hier ein paar wissenswerte Informationen zum Museum in Acambaro:

Museo Waldemar Julsrud
Calle 5 de Febrero/180 Esq. con Javier Mina
Acambaro, Guanajuato/Mexico
Tel. 001-1417-1725659
Internet: www.waldemar.julsrud.us.tt

Bestimmt wird sich niemand, der den Weg nach Mexiko angetreten hat, nur aufs Gebiet rund um die Hauptstadt beschränken. Darum sollten zwei Wochen das Mindeste sein, was man sich für dieses ungemein interessante Land an Zeit nehmen muss. Es bieten sich Flüge zu zwei Zielen auf der Halbinsel Yucatan an: Nach Merida und nach Villahermosa. Die Fluggesellschaften Mexicana und Aeromexico unterhalten tägliche Verbindungen zu diesen zwei Zielen, von wo aus man auf Entdeckungsreise in das an Stätten der alten Mayas so reiche Land gehen kann.

Von Mexico-City nach Villahermosa wäre man auf den Landstraßen mindestens zwei Tage unterwegs. Mit dem Flugzeug aber schafft man dieselbe Distanz in nur 75 Minuten. Villahermosa, auch die Hauptstadt des Bundesstaates Tabasco, ist bekannt für den »Olmeken-Park« mit seinen zahlreichen Kolossalfiguren. Des Weiteren ist die Stadt der ideale Ausgangspunkt zu einer Fahrt nach Palenque, das man nach etwa drei Stunden erreicht. Weltberühmt wurde die Ruinenstätte bei der gleichnamigen Kleinstadt, nachdem Erich von Däniken über einen möglichen technischen Hintergrund der Grabplatte tief unter der »Pyramide der Inschriften« spekuliert hatte. Bei meinem Besuch im Herbst 2005 war der Zutritt zur Pyramide und zur Grabplatte leider verwehrt, und ich kann nicht sagen, ob das so bleibt. Jedoch ist diese originale Grabplatte aufgrund der hohen Luftfeuchtigkeit unter der Pyramide so gut wie nicht zu fotografieren – und eine authentische Kopie im Maßstab 1:1 befindet sich im Anthropologischen Museum in der Hauptstadt. Sie kann auch ohne Schwierigkeiten fotografiert werden.

Merida ist das andere Flugziel, das man sowohl von Villahermosa als auch von Mexico-City aus anfliegen kann. Merida wiederum bietet sich als Ausgangspunkt für Ausflüge zu den Mayastätten Chichen Itza, Uxmal und anderen an. Unter all diesen Stätten wäre die Anlage von Coba ganz besonders zu empfehlen. Sie liegt auf dem letzten Stück Weges nach Tulum, vor der »Riviera Maya«, und hat etwas Seltenes zu bieten: eine »Rundpyramide« – eine in mehreren Stufen gebaute Pyramide also mit rundem Querschnitt anstatt, wie üblich, einem quadratischen.

Für Flüge innerhalb des Landes kontaktiere man ein IATA-Reisebüro, das über die Lizenz zum Ausstellen von Flugscheinen verfügt. Da die Fluggesellschaft Mexicana über ein Tarif-Abkommen mit der Lufthansa verbunden ist, lassen sich so die innermexikanischen Flüge zusammen mit der Langstrecke ausstellen.

Für die Bürger der Schweiz, Österreichs und Deutschlands wird kein Visum verlangt; es genügt einmal mehr ein noch mindestens sechs Monate gültiger Reisepass, welcher zum Aufenthalt bis zu 90 Tagen berechtigt. Als beste Reisezeit können die Monate von Oktober bis April empfohlen werden. In den Sommermonaten würde ich davon abraten, da das Quecksilber zu hoch klettert und die Luftfeuchtigkeit auf der Halbinsel Yucatán für unseren Organismus zu belastend wird.

Ein paar Worte verlieren möchte ich jetzt noch zu den Unannehmlichkeiten, die der alte Aztekenkaiser Montezuma für Touristen »im Gepäck« hat. Der alte Schwerenöter kann im Prinzip überall dazwischenfunken, ob in Mexiko, Ägypten oder sonstwo. Ein Präparat auf pflanzlicher Basis, das in jeder Apotheke rezeptfrei erhältlich ist, empfahl mir Erich von Däniken schon vor Jahren. Sein Name ist Uzara, der Geschmack grauenvoll, die Wirkung jedoch zuverlässig. Und dies ist ja letztendlich die Hauptsache, damit der Lokaltermin in einem der faszinierendsten Länder der Welt nicht im wahrsten Sinne des Wortes »in die Hose« geht.

15 Unheimliche Begegnungen unter karibischer Sonne

Puerto Rico, eine beschauliche Karibikinsel, hat sich offenbar in den vergangenen Jahren zu einer Hochburg des UFO-Phänomens entwickelt. Beobachtungen nicht identifizierter Objekte, ganz besonders im südwestlichen Teil der Insel, das ungeklärte Verschwinden zahlreicher Personen im Regenwald von El Yunque, und vor allem das für Nutztiere tödliche Wüten des *Chupacabra*, das auf dem gesamten Eiland fortdauert: All das sorgt nicht nur in der »Szene« für helle Aufregung.

Insider-Informationen und Geheimtipps

Geografisch gehört Puerto Rico zu den Großen Antillen; die Insel liegt östlich von Hispaniola (das sich Haiti im Westen und die Dominikanische Republik im Osten teilen). Politisch jedoch ist Puerto Rico den Vereinigten Staaten von Amerika assoziiert, ohne aber Bundesstaat zu sein. Die Landessprachen sind das vorwiegend in der Bevölkerung gesprochene Spanisch und als Amtssprache Englisch.

Durch den Anschluss an die USA gelten dieselben Pass- und Einreisebestimmungen wie dort. Staatsbürger Deutschlands, Österreichs und der Schweiz können mit einem noch mindestens sechs Monate gültigen Reisepass (nicht Personalausweis!) einreisen. Im Verlauf des Fluges wird das Einreiseformblatt I94-W ausgeteilt, das ausgefüllt und unterschrieben bei der Passkontrolle vorgewiesen werden muss. Haben Sie einen Flug gewählt, der Sie vom amerikanischen Festland (USA) nach San Juan bringt, so haben Sie diese Prozedur bereits an Ihrem ersten Landeort in den Vereinigten Staaten durchlaufen. Der Flug nach Puerto Rico ist in diesem Fall ein Inlandsflug.

Durch die Verschärfung der Einreisebestimmungen nach dem neuen »Heimatschutzgesetz« der USA sind grundlegende Änderungen abzusehen. So sollen biometrische Daten (»elektronischer Fingerabdruck« u. ä.) im Pass gespeichert werden, und bereits jetzt ist es Pflicht für die Fluggesellschaften, *vor Einreise* in die USA Passagierdaten zu übermitteln.

San Juan ist als erste Station für ein Umsehen auf Puerto Rico gut geeignet. So erreicht man beispielsweise die östlich gelegene Stadt Canóvanas binnen einer halben Stunde Fahrtzeit. Mit etwas Glück und rechtzeitiger Voranmeldung können Sie möglicherweise sogar den Bürgermeister des Ortes sowie Polizeibeamte des örtlichen Reviers zu einem Interview über die Jagd auf den »Ziegensauger«, den Chupacabra, gewinnen.

Eine Stunde Fahrtzeit in derselben Richtung ist es zum Regenwald von El Yunque. Dieser wurde in der Zwischenzeit als »Karibischer Nationalpark« ausgewiesen, mit Wanderwegen zur Beobachtung der üppigen Flora und Fauna. Allerdings ist ein großer Teil dieses Gebietes nahezu undurchdringlich, und immer wieder hört man Berichte über das spurlose Verschwinden von Personen.

Die Hauptregion häufiger UFO-Beobachtungen liegt jedoch im Südwesten der Insel, in einem Gebiet, das von den Städten Cabo Rojo, Lajas und San Germán eingegrenzt wird. Auch im Umkreis der Hafenstadt Mayagüez registriert man zahllose Sichtungen, teilweise sogar über dem offenen Meer. Da Augenzeugen immer wieder unbekannte Flugobjekte beim Eintauchen in die See beobachteten, hält sich in dieser Region das hartnäckige Gerücht über untermeerische UFO-Basen.

Für den Südwesten der Insel verlegt man sich besser auf einen anderen Ausgangspunkt, denn Mayagüez oder Cabo Rojo liegen gut 160 Kilometer von der Hauptstadt entfernt. Von den kleinen Inlandsflughäfen im westlichen Teil von San Juan starten täglich Flüge nach Mayagüez und Ponce an der Südküste. Mobiler ist man jedoch mit einem Leihwagen. Die Preise hierfür entsprechen jenen in den USA, und dank der auf Puerto Rico ebenfalls geltenden Verkehrsregeln kann man sich unbesorgt auf die meist recht gut ausgebauten Straßen wagen. Für Fahrten in das Landesinnere ist man indes mit einem Allradfahrzeug besser bedient. In beiden Fällen aber niemals vergessen: Ohne Internationalen Führerschein kein Leihwagen!

Wer sich beim Binnensee »Laguna Cartagena« oder in der »Sierra Bermeja« umsehen möchte, für den empfiehlt es sich, in San Germán Quartier zu nehmen. Leicht zu finden ist zum Beispiel das Hotel »Oasis Parador«, das etwas außerhalb des Zentrums an der Hauptstraße nach Parguera liegt.

An dieser Stelle muss ich ein paar Worte über die Hotels auf Puerto Rico sagen. Da die »Yankees« vom Festland gerne Urlaub auf der Insel machen, sind die Hotelpreise leider recht in die Höhe gegangen, was man vor allem in San Juan bemerkt. Dort konzentrieren sich die besseren Häuser auf die Stadtteile Ocean Park, Condado und Isla Verde, allesamt am feinsandigen Karibikstrand gelegen. Preise um die 250 US-Dollar pro Nacht und darüber sind nicht selten. Bei einfacheren Häusern gerät der Preisunterschied leider nicht so deutlich, wie es die Abstriche im Komfort vermuten lassen würden. Allerdings vermag der starke Euro-Kurs gegenüber dem amerikanischen Dollar hier vieles wieder auszugleichen. In baldiger Zukunft dürfte dies auch so bleiben.

Die Tatsache, dass sich Puerto Rico in den vergangenen Jahren zu einem wahren Schwerpunkt für UFOs und andere geheimnisvolle Phänomene entwickelt hat, sorgte für die Gründung einer Anzahl von UFO-Studiengruppen. Zu den seriöseren Gemeinschaften zählt definitiv die *MUFON* (»Mutual UFO Network«, www.mufon.com), die in jedem Staat Nordamerikas durch einen Repräsentanten vertreten wird. Ich persönlich empfehle jedem, der die Absicht hegt, die Insel wegen des UFO-Phänomens zu besuchen, sich mit einer der dortigen Gruppen in Verbindung zu setzen. Im Zeitalter des Internets am besten per E-Mail, deren Adresse auf den jeweiligen Webseiten zu finden ist.

Zum Schluss noch einige Informationen zur besten Reisezeit. Die dortigen Wetterbedingungen sind vom tropischen Seeklima abhängig. So herrscht in den Monaten Dezember bis April Trockenzeit. Dagegen fallen

Insider-Informationen und Geheimtipps

die meisten Niederschläge in den Monaten August und September – zumeist als kurze, aber heftige Gewitterschauer. So sind jene Monate, in denen bei uns der Winter herrscht, die allerbeste Reisezeit, um den Geheimnissen Puerto Ricos auf den Grund zu gehen.

16 Die Pyramiden von Güimar

Seit vielen Jahren zählen die Kanarischen Inseln zu den beliebtesten Urlaubszielen und gelten ihres gemäßigten Klimas wegen als die »Inseln des ewigen Frühlings«. Schon in der alten griechischen Mythologie taucht die 115 Kilometer vom afrikanischen Kontinent gelegene Inselgruppe unter der romantischen Bezeichnung »Gärten der Hesperiden« auf. Teneriffa, die mit 1928 Quadratkilometern größte Kanareninsel, hat viel Geheimnisvolles zu bieten. Hätten Sie gewusst, dass es dort uralte Pyramiden gibt, die einst von einem lange untergegangenen Volk errichtet wurden? Es hat uns mehr Rätsel hinterlassen, als wir zu lösen imstande sind. Und Sie können Ihren Lokaltermin auf den Spuren fantastischer Begebenheiten mit einem erholsamen Urlaub verbinden.

Die großen Charterfluggesellschaften fliegen Teneriffa nonstop von den meisten deutschen Flughäfen an; dasselbe gilt auch für die Schweiz und Österreich. Die Flugzeit bewegt sich zwischen vier und viereinhalb Stunden. Die Flugpreise sind durch sogenannte Billigcarrier sehr in Bewegung geraten und orientieren sich auch an Ferienterminen. Durch die gestiegenen Treibstoffkosten wird sich die Preislage aber bald nach oben angleichen. Es empfiehlt sich auf jeden Fall, einen Leihwagen zu buchen – was man entweder vorab erledigen kann oder im Hotel. Dabei belaufen sich die Kosten auf etwa 40–50 € pro Tag, zuzüglich Versicherung in der kleinsten Wagenklasse.

Einen fahrbaren Untersatz benötigen Sie ganz dringend, sollten Sie den Guanchen-Pyramiden auf Teneriffa einen Besuch abstatten wollen. Auch wenn mittlerweile Ausflüge dorthin von Reiseleitern vor Ort angeboten werden: Bei solchen »Tagesausflügen« werden die Leute aus zig verschiedenen Hotels »eingesammelt«, und zur Besichtigung selbst bleibt kaum noch Zeit. Dann werden die »Touris« nur im Eilverfahren durchgeschleust, und wirklich gesehen haben sie nichts. Frust ist vorprogrammiert.

Fahren Sie also auf der Inselautobahn TF 1 – die geht von Santa Cruz de Tenerife nach Los Cristianos – bis zu der Ausfahrt Güimar/Puerto de Güimar. Nachdem Sie die Autobahn verlassen haben, fahren Sie bergwärts, bis in etwa vier Kilometern Güimar erreicht ist. Dort folgen Sie den Schildern »Centro Ciudad« – auf Deutsch »Stadtmitte«. An einer Tankstelle im Ortskern Güimars, an der man notfalls nach dem Weg fragen kann, fährt man bergauf. Nach wenigen hundert Metern kommt man, inmitten eines Wohngebietes an der Calle Chacona s/n, an ein Karree von ungefähr 200 mal 400 Metern Ausdehnung. Hier wurde mit finanzieller Unterstützung eines norwegischen Großreeders im Jahre 1998 vom Forscher Thor Heyerdahl der sogenannte »Parque Etnografico Pirámides de Güimar« eröffnet.

Insgesamt sechs Pyramiden der untergegangenen Guanchen, welche sich über das gesamte Areal verteilen, beherbergt dieser interessante Park. Ein aus dem 19. Jahrhundert stammendes, restauriertes Herrenhaus, die »Casa de Chacona«, wurde zu einem Museum umgebaut, das unter anderem Nachbildungen prähistorischer Funde von diesseits und jenseits des Atlantiks zeigt.

Auf dem Weg vom Museum zu einer Panoramaterrasse, von der aus man einen guten Überblick über den Park genießt, steht die naturgetreue Nachbildung des berühmten Papyrusbootes Ra II. Thor Heyerdahl benutzte das Boot 1970 zu seiner spektakulären Atlantiküberquerung, mit der er den Beweis antrat, dass selbst die alten Ägypter – lange vor Kolumbus – dazu fähig waren, Amerika zu erreichen. Und andere Erdteile, möchte ich noch bemerken.

In unmittelbarer Nachbarschaft zur Panoramaterrasse liegt das »Auditorium«. Dort werden kurze Filme über Stufenpyramiden aus aller Welt sowie Ausschnitte der Dokumentarfilme von Thor Heyerdahl vorgeführt. Der ethnografische Park von Güimar ist jeden Tag von 9.30–18.00 Uhr geöffnet. Ausgenommen sind nur der 25. Dezember und der 1. Januar. Erwachsene zahlen 10 € Eintritt, Kinder von 9–12 Jahren die Hälfte, und Kinder unter acht Jahren sind sogar frei. Das Headset für eine Audioführung kostet 1,60 €, den Service hierfür gibt es in sieben Sprachen: Spanisch, Deutsch, Französisch, Englisch, Italienisch, Holländisch und Norwegisch.

Der Vollständigkeit halber sind hier noch die Kontaktdaten des Ethnografischen Parks:
Parque Etnografico Pirámides de Güimar
Calle Chacona s/n
E-38500 Güimar/Isla de Tenerife
Tel. 0034-922-514510
Fax 0034-922-514511
Internet: www.piramidesdeguimar.net

Insider-Informationen und Geheimtipps

Wenn Sie schon einmal auf Teneriffa sind, so sollten Sie sich die Zeit nehmen, die Insel ein wenig zu erkunden. Eine kleine Welt für sich ist der zentral gelegene »Parco Nacional de las Cañadas de Teide«. Eine malerische, sich in oft kühnen Serpentinen in die Berge schraubende Landstraße zweigt von der Inselautobahn TF 1 bei der Ausfahrt San Isidro ab. Über Granadilla de Abona und Vilaflor geht es auf der N 614/N 821 in die wilde Vulkanlandschaft im Zentrum der Insel. Beginnen Sie Ihren Ausflug möglichst zeitig am Morgen. Dies gilt umso mehr, wenn Sie die Absicht haben, mit der Seilbahn auf den Teide hinaufzufahren, den mit 3716 Metern höchsten Berg der Kanarischen Inseln und Spaniens. Sind nämlich erst einmal die Busse an der Talstation angekommen, ärgern Sie sich über die Menschenmassen sowie die daraus resultierende Wartezeit bis zu einigen Stunden. Ein weiterer, wichtiger Grund für die Auffahrt am frühen Vormittag ist die Tatsache, dass am Nachmittag häufig dichte Wolken aufziehen und die Fernsicht gegen Null reduzieren.

Reisezeit für Teneriffa ist das ganze Jahr über. Denn wenn bei uns der Winter Einkehr gehalten hat, ist es auf der Insel noch immer frühlingshaft. Der Kanarenstrom, ein Seitenarm des Golfstroms, lässt die Meerwassertemperatur an dessen Küste nie unter 18 Grad Celsius sinken, er erwärmt sie im Sommer bis zu 23 Grad Celsius. Und der Nordostpassat, der stetig in 800–1500 Metern über die Kanaren weht, verhindert eine zu starke Hitze. Selten klettert das Thermometer über 25 Grad Celsius. Aber die Sonne scheint an über 300 Tagen im Jahr. Es ist wirklich eine »Insel des ewigen Frühlings«.

Danksagung

Es gibt eine Reihe von Personen, ohne deren Hilfe das vorliegende Buch nicht zustande gekommen wäre. Ihnen hier aufs Herzlichste zu danken, mag zwar auf den letzten Seiten dieses Buches stehen, ist mir aber eines der allerersten Anliegen. Es macht mich schon auch traurig, dass zwei Freunde, denen ich viel zu verdanken habe, nicht mehr unter uns weilen: Dr. Johannes Fiebag und Peter Krassa.
Auch die folgenden Freunde und Wegbegleiter waren mit mir »auf Lokaltermin« oder haben mit wertvollen Anregungen geholfen: Erich von Däniken, Chen Jianli, Julie Byron, Lissi B., die mir Menorca näher brachte, Peter Kaschel und David Summers, Andrea 2 und 3, Martin Jurik, Christian Dimperl, Klaus Deistung, Hans-Jörg Vogel sowie Frau Dr. Ruth Kremser und Dieter Nitsche mit ihrer Arbeit an der Übersetzung des Arztberichts von 1735.
Ein besonderer Dank geht an meinen Freund und Webmaster Josef Schedel wie auch an meinen inzwischen aus Luxemburg zurückgekehrten Freund Rainer Holbe, der mir die Geheimnisse der Bretagne offenbarte. Dank auch an Jutta Ostermaier für einige der Illustrationen in diesem Buch.
Last but not least danke ich meiner rührigen Verlegerin, Frau Brigitte Fleissner-Mikorey, wie auch dem ganzen Team des Verlages für deren in mich gesetztes Vertrauen. Und meinem langjährigen Lektor Hermann Hemminger, mit dem es immer wieder riesige Freude bereitet, ein Buch heranreifen zu lassen.

Hartwig Hausdorf

Quellenverzeichnis

1. Friderici, Gottlieb: »Monstrum Humanum Rarissimum, recens in lucem editum in tabula exhibet simulque observationibus pathologicis. Aliiaque illuc pertinentibus breviter illustrat.« Leipzig 1737
2. Fiebag, Johannes: »Kontakt.« München 1994
3. Hopkins, Budd: »Eindringlinge. Die unheimlichen Ereignisse in Copley Woods.« Hamburg 1991.
4. Mack, John E.: »Entführt von Außerirdischen.« Essen 1995
5. Strieber, Whitley: »Die Besucher.« Wien 1988
6. Persönliches Schreiben von Chefarzt Dr. M. an meine Informantin vom 7. Januar 1997
7. Albert, A., und Kehr, K.: »Der ›Hühnermensch‹ von Waldenburg ist ein Alien«, in: »BILD« vom 4. März 1998
8. Albert, A.: »Der ›Hühnermensch‹ von Waldenburg – ein Alien?«, in: »BILD« vom 3. November 1998
9. Telefongespräch des Autors mit der »BILD«-Redaktion in Chemnitz im März 2000
10. Däniken, Erich von: »Die Augen der Sphinx.« München 1989
11. Humboldt, Alexander von: »Auf Steppen und Strömen Südamerikas.« Leipzig 1968
12. Dopatka, Ulrich: »Lexikon der Außerirdischen Phänomene. Das Standardwerk der Prä-Astronautik.« Bindlach 1992
13. Hausdorf, Hartwig: »Wenn Götter Gott spielen.« München 1997
14. Hausdorf, Hartwig: »Nicht von dieser Welt.« München 2008
15. Schröter, P.: »Künstlich deformierte Schädel aus dem bajuwarischen Gräberfeld in Straubing-Alburg, Niederbayern«, in: Christlein, R. (Hrsg.): »Das archäologische Jahr in Bayern 1981.« Stuttgart 1982
16. Persönliches Gespräch des Autors mit Dr. P. Schröter vom 6. März 1998
17. Dvorák, Pavel: »Odkryté dejini. Dávnoveké Slovensko.« Bratislava 1974
18. Jurik, Martin: »Götterkriege in den Karpaten? Spekulation einer Möglichkeit«, in: »Explorer«, Nr. 4/1994
19. Jurik, Martin: Persönliche Korrespondenz mit dem Autor vom 15. Februar 1995

Quellenverzeichnis

20 Macklin, John: »Rätsel PSI – Die unheimlichsten Erlebnisse der letzten 100 Jahre«, in: »Das Neue Zeitalter«, Nov. 1975
21 Swift, Jonathan: »Gulliver's Travels.« Dublin 1727
22 Däniken, Erich von: »Erinnerungen an die Zukunft.« Düsseldorf 1968
23 Hausdorf, Hartwig: »Geheime Geschichte. Was unsere Historiker verschweigen.« Marktoberdorf 2001
24 Eckhardt, Rudolf: »Das prähistorische Freilichtmuseum auf Menorca«, in: Däniken, Erich von (Hrsg.): »Neue kosmische Spuren.« München 1992
25 Hausdorf, Hartwig: »Menorcas prähistorische Anlagen«, in: »Sagenhafte Zeiten«, Nr. 2/2003
26 Albert, K.: »Menorca.« Köln 2002
27 Däniken, Erich von: »Prophet der Vergangenheit.« Düsseldorf 1974
28 Stumpf, H. E.: »Das Abenteuer der biblischen Forschung.« Wiesbaden 1966
29 Hausdorf, Hartwig, und Krassa, Peter: »Satelliten der Götter.« München 1995
30 Brembeck, R. J.: »Die Schamanen von Göbekli Tepe«, in: »Süddeutsche Zeitung« vom 11. März 2006
31 Fundació Illes Balears (Hrsg.): »Torralba d'en Salord. Talayotische, römische und mittelalterliche Siedlung.« Mahon, o. J.
32 Fiebag, Johannes und Peter: »Artus, Avalon und der Gral.« Wien 2001
33 Däniken, Erich von: »Zurück zu den Sternen.« Düsseldorf 1969
34 Kanjilal, Dileep Kumar: »Fliegende Maschinen im alten Indien«, in: Däniken, Erich von: »Habe ich mich geirrt?« München 1985
35 Däniken, Erich von: »Die Steinzeit war ganz anders.« München 1991
36 Hausdorf, Hartwig: »Begegnungen mit dem Unfassbaren.« München 2002
37 Vogel, Hans-Jörg: Persönliche Korrespondenz mit dem Autor vom 29. Januar 2006
38 Trump, D.: »Malta. An Archeological Guide.« London 1972
39 Hain, Walter: »Pyramiden in China«, in: »Ancient Skies«, Nr. 6/1991
40 »U. S. Flier Reports Huge Chinese Pyramid in Isolated Mountains Southwest of Sian«, in: »The New York Times« vom 28. März 1947
41 »Sight Big Pyramid in China, so Californian Flyer Reports Seeing it in Remote Area«, in: »The Los Angeles Herald Express« vom 28. März 1947
42 O. V.: »World Who's Who in Commerce and Industry Yearbook. 1964/65 Issue.« Chicago 1964
43 Persönliches Schreiben von Donald E. Sheahan vom 28. Januar 1997
44 Hausdorf, Hartwig: »Die weiße Pyramide.« München 1994

45 Ferguson, J. G.: »Chinese Mythology.« New York 1964
46 Berlitz, Charles: »Das Drachen-Dreieck.« München 1990
47 Cathie, Bruce: »No More Denials. Pyramids of China Revealed«, in: »Exposure Magazine«, Vol. 2/Nr. 4, October/November 1995
48 Woolley, Sir Charles L.: »Ur in Chaldäa.« Wiesbaden 1956
49 Fu, Juyou, und Chen, Songchang: »The Cultural Relics Unearthed from the Han Tombs at Ma Wang Dui.« Changsha 1992
50 O. V.: »Zhongguo Da Bai Ke Quan Shu (Kao Gujuan)« (»Großes Lexikon der Volksrepublik China – Sonderband Archäologie«) Beijing 1993
51 O. V.: »Phänomene. Die Welt des Unerklärlichen.« Erlangen 1993
52 Stoneley, Jack, und Lawton, A. T.: »Is Anyone Out There?« London 1974
53 Däniken, Erich von: »Meine Welt in Bildern.« Düsseldorf 1973
54 Lunan, Duncan: »Man and Stars.« London 1974
55 Gilroy, Rex: »Mysterious Australia.« Mapleton/Qld. 1995
56 Däniken, Erich von: »Habe ich mich geirrt? Neue Erinnerungen an die Zukunft.« München 1985
57 Schlegel, Rüdiger O.: »Die ›Kulturbringer der Traumzeit‹«, in: »Esotera«, September 1995
58 Buttlar, Johannes von: »Leben auf dem Mars.« München 1997
59 Gilroy, Rex: »Ancient Egyptian Colonists of Australia«, in: »Exposure Magazine«, Vol. 7/Nr. 4, September/October 2000
60 White, Paul: »Egyptian Enigma – Our History Rewritten«, in: »Exposure Magazine«, Vol. 2/Nr. 6, February/March 1996
61 Hausdorf, Hartwig: »Die Statuen der Osterinsel bewahren ihr Schweigen«, in: »UFO-Nachrichten«, Nr. 6/1996
62 Heyerdahl, Thor: »Aku-Aku.« Berlin 1957
63 Kutzer, Rudolf: »Feststellungen und Gedanken zur Osterinsel«, in: Fiebag, Peter und Johannes (Hrsg.): »Aus den Tiefen des Alls.« Berlin 1995
64 Prachan, Jean: »Das Geheimnis der Osterinsel.« Wien 1982
65 Mazière, Francis: »Insel des Schweigens.« Frankfurt 1967
66 O. V.: »Das UFO-Fieber hat die Chilenen erfasst«, in: »Passauer Neue Presse« vom 24. Mai 1977
67 Hausdorf, Hartwig: »Das unheimliche Erlebnis des Korporal Valdes: Neue Fakten zu einem ›alten‹ Entführungsfall«, in: »UFO-Kurier« Nr. 5/1996
68 Hausdorf, Hartwig: »Bizarre Wirklichkeiten.« München 2006
69 Shi Bo: »UFO-Begegnungen in China.« Berlin 1997
70 Fiebag, Johannes: »Von Aliens entführt.« Düsseldorf 1997
71 Vega, Garcilaso de la: »Historia General de Perú.« Madrid 1722
72 Vega, Garcilaso de la: »Primera Parte de los Commentarios Reales.« Madrid 1723

Quellenverzeichnis

73 Charroux, Robert: »Histoire inconnue des hommes depuis cent mille ans.« Paris 1963
74 Schindler-Bellamy, Hans, und Allan, P.: »The Calendar of Tiahuanaco.« London 1956
75 Fiebag, Peter und Johannes (Hrsg.): »Aus den Tiefen des Alls.« Berlin 1995
76 Däniken, Erich von: »Auf den Spuren der All-Mächtigen.« Gütersloh 1993
77 Hausdorf, Hartwig: »Neue Rätsel im Hochland der Anden«, in: »Sagenhafte Zeiten«, Nr. 6/2003
78 Däniken, Erich von: »Strategie der Götter.« Düsseldorf 1982
79 Stöpel, Konrad Theodor: »Südamerikanische prähistorische Tempel und Gottheiten.« Frankfurt/Main 1912
80 Preuss, Karl Theodor: »Monumentale vorgeschichtliche Kunst.« Göttingen 1929
81 Disselhoff, H. D.: »Die Kunst der Andenländer«, in: »Alt-Amerika – die Hochkulturen der Alten Welt.« Baden-Baden 1961
82 Soto, Alvaro: »San Agustin.« Instituto Colombiano de Antropologia, Bogotá o. J.
83 Séjourné, Laurette: »Pensiamento y Religion en el Mexico Antiguo.« Mexico 1957
84 Däniken, Erich von: »Der Tag, an dem die Götter kamen.« München 1984
85 Harleston, Hugh: »A Mathematical Analysis of Teotihuacan«, in: »XLI. International Congress of Americanists.« Mexico 1974
86 Spalthoff, Douglas: Video-Dokumentation der Obduktion eines mutilierten Rindes. Aufgenommen in Argentinien, 2003
87 Hausdorf, Hartwig: »UFO-Begegnungen der tödlichen Art.« München 1998
88 Hausdorf, Hartwig: »Unheimliche Begegnungen der 5. Art.« Marktoberdorf 2002
89 Martin, Jorge: »Puerto Rico's Astounding UFO-Stuation«, in: Good, Timothy (Hrsg.): »The UFO Report 1992.« London 1992
90 Martin, Jorge: »US-Jets Abducted by UFO«, in: Good, Timothy (Hrsg.): »The UFO Report 1991.« London 1991
91 Good, Timothy: »Alien Contact: Top Secret UFO Files Revealed.« New York 1993
92 Martin, Jorge: »UFOs, the Government and the Conspiracy«, in: »OVNI Evidencia.« Puerto Rico o. J.
93 Wilkins, Harold T.: »Mysteries Solved and Unsolved.« London 1959
94 Brookesmith, Peter (Hrsg.): »Lost and Found.« London 1984

Register

Aborigines 115 f., 123, 126
Acambaro 238
Anasazi 51 ff.
Araneda, Don Pedro de 144 f., 148
Astronomische Einheit (AE) 183
Australien 113 ff., 118 ff., 123 ff., 135, 224 f.
Aymara (Indiostamm) 153 f., 157

Birramee 115
Blue Mountains 116
Bolivien 144, 161, 230
Bratislava 43, 46 ff., 50, 214
Bretagne 55 ff., 215
Brisbane Water National Park 127

Cabo Rojo 190, 195 f., 241 f.
Camino de los Muertos 178 f., 182 f.
Cargo-Kulte 34
Cart Ruts 69 ff., 72 f., 218 f.
Changsha 97 f., 101, 104, 106, 223 f.
Charroux, Robert 155 f.
Chibcha-Kultur 172, 236
Chile 32, 129 f., 134, 140 ff., 148, 213, 230
China 32, 34, 61, 79 ff., 84 ff., 92, 97 ff., 102, 112, 150 f., 210, 220 ff.
Chupacabra 188 f., 241
»Clapham Junctions« 70, 218

Cortez, Gloria al Diaga 163 f.
Cortez, Hernando 176

Däniken, Erich von 12 f., 31, 49, 65, 152, 154, 158, 162, 168, 176, 184, 229, 239, 246
Deimos (Marsmond) 56, 58, 215
Deistung, Klaus 161
Dongting-See 61

»El doble Yo« 172
El Yunque 198 f., 241
Epsilon Bootis 108 ff.

Fiebag, Johannes 15, 27, 140, 148, 168, 246
Friderici, Gottlieb 17 ff., 20, 23, 27

Gaussman, James 79, 179
Gilroy, Rex 116, 119, 120, 123
Göbekli Tepe 62
Guanchen 207 f., 243
Güimar 208 f., 243
Gympie 119 ff., 125, 226

Habeck, Reinhard 35
Hal Saflieni 74, 78, 220
Han-Dynastie 92 f.
Han Yangling 86, 221
Harleston, Hugh 180
Hawkesbury River 126, 226
Heyerdahl, Thor 133 ff., 208, 244

Holbe, Rainer 56, 215, 246
»Hühnermensch« 24 ff., 27 ff.
Humboldt, Alexander von 33, 235
»hunab« 180 ff.
Hunan-Museum 99 ff., 104, 106, 112, 223
Hybriden 26 f.
Hypogäum 63, 74 ff., 78, 220

Im-Hotep 64, 216
Isla de Pascua 129 f.

Jungsteinzeit 55, 76
Jupiter 57, 182 f.
Jurik, Martin 46 f., 49 f., 246

Kalenderbergische Kultur 45
Kohau rongo-rongo 136
Kolumbien 165 ff., 234 f.
Krassa, Peter 61, 85 f., 104, 246

Laguna Cartagena 190 ff., 195, 242
»Little Greys« 26
Lunan, Duncan 107 ff., 111
Lyre Trig Fire Trail 226
Lyre Trig Mountain 226

Mack, John E. 27
Malta 59, 63, 68 ff., 128, 218 f.
Mao Ling 88 f., 222
Mars 56 f., 180, 183
Ma Wang Dui 97 ff., 102 f., 105, 223
Maya-Pyramiden 85
Menhire 55 f.
Menorca 59 ff., 129, 216 f.
Mensija Cart Ruts 70, 72, 218
Mexiko 32, 85, 176, 184 f., 239 f.
Mexiko-Stadt 176, 237 f., 240
Mischwesen 27, 138, 216

Moais 131 ff., 228
Mohenjo-Daro 137
Molpir 43 ff., 48 ff., 51, 214
»Moon City« 118 f.
MUFON 198, 242
Muskowit 184

Nazca 166

Olmeken-Park 239
Orejona 155
Orongo 138
Osterinsel 128 ff., 137 ff., 228 f.
Otumba 176, 237

Palenque 166, 239
Peru 32, 141, 230
Phobos (Marsmond) 56, 58, 215
Point-of-Pines 51 f.
Preuss, Konrad Th. 167, 172
Puerto Rico 187 ff., 240 f.
Puma Punku 152, 157 ff., 163, 231 f.
Putre 140 f., 145
Pyramiden 80 f., 84 ff., 91 ff., 95, 119, 122 ff., 178 f., 208 f., 221 f., 239, 243 f.

Qin Chuan 90
Qin-Ling-Shan 79, 90, 124, 179
Qin Shi Huangdi 87, 90, 94, 222
Quebrada Cardones 147, 230
Quebrada de Lavapatas 173 f.
Quebrada de Tambores 213
Quecksilber 90
Queensland 114, 116, 119, 124 f., 225 ff.

»Quelle der Fußwaschung« 170, 172
Qu'fu 94, 222

Rano Kao 130, 138
Rano Raraku 132 ff., 229
Rapanui 128, 135, 138
Rio Magdalena 169 f., 235

San Agustin 165 ff., 172 ff., 235
San Pedro de Atacama 41, 213
Schädeldeformationen 27, 32 ff., 213
Schindler-Bellamy, Hans 156
Schmied, Johanna Sophia 16 ff., 27 f.
Schröter, P. 39 ff.
Screen Memories 27
Ses Roques Llises 65, 217
Sheahan, Maurice 81 ff., 179
Simbabwe 60
Smolenice 43, 48, 214
Stöpel, Karl Theodor 166 f.
Straubing 35 f. 38 f., 212
Strieber, Whitley 27
Stübel, Alphons 166

Ta C'enc 73, 220
Talayots 59 f.
Taucha 16 f., 19, 28
Taula 59, 61 f., 217
Teneriffa 201 ff., 243 f.
Teotihuacan 177 ff., 183 ff., 237
Tiahuanaco 152 ff., 157, 159, 163, 166, 231 f.
Titicaca-See 152, 232, 234
Tombaugh, Clyde 182
Tompkins, Peter 180
Torralba d'en Salord 63, 217
Torre d'en Gaumes 63 ff., 217

Trnava 43 ff., 48 f., 214
Tula 238

UFOs 12, 139 ff., 150 f., 163 f., 187 ff., 195 ff., 240 f.
UFO-Entführungen 26, 140 ff.
UNESCO 77 f.
Urkaiser (Chin.) 93 ff.
USO 139
Uxmal 172, 240

Valdes, Armando 140 ff., 149 f., 231
Vega, Garcilaso de la 153
Vilaine (Fluss) 55 ff., 175, 215
Viracocha 154
Vogel, Hans-Jörg 73, 246

Waldenburg 15 ff., 24, 30, 212
Wang Shiping 93, 104 f.
Wei Ho (Fluss) 88
»Weiße Pyramide« 179
White, Paul 126
Wondijna 116
Woolpit 203, 205, 210

Xemxija 70
Xian 79, 82, 84, 86 ff., 90, 93, 179, 221 ff.
Xianyang 88, 91, 221
Xin Zhui 101 f.
Xlendi-Bucht 68

Yucatan 61, 239
Yünnan (chinesische Provinz) 150

Zaire 33, 38
Zammit, Themistocles 77
Zoucheng 222
Zyklopenmauern 66, 229

Hartwig Hausdorf
Bizarre Wirklichkeiten

Auf geheimen Wegen ins Unbekannte

Wenn Sie dieses Buch gelesen haben, halten Sie nichts mehr für real und alles für möglich!
Tiere tragen Schriftzeichen, die den Namen Gottes bilden. Gedanken werden auf Fotografien sichtbar. Geisterlichter lassen intelligentes Verhalten erkennen. Die Gesetze der Physik werden kurzerhand ungültig, wenn Wasser sich bergauf bewegt. Reihenweise ereignen sich Koinzidenzen, unglaubliche Serien geheimnisvoll miteinander verknüpfter Ereignisse, die alle Gesetze der Wahrscheinlichkeit sprengen.

Hartwig Hausdorf dokumentiert diese und andere atemberaubende Vorfälle, die beweisen: Die Realität, die wir so gut zu kennen glauben, gibt es nicht! Sensationelles Bildmaterial untermauert seine Berichte.

256 S. mit Fotos und Abb., ISBN 978-3-7766-2473-1
Herbig

Lesetipp

BUCHVERLAGE
LANGENMÜLLER HERBIG NYMPHENBURGER
WWW.HERBIG.NET

Hartwig Hausdorf
Nicht von dieser Welt

Dinge, die es nicht geben dürfte

Eine exakt bearbeitete Felsformation in den Anden Perus gilt den Indios als »Sternentor«, durch das ihre alten Götter kamen und gingen. Statuen im Urwald Zentralamerikas tragen Schutzanzüge, wie wir sie aus heutigen Hochsicherheitslabors kennen. Mysteriöse Röhren in einer Wüstenregion im Westen Chinas werden von den Behörden der Volksrepublik China offiziell als »außerirdische Relikte« bezeichnet. Ein über 1000 Jahre alter indischer Ritualdolch enthält fast 15 Prozent Sauerstoff – eine technische Unmöglichkeit!

Hartwig Hausdorf präsentiert rätselhafte Artefakte, sensationelles Fotomaterial, spannende Entdeckungen und mysteriöse Gegenstände, die unser Bild von der Vergangenheit revolutionieren werden!

240 S. mit 41 Farbfotos, ISBN 978-3-7766-2559-2
Herbig

Lesetipp

BUCHVERLAGE
LANGENMÜLLER HERBIG NYMPHENBURGER
WWW.HERBIG.NET

Luc Bürgin
Der Urzeit-Code

Die ökologische Alternative zur umstrittenen Gen-Technologie

Dieses Buch lüftet das Geheimnis sensationeller Experimente beim Pharmariesen Ciba (Novartis). Forschern gelang es dort, Wachstum und Ertrag von Pflanzen und Fischen massiv zu steigern – nur mit einem Elektrofeld. Überraschenderweise wuchsen so »Urzeitformen« heran, z. B. Urmais mit bis zu zwölf Kolben pro Stiel oder Riesenforellen mit Lachshaken. Ciba unterband die Forschung – weil »Urgetreide« kaum Pestizide benötigt! Gemeinsam mit den involvierten Forschern legt der Autor das Wirkungsprinzip des revolutionären Experiments offen. Bislang unveröffentlichte Forschungsberichte, exklusive Fotos und Interviews dokumentieren den Effekt.

»*Eine nobelpreisverdächtige Entdeckung!*«
ARD-Magazin »Report«

240 S. mit Bildteil, ISBN 978-3-7766-2534-9
Herbig

Lesetipp

BUCHVERLAGE
LANGENMÜLLER HERBIG NYMPHENBURGER
WWW.HERBIG.NET